新版

修正申告と更正の請求の対応と実務

税理士 安部和彦 [著]

清文社

はじめに

　本書の初版が出たのは、平成23年度の税制改正で税務調査手続に関する国税通則法が大幅に改正されたことを受けた平成25年初頭のことである。その意味合いについては様々な評価があるが、当時の筆者は、それにより今後の租税実務に確実に影響を及ぼすと考えたのが、「修正申告の意義」の大幅な変化であった。

　かつて筆者は、本書の初版の「はじめに」において、以下の通り述べている。

> 　すなわち、改正前は、税務調査において、課税庁の修正申告の慫慂（勧奨）に応じることは、その後の権利救済の道が（嘆願書の提出といった非正規ルートを除き）事実上閉ざされるという意味で、ある種「タブー視」されていた。しかし、改正後は修正申告の慫慂（勧奨）に応じて提出しても、法定申告期限から5年以内であれば「更正の請求」が可能となったため、提出後に変心して修正申告を訂正し、取り消すことができるようになった。実際、国税通則法第74の11第2項には、修正申告の勧奨の際、課税庁が納税者に修正申告書を提出したら「不服申立てをすることはできないが更正の請求をすることはできる旨を説明する」という旨が明記されている。
>
> 　これにより、今後は税務調査の終了時において、納税者が採り得る選択肢は以下の三通りになると考えられる。
> ① 修正申告に応じて終結させる（従来通り）
> ② 一応修正申告書の提出に応じるものの更正の請求の権利を留保する（新規）
> ③ 修正申告に応じず更正処分を受ける（従来通り）

> ①と②の違いは納税者サイドの早期終結の意思の有無となるだろう。このように選択肢が広がったことは、納税者サイドの心の余裕につながると考えられるとともに、調査官との戦略的な駆け引きが今後重要となることをも意味する。したがって、従来以上に税務調査における税理士の対応の重要性が高まるとも言えるだろう。

　しかしながら、実際に国税通則法改正後の税務調査の実務を経験してみたところ、上記見通しは少々楽観的ではなかったかと反省しているところである。すなわち、筆者は、新規のルートである上記②の意義・役割を過大評価していたようである。課税庁の側からみれば、納税者が行う修正申告は、やはり「自ら過ちに気付いて・反省して」提出するものとみなされるものであり、一度出した「自発的な」修正申告をわざわざ取り消し、更正の請求を行うなどという納税者の行為は、おおよそ「信用ならん」といわんばかりの態度が見て取れるのである。したがって、修正申告後の更正の請求が功を奏するケースは、残念ながら非常に少ないようである。

　課税庁の当該スタンスは、実は改正の前後で何ら変わっていない。そうなると、納税者側は、②のルートは事実上「存在しない」ものとして税務調査にあたるしかないのではないかと考えられる。本改訂版では、このことを含め、国税通則法改正後の税務調査の実務を踏まえて、必要箇所につき適宜加筆・修正を行ってみたところである。

　初版以来の本書の最大の特徴は、当初申告を是正する手段としての、修正申告及び更正の請求につき、税目横断的に解説しているところである。租税実務の専門家は、所得税、法人税、相続税など、特定の税目に特化しているケースが多く、その解説書も特定の税目に焦点を当てたものである場合がほとんどである。しかし、実際の税理士実務は、クライアントの要望に応えるため、特定の税目のみ扱うというわけにはいかず、普段は法人

税や消費税の顧問業務に専念している方も、飛び込みの相続税の申告に対応せざるを得ないケースがあるだろう。そのような税理士実務の実情を踏まえ、本書は特定の税目に特化することなく、税目横断的に修正申告及び更正の請求の実務に対応できるよう、記載例をふんだんに盛り込んだ構成となっている。

　最後に、本書の出版に多大なご尽力をいただいた、清文社の藤本優子氏に厚く御礼を申し上げたい。

2025年2月

拓殖大学商学部教授
税理士　**安部　和彦**

目次

はじめに

第1章 平成23年度税制改正を踏まえた修正申告と更正の請求の実務

第1節 修正申告の意味の変容と更正の請求 …………… 3

❶ 平成23年度税制改正の概要　3
　1　更正の請求期間の延長　3
　2　「事実を証明する書類」の添付義務化　6
　3　罰則規定の創設　7
　4　更正の申出書の創設　8
　5　当初申告要件および控除額の制限の見直し　8
　6　修正申告の勧奨　9

❷ 修正申告と更正の請求との関係　10

❸ 更正の申出書　13
　1　導入の背景　13
　2　更正の申出書の提出可能期間　15
　3　添付書類　15
　4　記載例　16

❹ 地方税における更正の請求　16

第2節 **権利救済の手続** ……………………………………………… 19
    ❶ 従来の考え方　19
    ❷ 税制改正を受けた発想の転換　22
    ❸ 税務調査をどう終結させるか　25

第2章 修正申告の実務

第1節 **修正申告の意義** ………………………………………………… 31
    ❶ 納税申告とは　31
    ❷ 期限内申告と期限後申告　32
    ❸ 修正申告とは　33
    ❹ 修正申告の類型　35
    ❺ 修正申告の効力　36
    ❻ 修正申告の期限　36
    ❼ 修正申告と更正の請求との相違点　37
    ❽ 修正申告と更正の予知　37
        1 更正の予知と端緒把握説　37
        2 更正の予知と二段階要件説　40
        3 記帳水準の向上に資するための加算税の加算措置　42
    ❾ 通達で示された調査の意義　44
        1 国税通則法の改正と調査の意義　44
        2 調査に該当しない行為　45
        3 調査に該当しない行為の例示　46
    ❿ 修正申告と納税申告書の撤回　49

第2節 **修正申告の慫慂・勧奨への対応** ……………………………… 50
    ❶ 修正申告の慫慂・勧奨の意義　50
    ❷ 納税者の意思を欠く修正申告　52

　　　　❸ 修正申告の勧奨がない場合　55
　　　　❹ 修正申告の勧奨に応じる要件　56
　　　　　1　指摘事項の重要性　56
　　　　　2　調査官の説明責任の履行状況　56
　　　　　3　早期終結の必要性　58
　第3節　**義務的修正申告の意義** ……………………………………60
　　　　❶ 義務的修正申告とは　60
　　　　❷ 義務的修正申告と申告管理　62

第3章　修正申告書を提出する場面の ケーススタディと記載例

　第1節　**所得税のケーススタディ** ……………………………………65
　　　　ケース1　税務調査で家事関連費の否認を受けたケース　65
　　　　ケース2　連帯保証債務の履行と譲渡所得の特例のケース　68
　第2節　**法人税のケーススタディ** ……………………………………79
　　　　ケース1　過大な外注費の計上を否認されたケース　79
　　　　ケース2　有価証券評価損が否認されたケース　80
　　　　ケース3　従業員に対する決算賞与　86
　　　　ケース4　修繕費が資本的支出に該当するとして否認された ケース　90
　第3節　**相続税のケーススタディ** ……………………………………101
　　　　ケース1　遺言に記載されていない相続人名義の預金につき申 告漏れが指摘されたケース　101
　　　　ケース2　相続人が立替払いした固定資産税の債務控除が否認 されたケース　102
　　　　ケース3　相続開始前3年以内の暦年課税分に係る贈与財産の 申告が漏れていたケース　108

第4節 **消費税のケーススタディ** ……………………………… 118

　ケース1 未経過固定資産税の受領額を課税標準に含めるべきとして否認されたケース　118

　ケース2 法人の役員に対する資産の贈与につき否認されたケース　122

　ケース3 工作機械の売上につき期ずれが指摘されたケース　123

　　1　収益の計上基準　126

　　2　機械の販売と据付工事とを一体で契約している場合　126

　　3　支払対価未確定部分の見積計上　127

　　4　修正申告書の作成　127

第4章 更正の請求の実務

第1節 **更正処分と更正の請求** ……………………………… 135

　❶ 更正の意義　135

　❷ 更正および決定の手続　136

　❸ 青色申告に対する更正　139

　❹ 青色申告に対する更正の理由付記　139

　❺ 更正の理由付記と説明　141

　❻ 更正の請求の意義　143

　　1　通常の更正の請求　143

　　2　後発的理由による更正の請求　144

　❼ 更正の請求期間の延長　145

　❽ 更正の請求期間の延長と実務への影響　146

　　1　過去の申告内容の見直し　146

　　2　セカンドオピニオンの活用　147

第2節 **嘆願書による申告の是正** ……………………………149
 ❶ 嘆願書の意義　149
 ❷ 法改正後の嘆願書の位置づけ　150
 ❸ 嘆願書をめぐる裁判例　151

第3節 **後発的理由による更正の請求** ……………………154
 ❶ 後発的理由による更正の請求の意義　154
 ❷ 後発的理由その1〜判決　155
 ❸ 後発的理由その2〜他の者への帰属　157
 ❹ 後発的理由その3〜その他の場合　157
 ❺ 後発的理由その4〜各税法に定めのあるもの　159
  1　事業を廃止した場合の必要経費の特例　160
  2　資産の譲渡代金が回収不能となった場合等の所得計算の特例　160
  3　無効な行為により生じた経済的効果が失われた場合　160
  4　取り消すことのできる行為が取り消された場合　160
  5　前事業年度の法人税額等の更正等に伴う更正の請求の特例　160
  6　未分割遺産がその後分割された場合　161
  7　前課税期間に係る消費税額等の更正等に伴う更正の請求の特例　161

第4節 **適用範囲の拡大** …………………………………………162
 ❶ 当初申告要件の廃止　162
  1　所得税額控除に係る簡便法の計算誤り　162
  2　外国税額控除制度の適用　163
  3　判例からいえること　164
  4　当初申告要件の廃止　164
  5　当初申告要件の廃止と修正申告　166
 ❷ 控除額の制限の見直し　167

第5節 **更正の請求と立証責任** ……………………………………170
　❶ 立証責任とは　170
　　1　原告が負うという見解　170
　　2　法律要件説に従うという見解　171
　❷ 更正の請求における立証責任　172

第6節 **還付金と還付加算金** ……………………………………174
　❶ 還付金の意義　174
　❷ 過誤納金の意義　176
　❸ 還付加算金の意義と計算　177
　❹ 還付加算金の計算期間の改正　179
　❺ 還付金・還付加算金と更正の請求　180

第5章　更正の請求を行う場面のケーススタディと記載例

第1節 **所得税のケーススタディ** ……………………………………185
　ケース1　予定納税額の控除を失念していたケース　185
　ケース2　特定扶養親族につき通常の扶養親族として扶養控除を適用していたケース　188
　ケース3　純損失の繰越控除の適用を受けるケース　189
　ケース4　相続に係る生命保険契約に基づく年金受給に関し更正の請求を行うケース　195
　　1　生保年金に関する最高裁判決　200
　　2　適用対象者　201
　　3　課税所得の計算　201
　　4　還付手続の期限　202
　　5　具体的手続例　203

- **ケース5** 措置法26条の特例の適用をやめ実額により経費を計算するために更正の請求を行うケース　205

第2節　法人税のケーススタディ　……………………210

- **ケース1** 売上金額の計上誤りに伴う更正の請求　210
- **ケース2** 交際費の計上誤りに伴う更正の請求および更正の申出　211
- **ケース3** 減価償却費の過少計上に伴う更正の請求の可否　214
- **ケース4** 純損失の金額の誤記入に関する更正の請求　219
- **ケース5** 特許権の侵害訴訟に伴う和解金の受領と更正の請求　222
- **ケース6** 争いがあった不動産の所有権に関する合意に基づく更正の請求　232
- **ケース7** 減額更正に伴う法人税の還付金の処理方法　236
  - 1　還付金を収益計上した場合　236
  - 2　還付金を収益計上しない場合　238
- **ケース8** 当初申告で外国税額控除の適用を受けなかった場合の更正の請求　242
- **ケース9** 修正申告に伴う事業税の増加と更正の請求　243
- **ケース10** 粉飾決算の場合の更正の請求の可否　253
- **ケース11** 接待飲食費の当初申告に誤りがあった場合　255

第3節　相続税のケーススタディ　……………………262

- **ケース1** 申告期限までに分割協議が調わなかった件につきその後分割協議が調った場合の更正の請求　262
- **ケース2** 贈与税に係る当初申告の土地の評価に誤りがあった場合の更正の請求　268
- **ケース3** 当初申告で贈与税の配偶者控除の適用を受けていなかった場合の更正の請求　270
- **ケース4** 地積規模の大きな宅地に対する評価の適用により相続税額の減額を図るため更正の請求を行うケース　274

- ケース5 相続税の申告後に兄弟から遺留分侵害額の請求を行われた場合の更正の請求　283
- ケース6 未成年者控除につき控除不足額を扶養義務者から控除することを失念していた場合の更正の請求　285

第4節　**消費税のケーススタディ** ……………………………293

- ケース1 従業員への給与金額に含まれていた交通費に係る仕入控除税額の過少計上に伴う更正の請求　293
- ケース2 非課税売上の集計誤りにより課税売上割合が95％未満となった場合の更正の請求　294
- ケース3 不動産業者に支払った仲介手数料の処理誤りに伴う更正の請求　305
- ケース4 個別対応方式の一括比例配分方式への変更に係る更正の請求　307
  - 1 個別対応方式　311
  - 2 一括比例配分方式　313
  - 3 選択可能な計算方法に関する更正の請求　313
  - 4 本件の場合　314
- ケース5 簡易課税の事業区分の適用を誤った場合の更正の請求　314
  - 1 簡易課税制度とは　318
  - 2 みなし仕入率　319
  - 3 事業区分の適用誤り　320

索引　326

― 凡　例 ―

■**法令等の略記**

　通法………国税通則法
　通令………国税通則法施行令
　措法………租税特別措置法
　措通………租税特別措置法関係通達
　法法………法人税法
　法令………法人税法施行令
　法規………法人税法施行規則
　法基通……法人税基本通達
　所法………所得税法
　所令………所得税法施行令
　所基通……所得税基本通達
　消法………消費税法
　消令………消費税法施行令
　消基通……消費税法基本通達
　相法………相続税法
　相令………相続税法施行令
　相規………相続税法施行規則
　評基通……財産評価基本通達
　地法………地方税法
　民訴法……民事訴訟法
　実特法……租税条約等の実施に伴う所得税法、法人税法及び地方税法の特例等に
　　　　　　関する法律

■**条数等の略記**

　通法74の11③…国税通則法第74条の11第3項
　法基通2－2－1…法人税基本通達2－2－1

本書の内容は2025年2月末日現在の法令、通達に基づいています。

ks
第 1 章

平成23年度税制改正を踏まえた
修正申告と更正の請求の実務

第1節 修正申告の意味の変容と更正の請求

1 平成23年度税制改正の概要

　民主党政権時の平成23年度の税制改正は変則的であり、まず同年6月30日に税制改正大綱のうち緊急性の高い項目が切り離されて施行され[1]、次いで積み残し部分が同年12月2日に施行された[2]。後者の積み残し部分には更正の請求期間延長や税務調査手続の法令化といった納税環境整備に係る項目が含まれており、本書のテーマである修正申告と更正の請求に係る事項に少なからぬ影響を及ぼしている。そこで、まず平成23年12月2日に施行された国税通則法の改正のうち、修正申告と更正の請求に関する事項を概観する。

1 更正の請求期間の延長

　更正の請求期間は従来1年とされていたが（旧通法23）[3]、今回の改正に

---

[1] 「現下の厳しい経済状況及び雇用情勢に対応して税制の整備を図るための所得税法等の一部を改正する法律」
[2] 「経済社会の構造の変化に対応した税制の構築を図るための所得税法等の一部を改正する法律」
[3] 「更正の請求」という手続きは昭和21年の申告納税制度導入時に採用された。導入時は申告期限後1月であったが、昭和41年に2月とされ、昭和45年から原則として1年となった。なお、更正の請求期間が1年間であったのは、財務省編『平成24年度　改正税法のすべて』220頁（参考1）によれば、「更正の請求が期限内の適正申告を求める申告納税制度の例外措置であることや、通常、納税者が誤りを発見するのは次の確定申告期であること等を踏まえ、1年（昭和45年改正前は1月（所得税、法人税にあっては2月））とされていました。」ということである。

より下記**図表1-1**の通り原則5年に延長された（通法23）。

　図表1-1に記載された更正の請求期間の延長が適用されるのは、平成23年12月2日以降に法定申告期限が到来するものからで、具体的には、所得税については平成23年12月2日の属する年分以降のもの、法人税については平成23年12月2日以降に確定申告書等の提出期限が到来するもの、相続税・贈与税については平成23年12月2日以降に申告書の提出期限が到来するものからとなる。

図表1-1　更正の請求期間

税 目		改正前	改正後
法人税	欠損金の額に係るもの	1年	10年（通法23①二）[4]
	移転価格税制に係るもの	1年	7年（措法66の4㉖）[5]
	その他	1年	5年（通法23①）
贈与税		1年	6年（相法32②）[6]
上記以外		1年	5年（通法23①）

　一方、更正の請求と「表と裏」の関係にある課税庁による増額・減額更正処分の期間制限であるが、こちらも次頁**図表1-2**にある通り原則5年とされ、納税者・課税庁の関係がイコールになった[7]。その結果、法定申告期限から1年経過後については、従来は法定外の手続により非公式に課税庁に対して職権減額更正を求める（悪名高き）「嘆願」という実務慣行があったが、これがおおむね解消されることとなった。

---

[4] 平成27年度の税制改正で、9年から10年に延長されている。
[5] 平成31年度の税制改正で、6年から7年に延長されている。これは、同改正で移転価格の算定方法にDCF法が導入され、不確実な将来キャッシュフローを考慮する必要が出てきたため等がその理由であるとされる。財務省編『平成31年度　改正税法のすべて』599－600頁参照。
[6] 贈与税については、国税通則法の改正前から、相続税法において、税務署長による更正決定の期限が6年とされていたため（旧相法36①）、それに合わせて6年とされた。
[7] これは平成23年度税制改正大綱にある、「基本的に、納税者による修正申告・更正の請求、課税庁による増額更正・減額更正の期間を全て一致させることとします。」という文言からも裏付けられる。

さらに、更正の除斥期間[8]（通常5年）の終了する間際になされた更正の請求に対して、課税庁が適切に対処できるようにするため、更正の除斥期間の終了する日前6月以内に更正の請求があった場合には、課税庁はその更正の請求があった日から6月を経過する日まで更正することができることとなった（通法70③）。これは、悪意のある納税者が、過大申告と申告漏れの双方があることを知りながら更正の除斥期間終了間際まで放置しておき、その間際になって過大申告項目のみ更正の請求を行い、あわよくばそちらだけ認めてもらい、申告漏れ部分については時間切れを狙うというような不公正な方法を採ることもないとはいえないための措置と考えられ

図表1-2　増額・減額更正処分の期間制限

税　目		改正前	改正後
1．増額更正処分			
法人税	欠損金の額に係るもの	7年	10年（通法70②）[9]
	移転価格税制に係るもの	6年	7年（措法66の4㉗）[10]
	その他	5年	5年（通法70①）
贈与税		6年	6年（相法36①）
上記以外		3年	5年（通法70①）
2．減額更正処分			
法人税	欠損金の額に係るもの	7年	10年（通法70②）
	移転価格税制に係るもの	6年	7年（措法66の4㉗）
	その他	5年	5年（通法70①）
贈与税		6年	6年（相法36①）
上記以外		5年	5年（通法70①）

---

[8] 一定の期間内に権利行使をしない場合、その期間の経過によって権利が消滅する場合のその期間をいう。
[9] 前掲注4のタイミングで10年に延長されている。
[10] 前掲注5の理由により、平成31年度の税制改正で7年間に延長されている。

る。

　なお、偽りその他不正の行為により税額を免れる等の場合における更正・決定処分の期間については、従来通り7年のままである（通法70④）。

　なお、以下の**図表1-3**で見る通り更正の請求は所得税に係るものが圧倒的に多い。

図表1-3　税目別更正の請求の件数（平成22事務年度実績）

所得税	法人税	相続税
271,742件	6,924件	8,541件

出典：財務省編『平成24年度　改正税法のすべて』222-223頁

2　「事実を証明する書類」の添付義務化

　更正の請求の際、更正請求書にその請求の基礎となる「事実を証明する書類」を添付することが義務付けられた（通令6②）。従来も「事実を証明する書類」を「添付するものとする」とされていたが（旧通令6②）、より強い意味合いを持つ「添付しなければならない」という規定に変更されている。

　実務上、従来から更正の請求を行うときは、「事実を証明する書類」に限らず、その請求内容を確認できるような書類を添付し、それでも足りない場合には課税庁から追加の資料請求がなされるのが通例であった[11]。これは、更正の請求の場合、納税者側に立証責任があると考えられるためであり[12]、義務化による実質的な影響は大きくないものと考えられる。なお、

---

[11] 国税庁は今回の改正を「添付義務化」ではなく「添付義務の明確化」としている（国税庁ホームページ「更正の請求期間の延長等について」参照）。
[12] 仮に課税庁の指示に従わないと更正の請求が認められないということになるため、納税者は従わざるを得ないということになろう。判例上も、東京高裁平成14年9月18日判決・判時1811号58頁や福岡高裁那覇支部平成16年4月27日判決・税資254号順号9639などにより、更正の請求に対する更正すべき理由がない旨の通知処分の取消訴訟にあっては、納税者において確定した申告書の記載が真実と異なることにつき立証責任を負うものと解するのが相当である、とされている。

立証責任については、後述第4章第5節参照。

　ただ一方で、大阪地裁昭和52年8月2日判決・税資95号4037頁では、「事実を証明する書類」について、「右施行令は『添付するものとする』と規定し、『添付しなければならない』（中略）との規定の仕方もしていないこと、後述の通り更正請求の理由の有無は添付された証拠書類のみによって判断すべきものとは解されないことを考慮すると国税通則法施行令第6条第2項に規定する『事実を証明する書類』の添付は更正請求の方式と解すべきでなく、この添付のない更正請求であってもそれを理由に請求を却下することはできないと解すべきである。」とされており、手続に係る解釈の曖昧性を排することが求められていたともいえる。これが今回の「添付義務の明確化」につながったとも解されよう[13]。

　なお、当該規定は平成24年2月2日以降に行う更正の請求から適用がある。

3　罰則規定の創設

　さらに、更正の請求期間の延長に伴い、更正の請求の件数が大幅に増加することが見込まれる中、それに対処する税務署の処理能力には特に措置がされているわけでもない。そのため、仮に更正請求書に故意に虚偽記載を行うようなことが頻発すると、税務署の事務処理が停滞し、正当な更正の請求を行った納税者にしわ寄せがいくことにもなりかねない。

　そのような不合理な事態を未然に防ぐため、更正請求書に故意に偽りの記載をして税務署長に提出した者に対し、1年以下の懲役または50万円以下の罰金を科する規定が創設された（通法127一）。なお、当該規定は平成24年2月2日以降に行う更正の請求から適用がある。

---

[13] 財務省編『平成24年度　改正税法のすべて』222頁参照。

4 更正の申出書の創設

　更正の請求期間が原則 5 年間に延長されるのは、平成23年12月 2 日以降に法定申告期限が到来するものからである。それより前のものについては、従来通り 1 年間である。そのため、従来は課税庁による職権減額更正（原則 5 年間）の適用を受けるため、実務上、法令上の根拠のない「嘆願書」の提出により対処してきた。

　これについて国税庁は、今回の更正の請求に関する改正趣旨を踏まえ、更正の請求期間の延長に合わせて取扱いを改めることとした。すなわち、平成23年12月 2 日より前に法定申告期限が到来するものについても、法定申告期限から原則 5 年以内であれば、「更正の申出書」により納付すべき税額が過大である場合等に関する処理を行うこととされたのである（国税庁ホームページ「更正の請求期間の延長等について」参照）。

　なお、「更正の申出書」の実務などについては後述第 1 章第 1 節❸参照。

5 当初申告要件および控除額の制限の見直し

　当初申告時点で選択することが要件（当初申告要件）となっていたため、事後的に適用することが認められず、更正の請求の対象とならなかった措置のうち、以下のようなものが更正の請求の対象となった。

　① 受取配当の益金不算入（法法23）
　② 外国子会社配当の益金不算入（法法23の 2 ）
　③ 所得税額控除（法法68）
　④ 配偶者に対する相続税額の軽減（相法19の 2 ）など

　このうちの一例として、上記①については、次頁の通り条文が変更されている。

改正前（旧法法23⑦）	改正後（法法23⑦）
第一項の規定は、確定申告書に益金の額に算入されない配当等の額及びその計算に関する明細の記載がある場合に限り、適用する。	第一項の規定は、確定申告書、<u>修正申告書又は更正請求書</u>に益金の額に算入されない配当等の額及びその計算に関する<u>明細を記載した書類の添付</u>がある場合に<u>限り</u>、適用する。

※　下線は筆者

　また、控除額等が当初申告書に記載されていた金額に限定されていた(控除額の制限)次に掲げるような措置についても、更正の請求により、適正に計算された正当な額まで控除額を増額させることができるようになった[14]。

⑤　受取配当の益金不算入（法法23）
⑥　外国子会社配当の益金不算入（法法23の2）
⑦　所得税額控除（法法68）
⑧　試験研究費の特別控除（措法42の4）など

　なお、当初申告要件および控除額の制限の見直し項目のリストは、後述第4章第4節参照。

6　修正申告の勧奨

　調査終了の際の手続として、調査の結果更正決定等をすべきと認める場合には、調査官は調査結果の内容を説明するものとし（通法74の11②）、その際に、修正申告または期限後申告（無申告の場合）を勧奨することができる（通法74の11③）、とされた。

　さらに、修正申告の勧奨の際、調査官は、それに従って修正申告書を提出した場合には不服申立てをすることができないが、更正の請求をするこ

---

[14] ただし、収用等に伴い代替資産を取得した場合の課税の特例（措法33⑤）、居住用財産の譲渡所得の特別控除（3,000万円控除、措法35②）などについては、理由がよくわからないが、依然として控除額の制限規定が存続している。

とはできる旨を説明するとともに、その旨を記した書面を交付することが義務付けられた（通法74の11③）。

従来、調査の終結時に、調査内容に従って、更正処分を受ける代わりに納税者の側から修正申告書を提出することを一般に修正申告の慫慂と称していたが、本件改正で用語が「修正申告の勧奨」に統一された[15]。

なお、当該規定は平成25年1月1日から施行され適用がある。

② 修正申告と更正の請求との関係

納税者が自分の作成・提出した申告書を、その提出後その税額に関し訂正する方法としては、以下の2つの手続がある。

① 修正申告
② 更正の請求

①の「修正申告」は、提出した申告書に記載された税額が、納税者が考える本来あるべき税額と比較して過少であるときに行う行為である。一方、②の「更正の請求」は、①とちょうど逆で、提出した申告書に記載された税額が、納税者が考える本来あるべき税額と比較して過大であるとき、課税庁に減額してもらうために行う行為である。更正の請求の場合、請求内容につき税務署長が調査し、請求に理由がない（納税者の主張が認められない）場合にはその旨を通知するが（通法23④）、当該通知に対して、不服申立て・訴訟の提起が可能となる。

過大である税額を減額するよう求める手続は、原則として更正の請求によるしかなく（更正の請求の原則的排他性[16]）、減額更正を求める訴えは、

---

[15] 新村出編『広辞苑（第六版）』（岩波書店・2008年）によれば、慫慂とは、「かたわらから誘いすすめること。」とあり、勧奨とは、「ある事をするように、すすめ励ますこと。」とある。慫慂の方が修正申告書の提出を勧める側（課税庁）の「奥床しさ」を感じるが、勧奨の方が「退職の勧奨」などとも通じ実態に即した用語かもしれない。

要素の錯誤[17]が重大で更正の請求以外の手段を認めないと納税者の利益を著しく害すると認められる特段の事情がある場合を除いて、許されないと解される[18]。

　問題は、修正申告をしたのち、修正申告の内容に誤りがあることに気付いた場合、どのようにそれを是正するのかということである。税務調査によることなく納税者自身が誤りに気付き、自発的に修正申告を提出したものの、さらに見直したところ修正申告自体に誤りがあり税額が過大と認められるときは、（何度も修正することから）あまりほめられたことではないが、更正の請求の原則的排他性から、法定申告期限から5年以内であれば、更正の請求により是正を求めるよりほかないであろう。

　一方、形式的には上記自発的な修正申告と変わらないものの、実質的には更正処分の代替的な措置として利用されている、税務調査による修正申告の慫慂（勧奨）については、意味合いが異なる。すなわち、こちらは税務調査を前提とした実質的には（課税庁による）更正処分の代替的な措置であり、修正申告本来の「任意性」に乏しい。しかも、課税庁による更正処分であれば、それに不服があれば再調査の請求（異議申立て）[19]・審査請求を経て訴訟を提起するという権利救済ルートが確立されている。しかし、修正申告の慫慂に応じ修正申告書を提出した場合、税務調査は通常法定申告期限から1年以上たってから行われるため、更正の請求期間（従来原則1年）を徒過する可能性が高いことから、権利救済の道は事実上閉ざされてしまっていた[20]。そのため、これまでは税理士は納税者に対し、「税務

---

[16] 金子宏『租税法（第二十四版）』（弘文堂・2021年）968頁。
[17] 意思決定をする者の意思決定の前提となる重要な部分に誤りや勘違いがあることをいう（民法95）。
[18] 金子前掲注16書968頁。
[19] 平成26年6月の行政不服審査法の改正に伴う国税通則法の改正により、「異議申立て」から「再調査の請求」に改められた。
[20] 一応、申告行為の無効を理由にした不当利得返還請求訴訟または納税義務の不存在確認訴訟を提起するという方法が、あるにはある。

調査で税務署の主張に納得できない場合には、決して修正申告に応じてはならない」とアドバイスするのが通例であった。

　しかし、今回の改正により、修正申告の勧奨に応じ修正申告書を提出した後であっても、法定申告期限から5年以内であれば、原則として更正の請求を行うことができるため、権利救済の道が(一応)開かれることとなった[21]。すなわち、改正前は修正申告後の更正の請求は物理的な期間制限から稀な事象であったが、改正後はその期間が延長されたことから、更正の請求を行うか、それともそこで終結させるのか、両者がほぼ同等の重みをもつ選択肢として納税者に対し常に提示されることとなることが期待されたのである。

　この点については、後述第1章第2節❷で更に議論することとする。

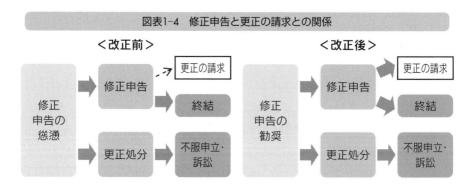

図表1-4　修正申告と更正の請求との関係

　なお、更正の請求および増額更正期間の延長の適用時期については、所得税を例にとれば図表1-5のようになる。

---

[21] これは、課税庁は法律で定めた通りの税額を徴収しなければならないといういわゆる「合法性の原則」の見地からも、当然の立法措置であったと評価できる。金子前掲注16書967-968頁参照。

図表1-5　所得税に関する更正の請求および増額更正期間の延長の適用時期

年　分	法定申告期限	更正の請求・増額更正期限※
平成22年分	平成23年3月15日（火）	平成24年3月15日（木） 平成26年3月17日（月）
平成23年分	平成24年3月15日（木）	平成29年3月15日（水）
平成24年分	平成25年3月15日（金）	平成30年3月15日（木）
平成25年分	平成26年3月17日（月）	平成31年3月18日（月）
平成26年分	平成27年3月16日（月）	令和2年3月16日（月）
平成27年分	平成28年3月15日（火）	令和3年3月15日（月）
平成28年分	平成29年3月15日（水）	令和4年3月15日（火）
平成29年分	平成30年3月15日（木）	令和5年3月15日（水）
平成30年分	平成31年3月15日（金）	令和6年3月15日（金）
令和元年分	令和2年3月16日（月）	令和7年3月17日（月）
令和2年分	令和3年3月15日（月）	令和8年3月16日（月）
令和3年分	令和4年3月15日（火）	令和9年3月15日（月）
令和4年分	令和5年3月15日（水）	令和10年3月15日（水）
令和5年分	令和6年3月15日（火）	令和11年3月15日（木）
令和6年分	令和7年3月17日（月）	令和12年3月15日（金）

※　平成22年分の更正の請求・増額更正期限欄の上段は更正の請求期限、下段は増額更正の期限を指す。

❸ 更正の申出書

1　導入の背景

　第1章第1節❶❶で述べた通り、平成23年12月2日より前に法定申告期限が到来する国税については、更正の請求期間は1年のままである。し

第1節　修正申告の意味の変容と更正の請求

かし、今回の税制改正により更正の請求という税務手続き規定が納税者の注目を集め、過去の納税申告書の内容を再検討し、是正しようという動きが強まることも予想されるところであった。そうなると、平成23年12月2日より前に法定申告期限が到来する国税については、更正の請求ではなく、税務署長による職権減額更正を求める、従来の「嘆願書」の提出という手法によるよりほかないが、法令上の正規の手続ではなく「税務署長の情けにすがる」ともいうべき嘆願書による申告内容の是正は、納税者と課税庁とがイコールではない（課税庁が優位に立つ）としてかねてから批判にさらされていた[22]。平成23年度の税制改正大綱でも、「また、今般の更正の請求に関する改正趣旨を踏まえ、過年分についても、運用上、増額更正の期間と合わせ、納税者からの請求を受けて減額更正を実施するよう努めることとします[23]。」とされていた。

　このような背景から、国税庁は法改正に合わせ、新たに「更正の申出書」による減額更正の申出という手続を創設した。これは、平成23年12月2日より前に法定申告期限が到来する国税（1年間の期間制限あり）についても、事実上「更正の請求」と同様の取扱いをするものと解される。ただし、仮に更正の申出書の内容通りに（減額）更正されない場合であっても、不服申立てをすることはできない（国税庁ホームページ「更正の請求期間の延長等について」参照）。これは、「更正の申出書」による手続はあくまで国税庁による行政的配慮により創設された特例措置であり、法令上その根拠があるわけではないことを意味している。

　更正の申出書を受けた税務署長は、調査によりその内容を確認・検討し、過大な納付税額があると認められる場合には、職権により減額更正を行うこととなる（通法24）。

---

[22] 嘆願書を受理しそれを認めるかどうかは課税庁の全くの自由裁量であった。占部裕典『租税債務確定手続』（信山社・1998年）67頁参照。
[23] 『平成23年度税制改正大綱』34頁。

2 更正の申出書の提出可能期間

更正の申出書の提出が可能な期間は**図表1-6**の通りである。これは改正前の（増額）更正の期間制限に基づくものである（旧通法70①②）。

図表1-6　更正の申出書の提出可能期間（法定申告期限から）

税　目	提出期限
所得税	3年
法人税	5年（欠損金については7年[24]）
消費税および地方消費税	3年
相続税	3年
贈与税	6年
その他の国税[25]	3年

したがって、例えば所得税に関し法定申告期限から3年超5年以内のものについては、当該更正の申出書による減額を求めることはできない。その場合には、従来通り「嘆願書」を提出し税務署長による職権減額更正を求めることとなるが、果たしてそのような取扱いが平成23年度の税制改正大綱の趣旨（同大綱9頁参照）に適っているのかとなると、疑問の残るところである[26]。

なお、当然のことであるが、更正の請求が可能な期間については、更正の請求によることとなる。

3 添付書類

次の**4**の記載例にもあるように、当該申出書を提出する際、添付書類

---

[24] 平成20年4月1日以後に終了した事業年度または連結事業年度において生じた欠損金等の金額に係るものについては9年。なお、移転価格税制に係る更正については特に定めがないため、通常の法人税と同様に5年間となるとも考えられるが、増額更正の期間が従来から6年間であったため（旧措法66の4⑮）、6年と解すべきであろう。
[25] たばこ税およびたばこ特別税、揮発油税および地方揮発油税、航空機燃料税、石油ガス税、石油石炭税、印紙税または電源開発促進税をいう。

が必要となる。具体的に必要となる添付書類であるが、申出の理由を裏付けられるような書類を指すものと考えられる。例えば売上の過大計上であれば、請求書、納品書、売上帳、得意先元帳、検収証といった証憑書類の写しが該当するものと考えられる。

4 記載例

現時点では既に適用事例はないものと考えられるが、参考までに、「更正の申出書」の記載例（法人税のケース）を示すと 記載例1-1 の通りとなる。

4 地方税における更正の請求

国税に関し更正の請求の期間が延長されたことに伴い、地方税に関しても同様の措置が取られた。地方税に関しては国税と状況が異なり、申告納税方式（申告納付[27]・申告納入[28]）の税目もあるが、賦課課税方式の税目も少なくない。更正の請求の対象となるのは申告納税方式の税目だけであるため、その延長が認められるものも当然のことながら申告納税方式の税目である。

今回の改正により、**図表1-7**に掲げる税目に関して、更正の請求の期間制限が法定納期限から従来1年とされていたものにつき5年に延長された

---

[26] 大綱の趣旨が納税者と課税庁の「対等性・対称性」にあるということであれば、課税庁の増額更正の期間と更正の申出の期間とを合わせるということになるのであろう。しかし、改正前から職権による減額更正は原則として5年間できたのであるから、申出の期間も原則5年間とする方がより趣旨に即していると考えられる。
[27] 納税者がその納付すべき地方税の課税標準額および税額を申告し、およびその申告した税金を納付することをいう（地法1①八）。
[28] 特別徴収義務者がその徴収すべき地方税の課税標準額および税額を申告し、およびその申告した税金を納入することをいう（地法1①十一）。

記載例1-1

更正の申出書（単体申告用）

※整理番号　　　　　　　申出

（フリガナ）	イケブクロソフトカブシキガイシャ
法人名等	池袋ソフト株式会社
納税地	〒170-0011 豊島区東池袋 ×-×-× 電話（03）××××-××××
（フリガナ）	タナカ ジロウ
代表者氏名	田中 二郎 ㊞
代表者住所	〒170-0012 豊島区池袋 ×-×-×
事業種目	ソフトウェア開発 業

平成24年8月13日
豊島 税務署長殿

自 平成22年4月1日
至 平成23年3月31日

事業年度の確定申告に係る課税標準等について下記のとおり更正の申出をします。

記

区　分				この申出前の金額	更正の申出金額
所得	所得金額又は欠損金額		1	100,000,000 円	95,000,000
	同上の内訳	軽減税率適用所得金額	2	8,000,000	8,000,000
		その他の金額（1-2）	3	92,000,000	87,000,000
法　人　税　額			4	29,040,000	27,540,000
法人税額の特別控除額			5		
差引法人税額（4-5）			6	29,040,000	27,540,000
リース特別控除取戻税額			7		
土地譲渡利益金	課税土地譲渡利益金額		8		
	同上に対する税額		9		
留保金	課税留保金額		10		
	同上に対する税額		11		
使途秘匿金	使途秘匿金		12		
	同上に対する税額		13		
法人税額計（6+7+9+11+13）			14	29,040,000	27,540,000
仮装経理に基づく過大申告の更正に伴う控除法人税額			15		
控　除　税　額			16	40,000	40,000
差引所得に対する法人税額（14-15-16）			17	29,000,000	27,500,000
中間申告分の法人税額			18	12,000,000	12,000,000
差引	納付すべき法人税額		19	17,000,000	15,500,000
	還付金額		20		
翌期へ繰り越す欠損金又は災害損失金			21		

（更正の申出をする理由等）

平成23年3月期において売上高の記載誤りがあり5,000,000円過大に計上したため。

修正申告書提出年月日	平成　年　月　日	添付書類	請求書控、売上元帳、検収済証
更正決定通知書受理年月日	平成　年　月　日		

還付を受けようとする金融機関等	1 銀行等の預金口座に振込みを希望する場合 三菱UFJ 銀行・金庫・組合 漁協・農協 池袋 本店・支店 出張所 本所・支所 普通 預金 口座番号 ×××××××	2 ゆうちょ銀行の貯金口座に振込みを希望する場合 貯金口座の記号番号 ＿＿＿＿＿ 3 郵便局等の窓口での受け取りを希望する場合 郵便局名等 ＿＿＿＿＿

税理士署名押印　　　　　　　　　　　　　　　㊞

※税務署処理欄	部門	決算期	業種番号	整理簿	備考	通信日付印	年月日	確認印

（規格A4）

第1節　修正申告の意味の変容と更正の請求

（地法20の9の3）。なお、この改正に合わせて地方団体がする更正および決定の期間制限が従来の3年から5年に延長されている（地法17の5）。

図表1-7　更正の請求の対象となる税目（地方税）

道府県税	市町村税
・法人事業税 ・法人道府県民税 ・自動車取得税 ・道府県民税利子割、配当割、株式等譲渡所得割 ・軽油引取税 ・道府県たばこ税 ・ゴルフ場利用税 ・入湯税 ・地方消費税譲渡割（国税の例による）	・法人市町村民税 ・事業所税 ・鉱産税 ・特別土地保有税（平成15年度以降新規課税停止中） ・市町村たばこ税

　ちなみに、賦課課税方式の固定資産税の一種である償却資産税の申告書に関し誤りがあり納税額が過大となった場合には、更正の請求ではなく修正申告によることとなる。

第2節 権利救済の手続

1 従来の考え方

　課税庁が税務調査の結果、非違事項を把握した場合、その処理の方法としては、以下の2つの方法がある。
① 修正申告の慫慂（勧奨）
② 更正・決定処分

　いずれの方法を採るかは、実務上基本的に調査官と納税者との交渉により決まることとなる。実際には大部分が①により処理されるが、納税者が課税庁による非違事項に関する説明内容に納得がいかない場合や、上場企業で株主に対する説明責任を果たすという目的がある場合には、②によることもある。言うまでもなく、①に応じ修正申告書を提出した場合には、その後変心して修正申告を撤回・訂正しようとしても無理であり、不服申立てを行うことができないが、②の場合には不服申立て（再調査の請求）・審査請求・訴訟を提起することができる。

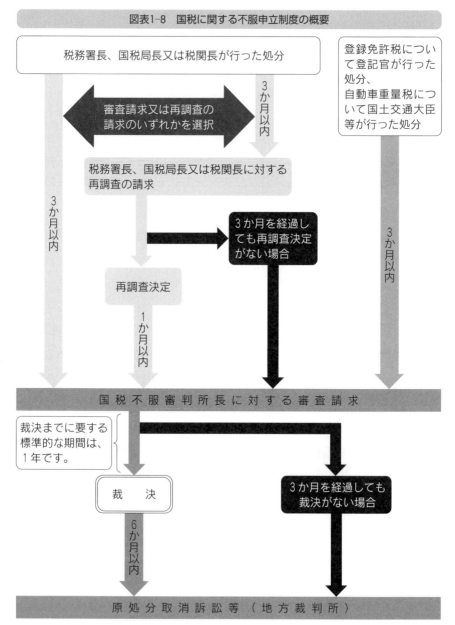

出典：国税不服審判所「審判所ってどんなところ？ 国税不服審判所の扱う審査請求のあらまし」（令和5年8月）5頁

納税義務は課税要件が充足されたときに法律上当然に成立するが、その確定は、第一次的には納税者による申告によって確定するものの、第二次的には課税庁が確定する権限を有している[29]。そのため、法の建前からいえば、課税庁が調査で非違事項を把握した場合、すべて②により処理すべきということになる。これは、②の更正処分に対しては不服申立てという権利救済の確固としたルートが確保されていることからも明らかである。また、改正後の国税通則法第74条の11第2項で「国税に関する調査の結果、更正決定等をすべきと認める場合には、……」とあるように、更正決定等をするのが原則で、同法第74条の11第3項の「……修正申告又は期限後申告を勧奨することができる。」というように修正申告の慫慂（勧奨）は「できる規定」に過ぎないという点からも裏付けられるであろう。

　しかし、現実には納税者・課税庁双方のメリットから、これまでは①が多用され、また、今後も調査終了後の処理方法のメインルートであり続けることが予想されるところである。従来はなぜそうだったのか。これは一般に以下のように説明される。すなわち、課税庁が修正申告の慫慂（勧奨）を多用する理由としては、限られた調査日数で青色申告者に（判例上）求められる更正の理由附記に耐えられるような「深度のある調査」を行うことが非常に困難であること、不服申立てや訴訟への芽を摘んでおきたいこと、納税者や税理士との交渉（馴れ合い？）が可能になること、といったことが挙げられる[30]。一方、納税者の側も、調査受忍負担から解放されること、追徴税額につき交渉の余地があること、課税庁との関係を良好に保てること（特に一定期間ごとに調査を受けることとなる法人の場合）といった点から、修正申告の慫慂（勧奨）に応じることにはメリットがある[31]。

---

[29] 金子前掲注16書975－976頁参照。
[30] 占部前掲注22書6－7頁。
[31] 拙書『［第三版］税務調査と質問検査権の法知識Q&A』（清文社・2017年）103頁参照。

❷ 税制改正を受けた発想の転換

　しかし、平成23年度の税制改正で、従来型の税務調査の終結方法については、前述の第1章第1節❷で触れた通り、多少発想の転換が求められることになるのでは、という観測も出てきた。それは、勧奨による修正申告を積極的にとらえよう、という視点である。

　法改正前にも、勧奨による修正申告を法的に「認知」しようという考え方[32]があるにはあったが少数説で、特に権利救済を声高に叫び、絶対視する論者からは勧奨による修正申告は厳しい批判にさらされてきた。

　筆者も納税者の権利救済は極めて重要な価値であることを認めるし、それが可能な限り保障されるようなルートを選択すべきということを否定するつもりは毛頭ない。しかし、かと言って、裁判による紛争解決を絶対視し前のめりになる「権利救済派」の姿勢には、税務の専門家として違和感と深い危惧を覚えるところでもあった。課税庁は当然に、更正処分の段階で裁判まで持ち込まれた場合その処分内容が維持できるか十分に検討している。そうなると、裁判というコストも心理的負担も大きい紛争解決の場（しかも次頁**図表**1-9に見るように納税者の主張が認められる可能性は10％前後と決して高くない）に持ち込むべき事案は、ないわけではないものの、非常に限定されているものと考えられる[33]。税務の専門家である税理士は、納税者の真の利益を考え、税務調査の段階でその振り分けを適切に行うことが求められているのである。

---

[32] 占部前掲注22書167－168頁参照。
[33] 専門家のメンツのために納税者を裁判に巻き込むなどということは、あってはならないことである。

図表1-9　国を被告とした税務訴訟※1の状況

年　度	訴訟提起件数（件）		訴訟終結件数（件）	原告勝訴件数※2（件）	
		伸び率(%)			割合(%)
平成23年度	390	11.7	380	51	13.4
平成24年度	340	△12.8	383	24	6.3
平成25年度	290	△14.7	328	24	7.3
平成26年度	237	△18.3	280	19	6.8
平成27年度	231	△2.5	262	22	8.4
平成28年度	231	0.0	245	11	4.5
平成29年度	199	△13.9	210	21	10.0
平成30年度	181	△9.0	177	6	3.4
令和元年度	223	23.2	216	21	9.7
令和2年度	165	△26.0	180	14	7.8
令和3年度	189	14.5	199	13	6.5
令和4年度	173	△8.5	186	10	5.4

出典：国税庁統計年報各年版

※1　課税訴訟を指す。一方、国を原告とした税務訴訟は徴収関係の訴訟である。
※2　原告勝訴件数には一部勝訴を含む。

　それでは、平成23年度の税制改正を受けた、修正申告を積極的にとらえようという発想の転換とは、どういうことを意味するのであろうか。それは、修正申告の勧奨に応じることによる紛争の早期解決と、一方で更正の請求の権利はその期限まで(原則法定申告期限から5年間)留保するという、「いいとこ取り」戦略の推進ということである。

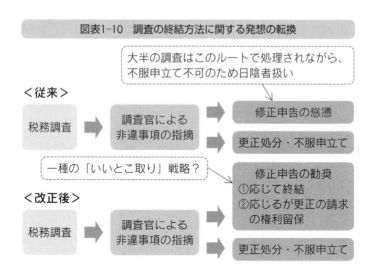

　改正後の国税通則法第74条の11第3項では、「前項の規定による説明（筆者注：その調査の内容）をする場合において、当該職員は、当該納税義務者に対し修正申告又は期限後申告を勧奨することができる。この場合において、当該調査の結果に関し当該納税義務者が納税申告書を提出した場合には不服申立てをすることはできないが更正の請求をすることはできる旨を説明するとともに、その旨を記載した書面を交付しなければならない。」とされている。

　当該規定は、修正申告の勧奨と更正の請求との関係、納税者の権利を比較的懇切丁寧に説明した条文である。改正前は、税務調査の終了時に関する規定は置かれていなかったが、仮に置かれていたとしても、「当該調査の結果に関し当該納税義務者が納税申告書を提出した場合には不服申立てをすることはできないが更正の請求をすることはできる旨を説明する」という文言が挿入されることはなかったであろう。なぜなら、改正前の更正の請求の期間は原則1年と短く、税務調査を受けそれが終結するタイミングでは当該期間が既に徒過しているのが通例だったことから、このような説明をしても「無意味（むしろ納税者の無用な反発を浴びるだけである）」で

あったわけである。

　ところが、更正の請求の期間が原則5年に延長されたため、修正申告の慫慂（勧奨）に応じても、不服申立てこそ従来通り不可能であるものの、更正の請求により修正申告書提出後でも再度の訂正が可能となった、すなわち権利救済への道が（表面的には）大きく開かれたわけである。それまで「日陰者扱い」であった修正申告の勧奨が、税務調査終結の際の手続における「メインルート」に躍り出たように「見えた」のである。

　しかし、平成23年度税制改正当時の筆者の上記認識は、その後の実務を経験するにつれ、残念ながら極めて甘い見通しであったことを痛感させられるに至った。すなわち、課税庁にとって、税制改正前からそうであったが、納税者が修正申告に応じたというのは、税務調査における経緯がどうであれ、基本的に納税者が納得し悔い改めて、自発的に「誤った申告内容を是正した」ものとして取扱うのである。したがって、納税者が一旦課税庁の勧奨に応じて修正申告に応じ、その後気が変わって修正申告部分につき更正の請求を行ったとしても、課税庁がそれに応じる可能性は極めて低いのである。要するに、前掲図中の「いいとこ取り戦略」なるものは、絵に描いた餅であり、平成23年度税制改正後においても、事実上「ないもの」として、修正申告の勧奨に応じるべきか否かを判断すべきということになる。本書はこの点について特に強調しておきたい。

③ 税務調査をどう終結させるか

　改正前は課税庁に丸め込まれて（？）修正申告の慫慂に応じると、その後それを訂正しようとしても不服申立て・更正の請求の道が閉ざされていたため、泣き寝入りする納税者もいたところである。しかし、上記で見た通り、改正後は税務調査をどう終結させるのかにつき、納税者側の自由度

が（一見）高まったようにみえる。無論これは歓迎すべき納税環境の変化であり、納税者・税理士はこの変化に柔軟に対応し戦略的に行動することが求められるといえる。

　理論的には、租税法の世界は合法性の原則が支配し、納税者は法に定められた通り一円の過不足もなく申告し納税する必要がある。しかし、実務はそのようには動いていないことは、実務家であれば誰でも理解しているところである。これは、実務家が法をないがしろにしていい加減に申告書を作成し税務調査で課税庁と「密約・談合」しているからではなく、①現代の複雑な経済取引に完全に網をかけるような租税法規の整備が事実上不可能であること、②各取引に（粗い）租税法規[34]を寸分の狂いもなく適用することの困難性、および③仮に租税法規が十分に整備されていたとしてもそれを適用するための事実認定を完璧に行うことの不経済性[35]などがその主たる要因である。

　このような実務に即して考えれば、税務調査という課税庁と納税者の利害が対立する紛争を、一種の「和解」として交渉可能性を重視する修正申告の勧奨に応じるルートを選択するのは、税制改正後においても、多くの場合納税者の利益にかなうものと考えられる。しかし、課税庁の主張にどうしても納得がいかないのであれば、決して安易な妥協をして修正の勧奨に応じるのではなく、更正処分を受け、不服申立て（再調査の請求）・審査請求・訴訟のルートを選択すべきである。これからの税務調査対応で重要

---

[34] 増井教授は「租税法というと、細かい条文がたくさん設けられていて、ほとんどのことが法律で決まっているかのような印象を抱きがちである。しかし、実態はむしろ、かなり重要なことが法律や政令以外のところで定められている、といっても、あながち誇張ではない。」と述べている。増井良啓「租税法の形成における実験―国税庁通達の機能をめぐる一考察」中里実編『政府規制とソフトロー』（有斐閣・2008年）185頁。

[35] 特に、調査日数の長期化は避けられないであろうし、それに伴う納税者・課税庁の負担増加も深刻である。修正申告の勧奨がなされている現場では、見るべき項目の70％程度をカバーすることで修正・指導事項が決められているというのが筆者の印象である。それを80％・90％と上げることは無論可能であるが、そのために要する時間は加速度的に増加する。費用対効果という観点からも、修正申告の勧奨の国税通則法による「認知」は重要な改正であった。

なのは、修正の勧奨に応じるか否かのいずれを選択するのかに関する「見極め」であろう。その点につき、税務の専門家としての税理士の存在意義が問われることとなる。

第2章

修正申告の実務

第1節 修正申告の意義

1 納税申告とは

　本書のテーマである修正申告と更正の請求との関係を考える前に、まず納税申告の意義について確認しておく。

　わが国では、納付すべき税額を納税者自らによる申告によって確定することを原則とし、その内容に誤りがある場合に限り課税庁により是正（更正・決定処分）がなされる申告納税制度（申告納税方式）が多くの税目で採用されている（通法16①一）[1]。このような申告納税制度の下では、納税者がその納税義務の範囲を確定するため、税務署長に対しその内容を記載した申告書を提出するが、これを「納税申告書」という（通法2六）。

　納税申告は要式行為[2]、すなわち法令が定める一定の方式に従って行われることで法律行為の成立が認められる行為であるが[3]、その書式は法人税を除き法定されていない（法人税については、法規別表一～二十）。

　納税申告書への記載事項は次頁の通りである（通法2六）。

---

[1] これに対して、納付税額を専ら課税庁が確定する制度を賦課課税制度という（通法16①二）。また、源泉所得税や印紙税のように、納税義務者または課税庁による特別な手続なしに、納税義務の成立と同時に納付税額が確定する自動確定方式の税目がある（通法15③）。
[2] 金子前掲第1章注16書955頁。
[3] 山本敬三『民法講義Ⅰ』（有斐閣・2001年）108頁。

① 課税標準
② 課税標準から控除する金額 ｝課税標準等
③ 純損失等の金額
④ 納付すべき税額
⑤ 還付金の額に相当する金額
⑥ 納付すべき税額の計算上控除する金額または還付金の額の計算の基礎となる税額 ｝税額等

したがって、所得税や法人税等の確定申告書のみならず、確定損失申告書（所法123）や欠損金額に係る確定申告書（法法２三十一、74①）、還付請求申告書も納税申告書となる。

なお、法人税の中間申告書（法法２三十）や消費税の中間申告書（消法42、43）は、その提出により納税義務の確定の効果は生じないので、納税申告書に含まれないこととなる（予定的申告）[4]。

2 期限内申告と期限後申告

申告書については、通常各税法により申告期限が定められている（法定申告期限、通法２七）。この法定申告期限までに提出される納税申告書を期限内申告書（通法17②）という。主要な税目の法定申告期限は次頁**図表2-1**の通りである。

---

[4] 金子前掲第１章注16書960－961頁。

図表2-1　主な税目の法定申告期限（原則）

税　目	法定申告期限
所得税	翌年の3月15日（所法120①）
法人税	事業年度終了の日の翌日から2月以内（法法74①）
消費税	課税期間の末日の翌日から2月以内（消法45①）。個人事業者は翌年の3月31日（措法86の4①）。
相続税	相続の開始があったことを知った日の翌日から10月以内（相法27①）
贈与税	翌年の3月15日（相法28①）

　一方、法定申告期限の経過後課税庁による決定処分（納税者が申告義務を怠った時に課税標準等を決定する処分、通法25）があるまでに提出される納税申告書や、所得税の確定損失申告書のように法定申告期限までの提出が義務付けられていない納税申告書について、法定申告期限の経過後に提出される場合の納税申告書を、期限後申告書（通法18①②）という。

　期限内申告であろうが期限後申告であろうが、申告納税制度の下で納税者が果たすべき申告義務（納税申告義務）に差はない。すなわち、申告書の提出そのものは納税者の任意に委ねられているものの、提出する以上は、納税者はその内容につき納税義務の存否または範囲を法律の規定に従って正しく確定する義務を負うものと解されている[5]。期限後申告は「いい加減」でもいいということはあり得ないのである。

❸ 修正申告とは

　次に修正申告の意義を確認しておきたい。修正申告とは、納税義務者が

---

[5] 谷口勢津夫『税法基本講義（第7版）』（弘文堂・2021年）132頁。

申告（期限後申告を含む）をしたのち、次頁の①〜④に掲げるような状況であることに気付いた場合に、課税庁の更正処分（通法24）を受ける前にその申告に係る課税標準等または税額等を修正する申告のことをいう（通法19①)[6]。

① 申告に係る税額が過少であるとき
② 申告に係る純損失等の金額が過大であるとき
③ 申告に係る還付金の額に相当する税額が過大であるとき
④ 申告書に納付すべき税額を記載しなかったとき

また、課税庁による更正・決定処分（課税処分）を受けた後、以下の⑤〜⑧の状況であることに気付いた場合にも同様に、課税庁の更正処分（通法24）を受ける前にその申告に係る課税標準等または税額等を修正する申告書（修正申告書）を税務署長に提出することができる（通法19②)。

⑤ 更正・決定による税額が過少であるとき
⑥ 更正・決定による純損失等の金額が過大であるとき
⑦ 更正・決定による還付金の額に相当する税額が過大であるとき
⑧ 納付すべき税額がない旨の更正を受けた場合に、納付すべき金額があるとき

上記の①〜⑧のいずれも、支払税額を増加させるか、欠損金を減額して将来支払う（可能性のある）税額を増額させる行為であり、納税者にとってみれば自己に不利益となるように申告内容を変更する申告手続であるといえる。その反対に、納付税額の減額など、納税者の申告内容を自己の利益となるように変更する手続が「更正の請求」である（通法23)[7]。

---

[6] 金子前掲第1章注16書959頁。
[7] 金子前掲第1章注16書967頁。

図表2-2 「修正申告」と「更正の請求」の対比

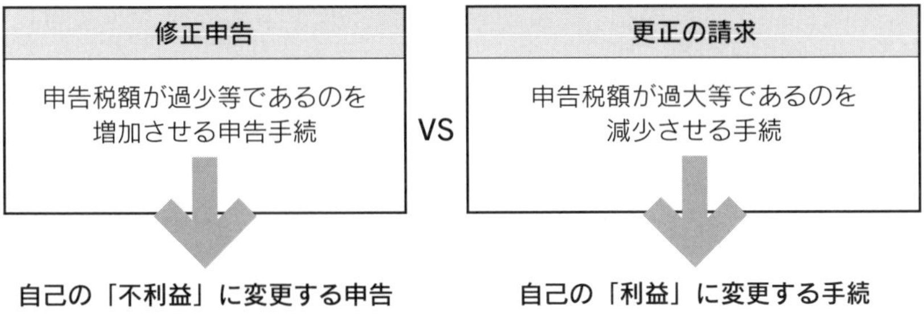

修正申告		更正の請求
申告税額が過少等であるのを増加させる申告手続	VS	申告税額が過大等であるのを減少させる手続
↓		↓
自己の「不利益」に変更する申告		自己の「利益」に変更する手続

　修正申告も更正の請求も、申告納税方式による国税の納税義務者が、事業年度終了時に一応「抽象的に」成立している納税義務（例えば法人税の場合、通法15②三）を確定させるため申告期限までに提出した申告書につき、その提出後誤りを発見したため、訂正する手続であることには変わりがない。しかし、修正申告は自己の「不利益」に変更する申告である一方で、更正の請求は自己の「利益」に変更する手続であるため、ベクトルは逆である。

　なお、修正申告は、それを行うかどうかは第一義的に納税者の判断に委ねられている（任意的修正申告[8]、これに対応する義務的修正申告については、後述第2章第3節参照）。

4 修正申告の類型

　また、修正申告を以下の2つの類型に分けることも可能である。
①　自主修正申告
②　調査による修正申告

---

[8] 谷口前掲注5書132頁。

上記に挙げる類型の違いは、「更正があるべきことを予知してされたか否か（通法65⑤）」である。税務調査の結果、修正申告の勧奨を受け、それを容認して行った修正申告のように、納税者が課税庁による更正を予知してなされた修正申告（修正申告書の提出）が②の「調査による修正申告」で、そうでないものが①の「自主修正申告」に該当する。

　なお「更正の予知」についての詳細は、後述第2章第1節❽参照。

❺ 修正申告の効力

　国税通則法では、確定した税額を増加させる内容の修正申告は、既に確定した税額の納税義務に影響を及ぼさないことが規定されている（通法20）。これは、既に確定した税額についてなされた納付、徴収、滞納処分といった事項の効力が事後の修正申告によりご破算になると、法的安定性に欠けることとなるため、それらの効力を維持する必要性に基づくものと解されている[9]。

❻ 修正申告の期限

　納税申告書の提出期限については前述第2章第1節❷の通りであるが、修正申告（任意的修正申告をいう）書の提出期限は、法律上特に定めはない（義務的修正申告の期限については、後述第2章第3節参照）。ただし、法律の解釈上、納付によるもの以外の原因により納税義務が消滅した後において行われた修正申告は、確定の対象となる納税義務そのものを失ってい

---

[9] 金子前掲第1章注16書960頁。

るため効力が生じないと考えられる[10]。したがって、納税義務が消滅したときが修正申告書の提出期限と考えるべきであろう。

7 修正申告と更正の請求との相違点

勧奨による修正申告と更正の請求との異同点を対比させると、**図表2-3**のようになる。

図表2-3　勧奨による修正申告と更正の請求との異同点

	勧奨による修正申告	更正の請求
内　容	当初申告の支払税額等を増加させる申告	当初申告の支払税額等を減少させる手続（減額更正[11]）
意　義	自己に不利益な変更を行う申告	自己に利益な変更を求める手続
効　力	申告書の提出により直ちに効力が生じる	税務署長等の処分により効力が生じる
加算税	課される（過少・無申告・重加算税）	課される（還付加算金）

8 修正申告と更正の予知

1 更正の予知と端緒把握説

税務調査と修正申告との関係で実務上問題となるのは、修正申告書の提

---

[10] 谷口前掲注5書133頁。なお、納付以外の納税義務の消滅原因には、免除（税額控除を含む）、消滅時効、滞納処分の執行停止、還付金の充当などがある。
[11] 課税庁が税務調査の過程で減額すべき事項を把握した場合、納税者からの更正の請求によらず職権で減額更正を行う（職権による減額更正）。

出が自発的なものか、それとも税務調査に基づく更正[12]を予知してのものか、という点である。修正申告書の提出が「調査があったことにより当該国税について更正があるべきことを予知してされたものではないとき」には、本税や延滞税はともかくとして、過少申告加算税は課されない（通法65⑥）。すなわち、「自発的なもの」であれば加算税は免除されるが、更正を予知したものの場合には原則通り賦課されるのである。なお、当該規定の適用を受ける場合、重加算税の賦課も免除される（通法68①カッコ書）。

図表2-4　加算税の種類と賦課要件

名　称	内　容
過少申告加算税	増差税額の10％相当額（通法65①）。増差税額が当初の税額または50万円を超えるときは、その超える部分の金額については15％相当額（通法65②）。なお、更正を予知したものでないときは増差税額の5％に軽減され（通法65①カッコ書）、そのうち調査の事前通知前に行われたものについては過少申告加算税が免除される（通法65⑥）。
無申告加算税	増差（確定）税額の15％相当額（通法66①）。増差（確定）税額が当初の税額または50万円を超えるときは、その超える部分の金額については20％相当額（通法66②）。「正当な理由があるとき」は無申告加算税が免除される（通法66①）。なお、更正または決定を予知したものでないときは増差税額の5％に軽減され（通法66①カッコ書）、そのうち調査の事前通知前に行われたものについては増差税額の5％に軽減される（通法65⑥）。さらに、申告書が法定申告期限の1か月以内に提出され、税額が法定納期限までに全額納付されている等の場合には免除される（通法66⑦）[13]。
重加算税	仮装・隠ぺいの事実があるときは、増差税額の35％相当額（通法68①）、無申告の場合は40％相当額（通法68②）。また、過去5年以内に無申告加算税又は重加算税を課された者が、再び調査により無申告又は仮装・隠蔽に基づく修正申告等を行った場合には、それぞれ10％が加算される（通法68④）。
延滞税	修正申告書を提出した日（納期限）の翌日から2か月後まで、増差税額に対して年2.4％（令和4年1月1日以後）。それ以後は増差税額に対して年8.7％（通法60②、措法94①）。

そもそも自発的な修正申告に係る加算税免除の規定が国税通則法に置か

れている趣旨は、判例によれば、①納税者による自発的な是正措置の奨励（東京地裁昭和56年7月16日判決・行裁例集32巻7号1056頁、東京地裁平成7年3月28日判決・訟月47巻5号1207頁）、または、②政府に手数をかけさせない是正措置の奨励（大阪地裁昭和29年12月24日判決・行裁例集5巻12号2992頁）とされている。現在の判例は、①の納税者による自発的な是正措置の奨励を採用する傾向にあるといえる。

　また、この①の判例の立場に拠るのであれば、調査が始まったとしても、調査官が実際に非違事項の端緒を把握しそれを納税者に伝えるまでに提出された修正申告は、自発的な修正申告と解して問題ないということになろう[14]。この考え方に近いのが、調査開始後調査官が何らかの非違事項の端緒にあたるような資料等を把握している段階より前に提出された修正申告書は「自発的なもの」にあたるという、いわゆる「端緒把握説[15]」である。ただし、端緒把握説は調査官が非違事項の端緒を把握していることは要件としているものの、それを納税者に伝えることまでは必ずしも要件とはしていない。すなわち、非違事項の端緒を直接納税者に伝えなくとも、調査の進行状況等から調査官が非違事項の端緒を把握しているであろうことを納税者が認識できる状況にあることが客観的にいえるのであれば、その時

---

[12] 調査に基づかない更正（見積課税など）は違法と考えられる。金子前掲第1章注16書976頁参照。
[13] 大阪地裁平成17年9月16日判決・税資255号順号10134（関西電力事件）等を受けて平成18年度の税制改正で新たに設けられた規定である。関西電力事件については、拙著『裁判例・裁決事例に学ぶ消費税の判定誤りと実務対応』（清文社・2020年）206－215頁参照。
[14] 酒井克彦『附帯税の理論と実務』（ぎょうせい・2011年）137頁参照。
[15] 酒井前掲注14書138－140頁参照。判例としては、東京地裁昭和56年7月16日判決・行裁例集32巻7号1056頁、東京高裁昭和61年6月23日判決・行裁例集37巻6号908頁がある。調査が開始されていれば、その段階で提出された修正申告書は更正が予知されたものと解すべきという説を「調査着手説」と呼ぶ場合があるが、東京高裁昭和61年6月23日判決で斥けられている。東京地裁平成14年1月22日判決・税資252号順号9048も同旨と考えられる。なお、品川芳宣『附帯税の事例研究（第四版）』（財経詳報社・2012年）175頁では、端緒把握説は「客観的確実性説」、調査着手説は「調査開始説」と称されている。さらに、調査官が端緒資料を発見し、これによりその後の調査が進行し、当初申告が不適正で更正処分に至ることが客観的に相当程度の確実性をもって認められる段階に達する前に、自発的に修正申告がなされた場合は「自発的な修正申告」に該当するとしたものに、東京地裁平成24年9月25日判決・判時2181号77頁がある。

点において「調査があったこと」に該当するものと解されるのである。

2 更正の予知と二段階要件説

上記 1 で述べた自発的な修正申告に関し加算税が免除ないし軽減されるための要件は、①調査があったこと、および、②更正があるべきことを予知してされたものではないこと、の二要件を満たす必要があるが、これを一般に「二段階要件説」という[16]。

ここでいう「調査」の意義については、国税通則法の規定が根拠となる。すなわち、当該二段階要件説の根拠となるのは国税通則法第65条第6項にいう「調査」である。当該「調査」について、判例では、「確定申告書を精査検討して控訴人の過少申告を発見することは、右（筆者注：国税通則法第65条第5項（現：第6項）にいう）『調査』に該当するといえる[17]。」として、その範囲を、実地（臨場）調査に限定されず、税務署内部における資料の検討といった机上調査をも含む広いものと解している。これは、国税通則法という同じ法律内に規定された第24条にいう「調査」と第65条第6項にいう「調査」とを、法的安定性や予測可能性等の観点から同義と解釈すべきという立場である[18]。つまり、国税通則法第24条にいう「調査」について判例では、「通則法24条にいう調査とは、……課税標準等または税額等を認定するに至る一連の判断過程の一切を意味すると解せられる。すなわち課税庁の証拠書類の収集、証拠の評価あるいは経験則を通じての要件事実の認定、租税法その他の法令の解釈適用を経て更正処分に至るまでの思考、判断を含むきわめて包括的な概念である[19]。」と判示しており、納税者の職場等に出向いてやり取りを行う実地調査はもとより、納税者の

---

[16] 品川前掲注15書155頁参照。
[17] 大阪高裁平成2年2月28日判決・税資175号976頁。
[18] 同旨のものとして、東京高裁平成11年9月29日判決・税資244号934頁、東京高裁17年4月21日判決・訟月52巻4号1269頁などがある。また、品川前掲注15書156-157頁参照。
[19] 大阪地裁昭和45年9月22日判決・行裁例集21巻9号1148頁。

側からは容易には認識しえないような机上調査や準備調査といった税務署内における内部調査もその中に含まれるということになろう。

　ただし、原則論としては判例の考え方で問題ないと考えるが、具体的適用の場面では、もう少し実務に即して注意深く解釈すべきと考える。すなわち、調査官が机上調査や準備調査で非違事項の端緒をつかんでいるとしても、それを電話や文書等で具体的に納税者に示していない限り、要するに納税者が調査のあったことを認識できる何らかの「働きかけ」がない限り、原則として国税通則法第65条第6項にいう「調査」があったとみるべきではないのではないか、ということである[20]。❶で述べた端緒把握説を採るにしても、調査官が端緒を把握していたかどうかにつき納税者が認識できない段階では、「更正があるべきことを予知してされた」修正申告とはいえないのではないだろうか。これは特に納税者等の外部からは容易に窺い知れないような税務署内における机上調査や準備調査の場合に該当するだろう。つまり、その手段は机上調査や準備調査であっても、調査官がその調査の過程で非違事項の端緒を把握していたことを納税者が認識できるような、換言すれば、調査官が非違事項の端緒を把握していたことを窺わせるような具体的な意思表示（電話や文書によりそれを客観的に確認できることが必要であろう）を納税者に対して行った段階以後のものから、「更正があるべきことを予知してされた」修正申告と解すべきであろう。

　なお、修正申告が更正を予知したものではないことの主張・立証責任は納税者側にあるとするのが判例・通説の立場である[21]（立証責任については後述第4章第5節参照）。

---

[20] 同旨として、酒井前掲注14書146－150頁参照。
[21] 金子前掲第1章注16書907頁注11、東京地裁昭和56年7月16日判決・税資120号129頁、高松高裁平成16年1月15日判決・訟月50巻10号3054頁参照。

3 記帳水準の向上に資するための加算税の加算措置

　納税者が正規の簿記の原則に基づく適正な記帳を行うことのメリットは、それにより正確な記録と事後検証可能性が確保されていることから、税務調査に係る課税庁側の執行コストを最小化することが可能となることにある。一方で、信頼性のある記帳がなされていないときには、課税庁は納税者側の取引実態を確認するため、反面調査等の追加的な対応が必要になる場合が多い。また、政府税調等[22]において、記帳や帳簿保存義務を果たさなくても、その記帳や帳簿保存が不十分であることのみでは「隠蔽・仮装」の事実に該当しないことから、税務調査において重加算税の賦課が困難となる場合もあり、納税者にとって記帳義務不履行に対する不利益が少ない中で記帳の動機に乏しい場合も存在するといった問題が指摘されていた[23]。

　そのため、令和4年度の税制改正において、記帳水準の向上に資する観点から、記帳義務を適正に履行しない納税者に対して課される過少申告加算税及び無申告加算税の加重措置が整備されることとなった。その概要は以下のとおりである（通法65④、66⑤）。

① その修正申告等があった時前に、帳簿（電子帳簿を含む[24]）の提出の要求があった場合において、次のいずれかに該当するときは、その修正申告等に基づき納付すべき税額（帳簿に記載すべき事項に基づく税額に限る）に係る過少申告加算税・無申告加算税について、10％加重（（下記2）については、5％加重）する。

　1）不記帳・不保存であった場合（その提出をしなかった場合）
　2）提出された帳簿について、その申告書の作成の基礎となる重要な事

---

[22] 政府税調「第7回納税環境整備に関する専門家会合（財務省説明資料）」(2021年11月17日) 15－37頁参照。
[23] 財務省編『令和4年度　改正税法のすべて』757頁。
[24] 対象範囲となる「帳簿」は、所得税法、法人税法及び消費税法の保存義務のある一定の帳簿（青色申告者の仕訳帳・総勘定元帳、白色申告者・消費税法上の事業者が保存しなければならない帳簿のうち売上に係るもの）に限定される。

項の記載が不十分である場合（記載不備、ただし、記載が著しく不十分な場合は①））
② ただし、納税者の責めに帰すべき事由がない場合（災害等の場合）には、上記①の措置は適用しない。

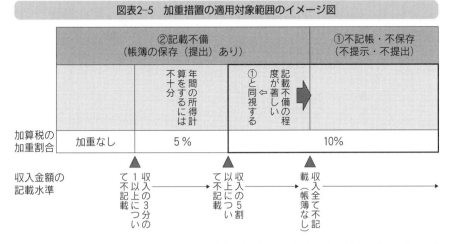

図表2-5　加重措置の適用対象範囲のイメージ図

出典：財務省編『令和4年度　改正税法のすべて』762頁

また、当該規定の適用対象となる帳簿の税目別の具体例は次頁**図表2-6**の通りである。

図表2-6　対象帳簿の具体例

	所得税法	法人税法	消費税法
青色申告	仕訳帳・総勘定元帳 ※　上記の保存がない場合、現金出納帳・売上帳等の補助帳簿でも可	仕訳帳・総勘定元帳	仕訳帳・総勘定元帳・補助帳簿（消費税法上の記載事項を記載した帳簿）
白色申告	現金出納帳・売上帳等の補助帳簿 ※　帳簿の体裁を正しく取ってはいない事業用の通帳・ノートに収入金額を網羅的かつ一覧性のある形で記載しており、契約書・請求書等の書類が一定程度保存され、収入金額を確認できる場合の取扱いを通達等で公表予定	現金出納帳・売上帳等の補助帳簿	

出典：財務省編『令和４年度　改正税法のすべて』765頁

　なお、当該措置は、令和６年１月１日以後に法定申告期限等が到来する国税について適用される（改正法附則20②）。すなわち、所得税については令和５年分から、法人税については令和５年10月決算期分（法定申告期限は令和６年１月４日）からとなる。

9　通達で示された調査の意義

1　国税通則法の改正と調査の意義

　平成23年度の国税通則法の改正を受けて、国税庁は平成24年９月に「国税通則法第７章の２（国税の調査）関係通達の制定について（法令解釈通達)」を発遣している。

　当該通達では、調査の意義（1－1）および調査に該当しない行為（1－2）を示している。国税庁は通達の発遣に先立ちその案をパブリックコメントに付しているが、その際公表された「通達案の概要」で調査の意義

等を説明した箇所で、課税庁（税務当局）による納税義務者に対する接触の態様には、「(税務)調査」および「行政指導」の2つがあるとしている。

このうち、「調査」とは、国税に関する法律の規定に基づき、特定の納税義務者の課税標準等または税額等を認定する目的その他国税に関する法律に基づく処分を行う目的で当該職員が行う一連の行為をいうとされている（通達1－1(1)）。ここでいう「一連の行為」とは、証拠資料の収集、要件事実の認定、法令の解釈適用などをさす（通達1－1(1)）。また、当該調査には、更正決定等を目的とする一連の行為のほか、異議決定や申請等の審査のために行う一連の行為も含まれる（通達1－1(2)）。

一方、行政法では、行政指導とは一般に、行政庁が行政目的を達成するために、助言・指導といった非権力的な手段で国民に働きかけてその協力を求め、国民を誘導して目的とする行為を行わせようとする作用と定義づけられるが[25]、通達において「行政指導[26]」とは、当該職員が行う行為であって、特定の納税義務者の課税標準等または税額等を認定する目的で行う行為に至らないものをいう（通達1－2）、とされている。

2 調査に該当しない行為

当該通達では、調査に該当しない行為として、後述3の5つの行為が例示されている。いずれも、課税庁が納税者による既に提出された（もしくは提出すべき）申告内容の見直しのきっかけを作り出し誘導するとはいうものの、納税者自身が具体的な誤り等を発見しそれに基づき自発的に修正申告書等を提出するという点が共通している。これについては、前述の二段階要件説や端緒把握説に照らしても一応妥当な見解ではないかと考えられる。

---

[25] 原田尚彦『行政法要論（全訂第二版）』（学陽書房・1989年）169頁参照。
[26] 行政手続法では、行政指導につき、第2条第6号において、「行政機関がその任務又は所掌事務の範囲内において一定の行政目的を実現するために特定の者に一定の作為又は不作為を求める指導、勧告、助言その他の行為であって処分に該当しないものをいう」と定義づけている。

ただし、納税者へのそのような働きかけから（またはそのような働きかけを経ずに）実地（臨場）調査に移行した後はどうなのかについては、当該通達では全く触れられていない。申告所得税の過少申告加算税に関する個別通達（平12課所4－16ほか三課、法人税や相続税などにも同様の通達がある）の2では、「通則法第65条第5項の規定を適用する場合において、その納税者に対する臨場調査、その取引先に対する反面調査またはその納税者の申告書の内容を検討した上での非違事項の指摘等により、当該納税者が調査のあったことを了知したと認められる後に修正申告書が提出された場合の修正申告書の提出は、原則として、同項に規定する『更正があるべきことを予知してされたもの』に該当する。」とあり、本通達案との関係がどう整理されるのかについては不明確である。これは、課税庁が判例上否定された調査着手説（調査開始説）に未だ固執していることの表れではないかと想定されるところである。

③ 調査に該当しない行為の例示

通達1－2に例示された「調査に該当しない行為」は、以下のようなものである。

① 提出された納税申告書の自発的な見直しを要請する行為

以下の二類型が挙げられている。

1) 提出された納税申告書に法令により添付すべきものとされている書類が添付されていない場合において、納税義務者に対して当該書類の自発的な提出を要請する行為。
2) 当該職員が保有している情報または提出された納税申告書の検算その他の形式的な審査の結果に照らして、提出された納税申告書に計算誤り、転記誤りまたは記載漏れ等があるのではないかと思料される場合において、納税義務者に対して自発的な見直しを要請した上で、必要に応じて修正申告書または更正の請求書の自発的な提出を要請する行為。

上記の二類型はいずれも、課税庁における机上の申告審理で表面的・形式的に把握される初歩的・単純なミスについて、実地調査を行うまでもなく納税者の協力を仰いで処理を進めることができる場合には、加算税の賦課は行わないという趣旨であると考えられる。

　したがって、例えば、個人の所得税の事案で、10年満期の養老保険の満期保険金につき同一年中に生命保険会社から税務署に２件支払調書が提出されているにもかかわらず、確定申告書には一時所得として１件分しか含められていないような場合、税務署がその旨の確認の電話・文書によるお尋ねを行ったときはこのような「初歩的・単純なミス」には該当せず、その後に提出された修正申告書には過少申告加算税が賦課されることになるだろう。

　一方で、支払調書が税務署に提出されていても、それに基づく税務署からのお尋ね等のアクションがある前に納税者が修正申告を行った場合には、自主修正申告として取り扱われることとなるだろう。支払調書が税務署に回付されているというだけでは、端緒把握説の端緒の把握（調査官による認知）の要件を満たしていないと考えられるからである。

② **提出された納税申告書の記載事項の審査の結果に照らして、当該記載事項につき税法の適用誤りがあるのではないかと思料される場合において、納税義務者に対して、適用誤りの有無を確認するために必要な基礎的な情報の自発的な提供を要請した上で、必要に応じて修正申告書または更正の請求書の自発的な提出を要請する行為。**

　例えば、特別償却の対象となる資産と別の資産につき特別償却を受けていると想定される場合で、税務署が対象資産の仕様書などを納税者に送付してもらうことを通じて、納税者が適用誤りに気付き自主的に修正申告を提出するケースなどを指すものと考えられる。

③ **納税申告書の提出がないため納税申告書の提出義務を確認する必要がある場合において、当該義務があるのではないかと思料される者に対して、当該義務の有無を確認するために必要な基礎的な情報（事業活動の有無等）**

の自発的な提供を要請した上で、必要に応じて納税申告書の自発的な提出を要請する行為。

　例えば、インターネットの通販を行っている個人で、そのサイトの状況などから活発な取引がありそうなことが想定されるにもかかわらず、事業所得の申告がなされていない場合、その個人に対し税務署が事業活動の有無や取引規模等のお尋ねを行い、事業活動を行っている場合には税務署への開業届や確定申告が必要である旨の注意喚起をすることで、自発的な申告につなげていくようなケースを指すものと考えられる。

④　当該職員が保有している情報または提出された所得税徴収高計算書の記載事項の確認の結果に照らして、源泉徴収税額の納税額に過不足徴収額があるのではないかと思料される場合において、納税義務者に対して源泉徴収税額の自主納付等を要請する行為。

　例えば、損益計算書の給与・賃金支払額に比して源泉徴収税額が過少と考えられる場合、源泉税の徴収漏れ・過少徴収がないか源泉徴収義務者に再計算を依頼し、その結果不足額の自主納付につなげる行為を指すものと考えられる。

⑤　源泉徴収に係る所得税に関して源泉徴収義務を確認する必要がある場合において、当該義務があるのではないかと思料される者に対して、当該義務の有無を確認するために必要な基礎的な情報（源泉徴収の対象となる所得の支払いの有無）の自発的な提供を要請した上で、必要に応じて納税申告書の自発的な提出を要請する行為。

　上記③と同様に、給与の支払いがあると想定されるにもかかわらず源泉税の納付実績がない事業者に対し、税務署が雇用者の有無や給与支払実績等のお尋ねを行い、雇用者を有し給与の支払いがある場合には税務署への給与支払事務所等の開設の届出や確定申告が必要である旨の注意喚起をすることで、自発的な申告につなげていくようなケースを指すものと考えられる。

⑩ 修正申告と納税申告書の撤回

　修正申告は一般に、既に提出されている納税申告書に係る課税標準や税額等を納税者の不利に修正する行為であるが、そうではなく、既に提出した納税申告書の提出そのものをなかったことにする、すなわち納税申告書の「撤回」は可能であろうか。

　納税申告書の提出は行政法にいう「私人の公法行為」に該当するが[27]、判例によれば、「確定申告は、租税債務を確定する効果を有するいわゆる私人の公法行為に該当し、一旦なされた以上、これらを自ら自由に取り消し、撤回することは許されないと解すべきである。」（東京地裁昭和49年5月15日判決・税資75号27頁、TAINS Z075-3326）とされており、撤回はできないものと解されている。したがって、納税申告書の提出後は、所得税の基本通達で示された内容に該当するようなケース[28]を除き、修正申告ないし更正の請求により訂正を求めるほかないこととなる。

---

[27] 金子前掲第1章注16書954頁、谷口前掲注5書134頁。
[28] 確定申告を要しない給与所得者から提出された確定申告書につき、その者から当該申告書を撤回したい旨の書面による申出があったときは、その申出の日に当該申告書の撤回があったものとされる（所基通121-2）。

第2節
修正申告の慫慂・勧奨への対応

1 修正申告の慫慂・勧奨の意義

　国税通則法の改正により、調査終了時における修正申告の勧奨が法定化されたが（通法74の11③）、これは一般にそれまでの実務慣行を法律に明記しただけで、特になんら新しい権利義務が課されたわけではないと解説されることが多い。従来の修正申告の慫慂（勧奨）は、立法当局の解説では、「修正申告等の勧奨は、調査により非違が発見された場合、課税庁が更正決定等により是正する前に、こうした申告納税制度の趣旨に照らし、まずは納税者による自発的な修正申告等を促すという一種の行政指導[29]として、これまで実務において行われてきたものです[30]。」であったとされている。すなわち、修正申告の慫慂に応じるかどうかはあくまで納税者の自由意思によるものであり、課税庁による強要などということはあってはならないものである[31]。

　修正申告の慫慂・勧奨の法的意義を考える上で参考になる裁判例がある。それは、事業用資産の買換えの特例に関する所得税の申告についての

---

[29] 行政法上も修正申告の慫慂は行政指導ととらえられてきた。宇賀克也『行政手続法の解説（第四次改訂版）』（学陽書房・2003年）158頁参照。
[30] 財務省編『平成24年度　改正税法のすべて』236頁。
[31] 修正申告の強要は、場合によっては公務員職権濫用罪（刑法193）に該当する可能性があることを指摘するものとして、船山泰範「修正申告の強要にたいする刑事法的規制」板倉宏他編『北野弘久教授還暦記念論文集　納税者の権利』（勁草書房・1991年）386頁参照。

事案である。税務調査で調査官が示した通達（措通37-21）に基づく取扱いに疑義を呈した税理士Xが、クライアントである納税者Yに対し審判所に審査請求をして争うべき旨の提案をしたところ、納税者Yはこれに応じず、調査官から提示された修正申告の慫慂に応じて修正申告を行ったものの、その後納税者Yが態度を急変させ、税理士Xのアドバイスに問題があったため追徴税額を支払う羽目に陥ったとして、税理士Xを相手取り追徴税額等に関する損害賠償請求訴訟を提起した事案である（東京地裁平成2年8月31日判決・判タ751号148頁）。

これについて裁判所は、「……税理士Yの判断にも相当な根拠が存すること、右修正申告をすることについては、税理士Yはこれに反対であって、当初の申告を維持して更正処分がされた場合には不服申立てをして争うことを勧めたが、Xらは、被告税理士Yの意向に反し、修正申告をすることとし、Xについては税理士Yに依頼し、その余のXらについては自ら修正申告書の提出をした」と事実認定したうえで、「……本件納付金の納付は、Xらが自らの責任においてした修正申告の結果であり、税理士Yの申告指導が、右申告につき、直接的な契機をなすなどの特別な事情が存すると認めるに足りず、結局、Y税理士の行為は、Xらの主張する損害との間に相当因果関係[32]を欠くものというべきである。」と判示して、納税者Xの主張を斥けている。

この裁判例で重要なのは、修正申告の意義を示した次の判示であろう。すなわち裁判所は、「……税務署がする修正申告の勧めは、あくまで納税者の自発的な申告を促すものであり、それ自体に、何ら強制力を持つものでないから、納税者がこの勧めに応じて修正申告をするか否かは、当該納税者が自らの責任において判断決定すべきことであって、修正申告により

---

[32] 一般に損害賠償の範囲を画定する概念である、とされる。内田貴『民法II（第3版）』（東京大学出版会・2011年）390頁参照。

確定した納税義務が、申告者以外の者の行為によったというためには、その者の行為が、当該修正申告をするために直接的な契機になった場合などの特別な事情のある場合に限られるというべきである。」として、修正申告の慫慂（勧奨）に応じた修正申告の提出は、原則として自発的なものと取り扱われることが示されている。

2 納税者の意思を欠く修正申告

　第2章第2節❶の裁判例で見た通り、課税庁の修正申告の慫慂（勧奨）に応じて提出された修正申告は、原則として自主修正申告と取り扱わされる。その結果、それを撤回するために不服申立てを行うことはできず、更正の請求によることとなる。

　ただし、修正申告の慫慂（勧奨）に応じて提出された修正申告であっても、納税者本人の意思を欠く、または真意に基づくものとは認められないものは、無効である。これについて争われた裁判例（延岡事件）を以下で見ていく（宮崎地裁平成10年5月25日判決・税資232号163頁）。

　まず事実関係であるが、個人事業主Xは宮崎県・大分県で理容店を手広く経営していた。Xが体調を崩し病院に入院した翌日、Xの自宅や宮崎県・大分県内の各店舗について熊本国税局資料調査課の現況調査を受けた。その後Xは一時退院し、資料調査課の主査と面談し、指示のあった借入金の状況などを記載した報告書を提出した。後日延岡税務署でXや顧問税理士、Xの家族、経理担当の従業員と資料調査課職員が面談した際、Xの長男が修正申告の慫慂に応じ、Xの修正申告書に署名押印するとともに、Xの消費税の修正申告書には経理担当の従業員が署名押印した。さらに日を改め、Xは脱税行為に関し寛大な処理を求める国税局長あて「嘆願書」を提出し、また、脱税の事実等に関する「事実申立書（Xが署名押印）」

を提出した。これらに基づき、延岡税務署長はXの平成元年から5年分の所得税につき重加算税の賦課決定処分を行ったが、Xはその債務不存在の確認を求め提訴した。

　本件で争点となったのは、修正申告の提出が原告納税者Xの意思に基づいてなされたものかどうかである。これについて裁判所は「原告は、平成6年11月15日、24日の高橋（筆者注：資料調査課主査）との面接において、修正申告がなされる場合の各年度の売上の額やその根拠、どのような費目でどのような金額のものが経費として認められあるいは認められないか並びにその根拠についての具体的な説明を受けなかったこと、同月25日においても、売上金の額の具体的根拠や経費として認められる具体的金額やその根拠を示されず、むしろ修正申告がなされた場合の納付の方法についての話に終始したこと、同月15日から同月25日までの原告の健康状態は、同月19日に医師から再入院の指示を受けるなど、なお予断を許さない状況にあり、その判断能力も十分ではなかったことが窺える。そうすると、原告において、本件修正申告にかかる期間の売上金および経費について、修正申告書が提出されるまでの間、その額がどの程度であるのかを把握し得る状況にはなかったというべきであり、修正申告を拒否していた原告が、明確な根拠も示されることなく、その意思を翻し、修正申告に応じるに至ったとは考えにくく、このことは、修正申告書における原告の署名捺印が原告自身でなく和博（筆者注：Xの長男）によってなされていることやその際の和博の態度および後に原告が和博夫婦に取った対応に裏付けられており、本件修正申告は、原告の真意に基づくものとは認められない。」と判示し、修正申告の提出が納税者Xの意思（真意）に基づいてなされたものではないことから、無効であるとした[33]。

　被告課税庁側は嘆願書、事実申立書の提出等を根拠に課税処分の正当性

---

[33] これは錯誤による無効（民法95）ではなく、納税者Xによる意思表示そのものがなかったための無効であると考えられる。

を主張しているが、裁判所は「他方で、被告は、前記主張の根拠に、本件修正申告後の事情として、原告が、同月30日ころ、脱税行為をしたことを前提として寛大な処置を求める旨記載された嘆願書〔証拠略〕を提出し、同年12月1日には、売上除外をしていたこと、除外した売上を簿外の給与支払等にあてていたこととともに、本件修正申告の所得金額と同額の所得金額を年度ごとに記載した事実申立書〔証拠略〕を提出し、また、本件修正申告にかかる所得税の一部を納付していることを挙げている。しかしながら、事実申立書の原文は、高橋が準備していたものであって、原告は、これを由美（筆者注：原告Xの長男の妻）に書き写させて、最後に署名捺印をしたに過ぎず〔証拠略〕当時の原告の体調および由美にその内容を書き写させた経緯を考慮すると、その内容を十分把握していたかについては疑問があること、課税されること自体に不満があったとしても、納付すべき税額がより低額になるよう求めて次善の策として事実申立書や嘆願書を提出することもあながち不自然とはいえないこと、原告は、平成7年1月9日に平谷（筆者注：延岡税務署徴収官）に相談した際にも依然として経費算定に対する不満を述べていたこと〔証拠略〕、その他前記認定の所得税の一部納付は原告の周囲の者がとりあえず差押を免れようとする意図に出たものであること等からすると、本件修正申告後の原告の各言動は、和博の行動を前提にして、半ば諦めたり、次善の策で妥協する方向に揺れ動いたことまでは窺えるものの、さらに進んで、本件修正申告が有効になされたことを前提とするものとまではいえず、これをもって本件修正申告が原告の真意に基づいてなされたことを推認するに足るものではない。」と判示して、課税庁の主張を斥けている。

なお、当該判決を不服として課税庁は控訴したが、棄却されている（福岡高裁宮崎支部平成12年6月13日判決・税資247号1175頁）。すなわち、高裁によれば、「むしろ、被控訴人が長時間にわたる修正申告の慫慂を受けながらこれを拒否し、持ち帰って考えさせて貰いたいと述べていたこと、客

観的に見ても、本件修正申告に応じるかどうかを決めるには経費について検討する余地が十分あること、被控訴人の健康状態が思わしくなかったこと、和博には高橋主査が何回になるか分からないが説明に行くと述べたことが心理的に大きく堪えたこと等を勘案すると、和博が自己の修正申告をするに当たって、併せて本件修正申告書にも被控訴人（筆者注：納税者X）に代わって署名し、自己の印鑑を使用して押印したもので、その署名、押印について被控訴人の同意を得ていなかった可能性の方が大きいと見るのが相当である。」と判示して、修正申告の無効を改めて認めたところである。

③ 修正申告の勧奨がない場合

　国税通則法の改正により法定化された「修正申告の勧奨」であるが（通法74の11③）、当該規定は「できる」規定であり、課税庁にそれが義務付けられたわけではない。そのため、場合によっては、課税庁からの修正申告の勧奨がなく、いきなり更正処分がなされることも考えられるが、これは違法とは言えない。

　過去の裁判例では、「国税庁長官が、平成12年12月11日付けで、国税局長らに対し、『原則として、非違を把握したすべての実地調査事案について、納税者に対して修正申告又は期限後申告のしょうようを行う。』と指示したことが認められる。しかしながら、法令上は課税庁に修正申告等のしょうようを義務付けた規定は存しないことから、上記は飽くまで行政機関内部における指示にとどまる。したがって、これを行わなかったからといって、国家賠償法上違法となると解することはできない。」とされ、修正申告の勧奨（慫慂）がなかったとしても違法ではないとされている（福岡地裁平成19年3月23日判決・税資257号順号10666[34]）。

とはいえ、申告納税制度の健全な発展のためには、国税通則法の規定ぶりにかかわらず、調査終了時に非違事項がある場合には、課税庁から納税者に対し「修正申告と更正処分のいずれを選択するか」の意向伺いが励行されることが必要であると考えられる。

4 修正申告の勧奨に応じる要件

これまで筆者は修正申告の勧奨に応じることに一定のメリットがあることを述べてきたが、もちろんあらゆる事案で修正申告の勧奨に応じるべきと主張するつもりはないし、修正申告の勧奨に応じることが納税者にとって常に有利な結果をもたらすと考えているわけでもない。それでは修正申告の勧奨に応じる際に考慮すべき要件とは何であろうか。

1 指摘事項の重要性

調査官が非違事項として提示してきたものの中に仮装・隠ぺいがあるとして重加算税の賦課を言い渡された場合、修正申告に応じることには慎重であるべきであろう。一方、少額の交際費等の経費項目、売上の計上時期のずれ（いわゆる期ずれ）、単純な計算誤りの指摘などについては、正式の権利救済手続に則って争う実益が乏しいものと考えられる。このような項目については、早期終結を図るため、積極的に修正申告の勧奨に応じるべきであろう。

2 調査官の説明責任の履行状況

調査官は質問検査権（通法74の2～8）に基づき税務調査を行っている

---

[34] 控訴審である福岡高裁平成20年1月30日判決・税資258号順号10875もこれを支持し、最高裁は上告不受理（最高裁平成21年6月9日決定・税資259号順号11220）で確定している。

わけであるが、税務調査手続の法令化により、これまで以上に税務調査の各場面における調査官の説明責任履行の重要性が高まったと考えられる。もちろん、法令化前から調査官の説明責任（accountability）はあったわけであるし、実際に履行している調査官が多数であったと考えられるが、中には荒川民商事件の最高裁決定（最高裁昭和48年7月10日決定・刑集27巻7号1205頁）の「……この場合の質問検査の範囲、程度、時期、場所等実定法上特段の定めのない細目については、右にいう質問検査の必要があり、かつ、これと相手方の私的利益との衡量において社会通念上相当な程度にとどまっているかぎり、権限ある税務職員の合理的な選択に委ねられているものと解すべく」という判示を盾に、質問検査権の行使は調査官の（全面的な）裁量に委ねられているとして、納税者からの質問に碌に返答せず強圧的に調査を進める調査官も、少数ではあるが存在したのも事実であり、税務調査手続が法令化された現在においても、残念ながら未だ存在し続けている。

　説明責任の履行に消極的な調査官の心中を察するに、説明責任の履行により、1つは手の内をばらすことにつながりかねないという懸念、2つ目は限られた調査時間でいちいち説明するのは面倒、3つ目は曖昧な部分は隠蔽し自信のある部分で攻めて調査を優位に進めたいという戦略、などが推認される。しかし、納税者は調査官の手の内をすべて開示せよなどと要求しているのではなく、単に差支えのない範囲で、なぜその調査を行うのかわかる程度の説明を求めているに過ぎない。すなわち、これらはいずれも調査官のコミュニケーション能力の向上により乗り越えられることであり、説明責任の履行を拒否するに足る理由とはなりえない。

　恐らく、調査官が調査の各段階において誠実に説明責任を果たしていれば、調査終結時に修正申告の提出か更正処分かでもめることは、まずないのではないだろうか。上場企業の場合、株主に対する説明責任を果たすため、修正申告の勧奨には応じず更正処分を積極的に選択することもあるよ

うだが、それ以外の大多数の法人や個人事業主は、調査官が説明責任を履行していれば、一応納得して修正申告の勧奨に応じることになるものと思われる。

なお、更正処分の場合、証拠により裏付けられる事項しか処分の対象とはならないため、修正申告の勧奨に応じるよりも是正範囲が限定されるため有利であるという考え方もあり得る。これは、課税庁と納税者の主張の間に隔たりが大きい場合には妥当な見解ともいえる。

3 早期終結の必要性

課税庁は調査内容や処分理由に相当の自信がない限り、まず更正処分を行わない。したがって、更正処分をなされた場合、それを覆そうと権利救済の手続に移行すると、結論が出るまで長期化するのが通例であり、また、それだけ時間とコストをかけても納税者有利の決定（裁決・判決など）が下される可能性は驚くほど低い。これについては様々な批判があるが、近い将来状況が劇的に改善される見込みがない以上、現状を前提に対策を講ずるのが責任ある実務家の対応であろう。

すなわち、納税者の意図が早期終結にあるのであれば、修正申告の勧奨に応じるのが得策といえる。筆者が早期終結にこれほどまでにこだわるのは、意見の相違があっても「なあなあ」に収めるのが日本の文化だからだとか、課税庁に肩入れをするためだとかいう理由では、無論ない。筆者の経験上、多くの納税者が税務調査をできる限り早期に終結させたいという強い希望（意思）をもっていることを、これまでひしひしと感じてきたからである。その願いをかなえるべく、かつ納税者の権利を最大限に擁護するために税理士が採るべき方策こそが、調査官に説明責任を全うさせ、それに基づき原則として修正申告の勧奨に応じるという税務調査の終結方法なのである。さらに、申告納税制度の理念に従えば、納税者が誤りに気付いたら（それに気付かせたのは調査官であるとはいえ）その時点で自発的に修正するの

が筋であるともいえる。

　もちろん、どうしても納得のいかない点がありながらそれに目を瞑ってまで修正申告の勧奨に応じるべきと主張しているのではない。前記❶のような状況にあるにもかかわらず、あくまで更正処分にこだわる意義は、更正の請求期間が延長された現在ではほとんど見いだせないということである。

第3節 義務的修正申告の意義

1 義務的修正申告とは

　修正申告は、原則として、申告内容に誤り等があり納付税額が過少と認められる場合において、納税者が自らの意思で自発的に行う行為である。しかし、例外的に、税法で修正申告書の提出が義務付けられている事項があるが、これを一般に義務的修正申告という。義務的修正申告の対象となる項目は**図表2-7**の通りである。

図表2-7　義務的修正申告の対象となる項目

税　目	条　文	規定内容
所得税	措法28の3⑦ 措法30の2⑤ 措法31の2⑧ 措法33の5① 措法36の3①～③ 措法37の2①② 措法41の3① 措法41の5⑬⑭ 措法41の19の4⑬	転廃業助成金等に係る課税の特例 山林所得に係る森林計画特別控除 優良住宅地の造成等に係る譲渡資産の課税の特例 収用交換等の代替資産取得の課税の特例 特定居住用財産の買換え等の課税の特例 特定事業用資産の買換え等の課税の特例 住宅借入金等の特別控除適用者の居住用財産に係る課税の特例 居住用財産の買換え等の譲渡損失の損益通算及び繰越控除 認定住宅等の新築等をした場合の所得税額の特別控除
相続税	相法31② 措法69の3①②	相続税法第4条の遺贈による相続税額の不足に係る修正申告 在外財産の価額が算定可能となった場合の修正申告等
贈与税	措法70⑥⑦ 措法70の2④ 措法70の3④	国等に対して相続財産を贈与した場合等の非課税 直系尊属から住宅取得等資金の贈与を受けた場合の非課税 住宅取得等資金の贈与に係る相続時精算課税の特例

例えば、「特定居住用財産の買換え等の課税の特例（措法36の3①〜③）」を例にとると、特定の居住用財産の買換えの特例の適用を受ける旨の確定申告書を提出した後、買換資産の取得価額の見積額が買換資産の実際の取得価額と異なった（見積額＞実際の取得価額）場合や、取得した買換資産が特例の適用要件を満たさなくなったことにより、納付すべき所得税額に不足が生じた場合には、譲渡資産の譲渡をした日の属する年分の所得税につき、その事由が生じたときから4月以内に修正申告書を提出して精算（納付）する必要があるというものである。

 義務的修正申告は、法令に定められた修正申告を一定の期間内に行うことで、期限内申告と同様に取り扱われる（過少申告加算税・延滞税等が免除される）というメリットがある[35]。ただし、相続税・贈与税の特例における義務的修正申告（および義務的期限後申告書[36]）の不提出については、通常の申告書不提出（期限内申告の不提出）に対して罰則が科されているのに合わせ、平成22年度の税制改正で罰則（1年以下の懲役または50万円以下の罰金）の対象となったので、注意を要する（相法69、措法70の13）。具体的には以下の措置が該当する。

① 相続税法第4条の遺贈による相続税額の不足に係る修正申告（相法31②）
② 在外財産の価額が算定可能となった場合の修正申告（措法69の3①②）
③ 国等に対して相続財産を贈与した場合等の非課税（措法70⑥⑦）
④ 直系尊属から住宅取得等資金の贈与を受けた場合の非課税（措法70の2④）
⑤ 住宅取得等資金の贈与に係る相続時精算課税の特例（措法70の3④）

---

[35] なお、義務的修正申告については申告期限が定められているが、通常の修正申告（任意的修正申告）には特に申告期限を定める規定は存在しない。谷口前掲注5書133頁。
[36] 特例の適用により当初申告は不要であったが、その後適用要件を満たさなくなったことから税額が生じたため申告書の提出が義務付けられている期限後申告書をいう。

⑥　医療法人の持分の放棄があった場合の贈与税の課税の特例（措法70の7の14②）

2　義務的修正申告と申告管理

　通常の修正申告（任意的修正申告と呼ぶ場合がある[37]）と異なり、義務的修正申告はその要件に該当する場合、修正申告書の提出が義務付けられており、また、相続税および贈与税に関しては、正当な理由なくしてそれを怠った場合には申告書不提出犯として罰則が科される場合がある。

　そのため、クライアントが義務的修正申告を行う必要があるような特例の適用を受ける際には、税理士は当該クライアントに当初申告の際に義務的修正申告の適用要件をきちんと説明するとともに、申告書提出後も適用要件に該当した場合には速やかに連絡をするように注意喚起をする必要があるだろう。また、税務の専門家としての責任を果たすうえでは、このような注意事項を単に口頭で説明するだけでは不十分であり、文書にしてクライアントに交付することが必要になるであろう。また、このようなクライアントに関しては、過去の経緯がよくわかるように申告書等を整理したファイルを別管理しておくと、間違いがないものと考えられる。

---

[37] 谷口前掲注5書132頁。

第3章

修正申告書を提出する場面の
ケーススタディと記載例

第1節
所得税のケーススタディ

ケース1
税務調査で家事関連費の否認を受けたケース

　ソフトウェアの開発を請け負う個人事業主であるA氏は青色申告者であるが、令和6年分の所得税（事業所得）の計算を行ったところ、青色申告特別控除前の所得金額が450,000円であった。

　ところが翌年受けた税務調査で、自動車について事業の用に供していない（家事関連費）と指摘され、減価償却費として計上していた550,000円が全額否認された。A氏は当該指摘に納得がいかなかったが、税理士を雇う余裕もなく、どのように争うのかもわからなかったため、渋々修正申告に応じることとした。

　なお、A氏にはその他にアルバイト収入が月100,000円（給与所得）あり、申告はe-Taxにより行っている。

対応策

　まず、記載例3-1 が当初申告の申告書（第一表）、記載例3-2 が青色申告決算書（一般用・1頁目）である。青色申告特別控除額は青色申告特別控除前の所得金額が上限であるため、450,000円である。

　ところが税務調査で減価償却費（550,000円）の必要経費算入が否認されたことから、所得金額が同額増加することとなる。そのため、修正申告

記載例 3-1

令和　　年　　月　　日　　税務署長

令和 **06** 年分の 所得税及び復興特別所得税 の 確定申告書

FA2204

第一表（令和六年分用）

氏名　**A**

職業　ソフトウェア開発

収入金額等			
事業	営業等	㋐	8 000 000
	農業	㋑	
不動産		㋒	
配当		㋓	
給与		㋔	1 200 000
雑	公的年金等	㋕	
	業務	㋖	
	その他	㋗	
総合譲渡	短期	㋘	
	長期	㋙	
一時		㋚	

所得金額等			
事業	営業等	①	0
	農業	②	
不動産		③	
利子		④	
配当		⑤	
給与		⑥	650 000
雑	公的年金等	⑦	
	業務	⑧	
	その他	⑨	
⑦から⑨までの計		⑩	
総合譲渡・一時		⑪	
合計		⑫	650 000

所得から差し引かれる金額			
社会保険料控除	⑬		
小規模企業共済等掛金控除	⑭		
生命保険料控除	⑮		
地震保険料控除	⑯		
寡婦、ひとり親控除	⑰		0000
勤労学生、障害者控除	⑱〜⑲		0000
配偶者（特別）控除	⑳〜㉑		0000
扶養控除	㉒		0000
基礎控除	㉓		480 000
⑬から㉔までの計	㉔		
雑損控除	㉕		
医療費控除	㉖		
寄附金控除	㉗		
合計	㉘		

税金の計算			
課税される所得金額（⑫－㉙）又は第三表	㉚		000
上の㉚に対する税額又は第三表の㊼	㉛		
配当控除	㉜		
	㉝		
	㉞		00
政党等寄附金等特別控除	㉟〜㊲		
住宅耐震改修特別控除等	㊳〜㊵		
差引所得税額	㊶		
災害減免額	㊷		
再差引所得税額（㊶－㊷）	㊸		
復興特別所得税額	㊹		0000
再々差引所得税額（基準所得税額）（㊸－㊹）	㊺		
復興特別所得税額（㊺×2.1%）	㊻		
所得税及び復興特別所得税の額（㊺＋㊻）	㊼		
外国税額控除等	㊽〜㊾		
源泉徴収税額	㊿		
申告納税額（㊼－㊽－㊾－㊿）	51		
予定納税額（第1期分・第2期分）	52		
第3期分の税額	53		00
	54		
修正前の第3期分の税額	55		
第3期分の税額の増加額	56		00

その他		
公的年金等以外の合計所得金額	57	
配偶者の合計所得金額	58	
専従者給与（控除）額の合計額	59	
青色申告特別控除額	60	450 000
雑所得・一時所得等の源泉徴収税額の合計額	61	
未納付の源泉徴収税額	62	
本年分で差し引く繰越損失額	63	
平均課税対象金額	64	
変動・臨時所得金額	65	
申告期限までに納付する金額	66	00
延納届出額	67	000

定額減税実施済額は、㊸と㊹のいずれか少ない方の金額です。

第3章　修正申告書を提出する場面のケーススタディと記載例

記載例 3-2

令和 06 年分所得税青色申告決算書（一般用）

FA3001

住所
事業所所在地
屋号・雅号：ソフトウェア開発

フリガナ
氏名
電話番号（自宅）（事業所）
加入団体名

依頼税理士等：事務所所在地／氏名（名称）／電話番号

損益計算書（自　　月　　日　至　　月　　日）

科目		金額（円）	科目		金額（円）
売上（収入）金額（雑収入を含む）	①	8 000 000	貸倒引当金繰入額等	㊱	
期首商品（製品）棚卸高	②			㊲	
売上原価 仕入金額（製品製造原価）	③	3 000 000		㊳	
小計（②＋③）	④			㊴	
期末商品（製品）棚卸高	⑤	550 000	各種引当金・準備金等繰入額 計	㊵	
差引原価（④－⑤）	⑥		専従者給与	㊶	
差引金額（①－⑥）	⑦		貸倒引当金繰入額	㊷	
経費 給料賃金	⑧			㊸	
外注工賃	⑨	3 800 000		㊹	
減価償却費	⑲		繰入額等 計	㊺	450 000
消耗品費	⑱				
福利厚生費	⑳	1 200 000	青色申告特別控除前の所得金額（㉝－㊵－㊺）	㊸	450 000
利子割引料	㉑		青色申告特別控除額	㊹	
地代家賃	㉒		所得金額（㊸－㊹）	㊺	0
貸倒金	㉓				
	㉔		※青色申告特別控除については、「決算の手引き」の「青色申告特別控除」の項を読んでください。		
	㉕		▼下の欄には、書かないでください。		
租税公課	⑧	50 000		㊿	
荷造運賃	⑨	100 000		㊾	
水道光熱費	⑩	40 000		㊽	
旅費交通費	⑪	200 000		㊼	
通信費	⑫	250 000		㊻	
広告宣伝費	⑬	100 000			
接待交際費	⑭	150 000			
損害保険料	⑮	100 000			
修繕費	⑯	100 000			
			雑費	㉛	255 000
			計	㉜	7 550 000
			差引金額（⑦－㉜）	㉝	450 000

（この青色申告決算書は機械で読み取りますので、黒のボールペンで書いてください。）

提出用（令和五年分以降用）

を提出する場合にはそれを反映する必要があるが、平成23年度の税制改正で控除額の制限の見直しが図られたため、青色申告特別控除額は上限である650,000円（電子申告による場合）の適用が受けられるようになる。すなわち所得の増加額は、550,000円－（650,000円－450,000円）＝350,000円ということになる。これを 記載例3-3 記載例3-4 のように修正申告書に反映させることとなる。

　なお、修正申告の勧奨に応じ修正申告書を提出後であっても、法定申告期限から5年以内であれば更正の請求を行うことができる。仮に修正申告提出後、自動車の全面的な家事使用という税務署の指摘に納得がいかない場合には、事業の用に供している具体事実（使用実績）に関する資料を基に適切な事業供用割合を算出し、更正の請求を行うとよいだろう。

ケース2
連帯保証債務の履行と譲渡所得の特例のケース

　B（代表取締役）およびC（Bの父親）は、X株式会社の事業資金5,000万円を金融機関（Y銀行）から借り入れる際、両名がその連帯保証人となった。ただし、Cは年金生活者で財産は特になく、X株式会社の役員でもないため、BはCに対し、Cには保証債務を履行させるつもりはない旨確約して、金融機関の求めに応じて連帯保証人になってもらったという経緯がある。その後X株式会社の経営が悪化し債務超過の状態となったため、債権の焦げ付きを恐れた金融機関は連帯保証人であるBおよびCに返済を強く求めてきた。X株式会社の代表取締役であるBは経営責任を感じて令和6年中に自らの所有する土地（駐車場用地、取得価額1,000万円）を売却し、その代金5,000万円を全額返済に充てた。

　Bは翌年の確定申告の際、保証債務の履行に係る譲渡所得の特例（所法64②）の適用により、譲渡所得の金額（5,000万円－1,000万円＝4,000万円）

記載例 3-3

令和 06 年分の 所得税及び復興特別所得税 の 修正 申告書

FA2204

第一表（令和六年分用）

氏名：A
職業：ソフトウェア開発

収入金額等
- 事業 営業等 ㋐ 8 000 000
- 給与 ㋒ 1 200 000

所得金額等
- 事業 営業等 ① 350 000
- 給与 ⑥ 650 000
- ⑦から⑨までの計 ⑩
- 合計 ⑫ 1 000 000

所得から差し引かれる金額
- 寡婦、ひとり親控除 ⑰～⑱ 0 000
- 勤労学生、障害者控除 ⑲～⑳ 0 000
- 配偶者（特別）控除 ㉑～㉒ 0 000
- 扶養控除 ㉓ 0 000
- 基礎控除 ㉔ 480 000

税金の計算
- 課税される所得金額 ㉚ 000
- 住宅借入金等特別控除 ㉞ 00
- 政党等寄附金等特別控除 ㊱～㊲ 00
- 令和6年分special控除 ㊹ 0 000
- 第3期分の税額 納める税金 ㉝ 00
- 第3期分の税額の増加額 ㊽ 00

その他
- 青色申告特別控除額 ㊴ 650 000
- 申告期限までに納付する金額 ㊶ 00
- 延納届出額 ㊷ 000

第1節　所得税のケーススタディ

記載例3-4

FA3001

令和 ０６ 年分所得税青色申告決算書（一般用）

住所／事業所所在地：（空欄）
事務所所在地：（空欄）
氏名（フリガナ）：Ａ
税理士等 氏名（名称）：
業種名：ソフトウェア開発
電話番号：
屋号：
加入団体名：
整理番号：

自 　月　　日　至　　月　　日

> この青色申告決算書は機械で読み取りますので、黒のボールペンで書いてください。

損益計算書 （自　　　　　　至　　　　　　）（単位：円）

科目		金額
売上（収入）金額（雑収入を含む）	①	8000000
売上原価	期首商品（製品）棚卸高	②	
	仕入金額（製品製造原価）	③	
	小　計（②+③）	④	
	期末商品（製品）棚卸高	⑤	
	差引原価（④-⑤）	⑥	
差引金額（①-⑥）	⑦	
経費	租税公課	⑧	500000
	荷造運賃	⑨	100000
	水道光熱費	⑩	400000
	旅費交通費	⑪	200000
	通信費	⑫	250000
	広告宣伝費	⑬	100000
	接待交際費	⑭	150000
	損害保険料	⑮	100000
	修繕費	⑯	100000

科目		金額
経費	消耗品費	⑰	300000
	減価償却費	⑱	
	福利厚生費	⑲	
	給料賃金	⑳	3800000
	外注工賃	㉑	
	利子割引料	㉒	
	地代家賃	㉓	1200000
	貸倒金	㉔	
	雑費	㉕	
		㉖	
		㉗	
		㉘	
		㉙	
		㉚	
		㉛	
	計	㉜	7000000
差引金額（⑦-㉜）	㉝	1000000
各種引当金・準備金等	繰戻額等 貸倒引当金	㉞	
		㉟	
		㊱	
	計	㊲	
	繰入額等 専従者給与	㊳	
	貸倒引当金	㊴	
		㊵	
		㊶	
	計	㊷	
青色申告特別控除前の所得金額（㉝+㊲-㊷）	㊸	1000000
青色申告特別控除額	㊹	650000
所得金額（㊸-㊹）	㊺	350000

> 青色申告特別控除については、「決算の手引き」の「青色申告特別控除」の項を読んでください。

> 下の欄には、書かないでください。

提出用（令和五年分以降用）

― 1 ―

70　第3章　修正申告書を提出する場面のケーススタディと記載例

の全額が生じなかったものとして申告を行った。

ところが今年の秋に受けた税務調査で、税務署の調査官は、Bの保証債務は債務額全体の半分に過ぎないから、所得税法第64条第2項の適用が受けられるのは譲渡所得の半分であるとして、修正申告の勧奨を行った。Bは当該指摘に納得がいかなかったが、税法の議論は難しくてついていけなかったため、渋々修正申告に応じることとした。

なお、BはX役員報酬としてX株式会社から月100万円を受けている。

対応策

まず、記載例3-5、記載例3-6が当初申告の申告書（第一表・第三表）、記載例3-7が保証債務の履行のための資産の譲渡に関する計算明細書（確定申告書付表）である。連帯保証人であるBはX株式会社の債務を弁済する目的で自己所有の土地を譲渡したが、主たる債務者であるX株式会社に資力がないため求償権が行使できず、保証債務履行に関する損失が生じたため、所得税法第64条第2項の特例の適用を受け、求償権の行使ができなかった金額である4,000万円につき譲渡がなかったものとする申告を行っている。

ところが税務調査で調査官は、もう一人の連帯保証人であるCに対しBが求償権を行使できると主張した。すなわち、民法第427条の規定（分割債務）に従えばBとCとは同じ割合で（2分の1ずつ）債務を負担していると考えられることから、BはCに対し2,500万円部分について求償権を行使できることとなる。したがって、保証債務の履行のための資産の譲渡に関する特例の対象となる譲渡所得の金額は4,000万円ではなく2,000万円であるとしたのである。

仮にこれに応じた場合、修正申告書としては記載例3-8～記載例3-10のようになる。一方、保証債務に関し、BとCの間でBの負担部分が100％、

記載例3－5

FA2204

______税務署長
令和___年___月___日

令和 06 年分の所得税及び復興特別所得税の確定申告書

第一表（令和六年分用）

納税地	〒	個人番号（マイナンバー）	生年月日
現在の住所又は居所事業所等		フリガナ	
		氏名	B
令和7年1月1日の住所		職業	会社役員
		屋号・雅号	
		世帯主の氏名	
		世帯主との続柄	
振替継続希望		種類	青色 分離 国出 損失 修正
特農の表示	特農	整理番号	
電話番号	自宅・勤務先・携帯 － －		

（単位は円）

区分	項目	番号	金額
収入金額等	事業 営業等 区分	㋐	
	事業 農業 区分	㋑	
	不動産 区分1 区分2	㋒	
	配当	㋓	
	給与 区分	㋔	12000000
	雑 公的年金等	㋕	
	雑 業務 区分	㋖	
	雑 その他 区分	㋗	
	総合譲渡 短期	㋘	
	総合譲渡 長期	㋙	
	一時	㋚	
所得金額等	事業 営業等	①	
	事業 農業	②	
	不動産	③	
	利子	④	
	配当	⑤	
	給与 区分	⑥	10050000
	雑 公的年金等	⑦	
	雑 業務	⑧	
	雑 その他	⑨	
	雑 ⑦から⑨までの計	⑩	
	総合譲渡・一時 ㋘＋{(㋙＋㋚)×½}	⑪	
	合計（①から⑥までの計＋⑩＋⑪）	⑫	10050000
所得から差し引かれる金額	社会保険料控除	⑬	1000000
	小規模企業共済等掛金控除	⑭	
	生命保険料控除	⑮	
	地震保険料控除	⑯	
	寡婦、ひとり親控除 区分	⑰～⑱	0000
	勤労学生、障害者控除	⑲～⑳	0000
	配偶者（特別）控除 区分1 区分2	㉑～㉒	0000
	扶養控除 区分	㉓	0000
	基礎控除	㉔	480000
	⑬から㉔までの計	㉕	
	雑損控除	㉖	
	医療費控除 区分	㉗	
	寄附金控除	㉘	
	合計（㉕＋㉖＋㉗＋㉘）	㉙	1480000

区分	項目	番号	金額
税金の計算	課税される所得金額（⑫－㉙）又は第三表	㉚	000
	上の㉚に対する税額又は第三表の㉟	㉛	1335100
	配当控除	㉜	
	区分	㉝	
	（特定増改築等）住宅借入金等特別控除 区分1 区分2	㉞	00
	政党等寄附金等特別控除	㉟～㊲	00
	住宅耐震改修特別控除等 区分	㊳～㊵	
	差引所得税額（㉛－㉜－㉝－㉞－㉟－㊱－㊲－㊳－㊴－㊵）	㊶	1335100
	災害減免額	㊷	
	再差引所得税額（㊶－㊷）	㊸	1335100
	令和6年分特別税額控除（3万円×人数） 人数 01	㊹	30000
	再々差引所得税額（基準所得税額）（㊸－㊹）（赤字のときは0）	㊺	1305100
	復興特別所得税額（㊺×2.1％）	㊻	27407
	所得税及び復興特別所得税の額（㊺＋㊻）	㊼	1332507
	外国税額控除等 区分	㊽～㊾	
	源泉徴収税額	㊿	1325300
	申告納税額（㊼－㊽－㊾－㊿）	(51)	7200
	予定納税額（第1期分・第2期分）	(52)	
	第3期分の税額（(51)－(52)） 納める税金	(53)	7200
	第3期分の税額 還付される税金	(54)	△
修正申告	修正前の第3期分の税額（還付の場合は頭に△を記載）	(55)	
	第3期分の税額の増加額	(56)	00
その他	公的年金等以外の合計所得金額	(57)	
	配偶者の合計所得金額	(58)	
	専従者給与（控除）額の合計額	(59)	
	青色申告特別控除額	(60)	
	雑所得・一時所得等の源泉徴収税額の合計額	(61)	
	未納付の源泉徴収税額	(62)	
	本年分で差し引く繰越損失額	(63)	
	平均課税対象金額	(64)	
	変動・臨時所得金額 区分	(65)	
延届納の出	申告期限までに納付する金額	(66)	00
	延納届出額	(67)	000

定額減税実施済額は、㊸と㊹のいずれか少ない方の金額です。

還付される税金の受取場所	銀行 金庫・組合 農協・漁協	本店・支店 出張所 本所・支所	
	郵便局名等	預金種類	普通 当座 納税準備 貯蓄
	口座番号 記号番号		
公金受取口座登録の同意		公金受取口座の利用	

整理欄 異動 年 月 日 名簿

整理欄 区分 A B C D E F G H I J K L 確認

記載例3-6

令和 06 年分の所得税及び復興特別所得税の確定申告書（分離課税用）

FA2401 第三表（令和六年分以降用）

氏名　B

特例適用条文：法 64条の2

収入金額

分離課税		
短期譲渡	一般分 ㋛	
	軽減分 ㋜	
長期譲渡	一般分 ㋝	50,000,000
	特定分 ㋞	
	軽課分 ㋟	
一般株式等の譲渡 ㋠		
上場株式等の譲渡 ㋡		
上場株式等の配当等 ㋢		
先物取引 ㋣		
山林 ㋤		
退職 ㋥		

所得金額

分離課税		
短期譲渡 一般分 ⑥⑧	0
軽減分 ⑥⑨	
長期譲渡 一般分 ⑦⑩	
特定分 ⑦①	
軽課分 ⑦②	
一般株式等の譲渡 ⑦③	
上場株式等の譲渡 ⑦④	
上場株式等の配当等 ⑦⑤	
先物取引 ⑦⑥	
山林 ⑦⑦	
退職 ⑦⑧	

税金の計算

総合課税の合計額（申告書第一表の⑫）	⑫	10,050,000
所得から差し引かれる金額（申告書第一表の㉙）	㉙	1,480,000
⑫ 対応分	⑦⑨	8,570,000
⑥⑧⑥⑨対応分	⑧⑩	000
⑦⑩⑦①⑦②対応分	⑧①	000
⑦③⑦④対応分	⑧②	000
⑦⑤対応分	⑧③	000
⑦⑥対応分	⑧④	000
⑦⑦対応分	⑧⑤	000
⑦⑧対応分	⑧⑥	000

税金の計算（右側）

㉙対応分	⑧⑦	1,335,100
⑧⑩対応分	⑧⑧	
⑧①対応分	⑧⑨	
⑧②対応分	⑨⑩	
⑧③対応分	⑨①	
⑧④対応分	⑨②	
⑧⑤対応分	⑨③	
⑧⑥対応分	⑨④	
⑧⑦から⑨④までの合計（申告書第一表の㉛に転記）	⑨⑤	1,335,100

その他

株式等	本年分の⑦③、⑦④から差し引く繰越損失額	⑨⑥	
	翌年以後に繰り越される損失の金額	⑨⑦	
配当等	本年分の⑦⑤から差し引く繰越損失額	⑨⑧	
先物取引	本年分の⑦⑥から差し引く繰越損失額	⑨⑨	
	翌年以後に繰り越される損失の金額	⑩⑩	

○ 分離課税の短期・長期譲渡所得に関する事項

区分	所得の生ずる場所	必要経費	差引金額（収入金額－必要経費）	特別控除額
長期一般		㋭ 40,000,000円 / 10,000,000	(40,000,000)円	0円
差引金額の合計額	⑩①		(40,000,000)	
特別控除額の合計額	⑩②			

○ 上場株式等の譲渡所得等に関する事項

上場株式等の譲渡所得等の源泉徴収税額の合計額	⑩③	

○ 退職所得に関する事項

区分	収入金額	退職所得控除額
一般	円	円
短期		
特定役員		

第1節　所得税のケーススタディ

記載例 3-7

【令和6年分】保証債務の履行のための資産の譲渡に関する計算明細書（確定申告書付表）

譲渡者	住所		氏名	B	電話番号	( )
関与税理士	住所		氏名		電話番号	( )

保証債務の明細

主たる債務者	住所又は所在地	氏名又は名称
		X株式会社

債権者	住所又は所在地	氏名又は名称
		株式会社Y銀行

保証債務の内容	債務を保証した年月日	保証債務の種類	保証した債務の金額
	平成25年5月1日	物上保証	50,000,000 円

保証債務の履行に関する事項	保証債務を履行した年月日	保証債務を履行した金額	求償権の額 Ⓐ
	令和6年10月1日	50,000,000 円	50,000,000 円

求償権の行使に関する事項	求償権の行使不能となった年月日	求償権の行使不能額 Ⓑ	Ⓐのうち既に支払を受けた金額
	令和6年10月1日	50,000,000	円

保証債務を履行するため譲渡した資産の明細

短期・長期の区分	短期・(長期)	短期・長期	短期・長期
資産の所在地番			
資産の種類	宅地		
資産の利用状況 資産の数量	㎡(株(口)・㎡)	㎡(株(口)・㎡)	㎡(株(口)・㎡)

譲渡先	住所又は所在地	(職業)	(職業)	(職業)
	氏名又は名称			

譲渡した年月日	令和6年10月1日	年 月 日	年 月 日
譲渡資産を取得した時期	昭和50年3月1日	年 月 日	年 月 日
譲渡価額の総額	50,000,000 円	円	円

譲渡所得（山林所得）のうちないものとみなされる金額

所得税法第64条第2項適用前の各種所得の合計額				譲渡所得又は山林所得の第64条第2項適用前の金額		
求償権の行使不能額（上のⒷの金額）	Ⓒ	50,000,000 円		総合課税の短期・長期譲渡所得の金額	Ⓜ	円
総所得金額	Ⓓ	10,050,000 円		分離課税の短期・長期譲渡所得の金額	Ⓝ	40,000,000 円
山林所得金額	Ⓔ	円		分離課税の一般株式等・上場株式等に係る譲渡所得等の金額（繰越控除後）	Ⓞ	円
退職所得金額	Ⓕ	円				
小 計（Ⓓ+Ⓔ+Ⓕ。赤字のときは0）	Ⓖ	10,050,000 円		分離課税の先物取引に係る雑所得等の金額（繰越控除後）	Ⓟ	円
分離課税の短期・長期譲渡所得の金額	Ⓗ	40,000,000 円		合 計（Ⓜ+Ⓝ+Ⓞ+Ⓟ）	Ⓠ	40,000,000 円
分離課税の一般株式等・上場株式等に係る譲渡所得等の金額（繰越控除後）	Ⓘ	円		山林所得金額（Ⓔの金額。赤字のときは0）	Ⓡ	円
分離課税の上場株式等に係る配当所得等の金額（損益通算及び繰越控除後）	Ⓙ	円				
分離課税の先物取引に係る雑所得等の金額（繰越控除後）	Ⓚ	円		譲渡所得又は山林所得のうちないものとみなされる金額（Ⓒ・Ⓛ・Ⓠのうち低い金額又はⒸ・Ⓛ・Ⓡのうち低い金額）	Ⓢ	40,000,000 円
合 計（Ⓖ+Ⓗ+Ⓘ+Ⓙ+Ⓚ）	Ⓛ	50,050,000 円				

求償権が行使不能となったの説明	債務者であるX株式会社が債務超過に陥って久しく、業績回復の見込みがないことから、求償権の全部が行使不能となったため。

(注) 1 総合課税の長期譲渡所得のある人の「Ⓓ」の金額は、一時所得の金額は、申告書第一表の「⑫＋(⑨＋⑩)×½」の金額となります。
2 「所得税法第64条第2項適用前の各種所得の合計額」欄は損益通算後の金額で、「所得税法第64条第2項適用前の金額（譲渡所得金額又は山林所得金額）」欄は損益通算前の金額を、それぞれ記載してください。
3 「Ⓢ」の金額は、譲渡所得、株式等に係る譲渡所得又は山林所得に関する各計算明細書の「必要経費」欄の上段に「(株)×××円」と二段書きしてください。
詳しくは、税務署にお尋ねください。

(資6-12-A4統一)
(令和6年分以降用)
R6.11

記載例 3-8

令和 06 年分の 所得税及び復興特別所得税 の 修正 申告書 第一表

FA2204

氏名: B

職業: 会社役員

収入金額等		
事業 営業等 ㋐		
農業 ㋑		
不動産 ㋒		
配当 ㋓		
給与 区分 ㋔	12,000,000	
雑 公的年金等 ㋕		
業務 ㋖		
その他 ㋗		
総合譲渡 短期 ㋘		
長期 ㋙		
一時 ㋚		

所得金額等		
事業 営業等 ①		
農業 ②		
不動産 ③		
利子 ④		
配当 ⑤		
給与 区分 ⑥	10,050,000	
雑 公的年金等 ⑦		
業務 ⑧		
その他 ⑨		
⑦から⑨までの計 ⑩		
総合譲渡・一時 ⑪		
合計 ⑫		

所得から差し引かれる金額		
社会保険料控除 ⑬	1,000,000	
小規模企業共済等掛金控除 ⑭		
生命保険料控除 ⑮		
地震保険料控除 ⑯		
寡婦、ひとり親控除 ⑰〜⑱	0000	
勤労学生、障害者控除 ⑲〜⑳	0000	
配偶者(特別)控除 ㉑〜㉒	0000	
扶養控除 ㉓	0000	
基礎控除 ㉔	480,000	
⑬から㉔までの計 ㉕		
雑損控除 ㉖		
医療費控除 ㉗		
寄附金控除 ㉘		
合計 (㉕+㉖+㉗+㉘) ㉙	1,480,000	

税金の計算		
課税される所得金額 (⑫-㉙)又は第三表 ㉚	000	
上の㉚に対する税額又は第三表の㉛ ㉛	4,335,100	
配当控除 ㉜		
区分 ㉝		
(特定増改築等) 住宅借入金等特別控除 区分 ㉞	00	
政党等寄附金等特別控除 ㉟〜㊲	00	
住宅耐震改修特別控除等 区分 ㊳〜㊵		
差引所得税額 (㉛-㉜-㉝-㉞-㉟-㊱-㊲-㊳-㊴-㊵) ㊶	4,335,100	
災害減免額 ㊷		
再差引所得税額 (㊶-㊷) ㊸	4,335,100	
令和6年分特別税額控除 人数 01 ㊹	30,000	
再々差引所得税額(基準所得税額) (㊸-㊹)(赤字のときは0) ㊺	4,305,100	
復興特別所得税額 (㊺×2.1%) ㊻	90,407	
所得税及び復興特別所得税の額 (㊺+㊻) ㊼	4,395,507	
外国税額控除等 ㊽〜㊾		
源泉徴収税額 ㊿	1,325,300	
申告納税額 (㊼-㊽-㊾-㊿) 51	3,070,200	
予定納税額(第1期分・第2期分) 52		
第3期分の税額 納める税金 53	3,070,200	
(51-52) 還付される税金 54		
修正申告 修正前の第3期分の税額 55		
第3期分の税額の増加額 56	00	
その他 公的年金等以外の合計所得金額 57		
配偶者の合計所得金額 58		
専従者給与(控除)額の合計額 59		
青色申告特別控除額 60		
雑所得・一時所得等の源泉徴収税額の合計額 61		
未納付の源泉徴収税額 62		
本年分で差し引く繰越損失額 63		
平均課税対象金額 64		
変動・臨時所得金額 65		
延納の届出 申告期限までに納付する金額 66	00	
延納届出額 67	000	

定額減税実施済額は、㊸と㊹のいずれか少ない方の金額です。

第1節 所得税のケーススタディ

記載例 3-9

令和 06 年分の所得税及び復興特別所得税の 修正 申告書（分離課税用）

FA2401

第三表（令和六年分以降用）

住所: （空欄）
氏名: B

（単位は円）

特例適用条文
法	条	項	号
措法	64 条の	2 項	号

収入金額

分離課税
- 短期譲渡 一般分 ㋛
- 短期譲渡 軽減分 ㋜
- 長期譲渡 一般分 ㋝ 50,000,000
- 長期譲渡 特定分 ㋞
- 長期譲渡 軽課分 ㋟
- 一般株式等の譲渡 ㋠
- 上場株式等の譲渡 ㋡
- 上場株式等の配当等 ㋢
- 先物取引 ㋣
- 山林 ㋤
- 退職 ㋥

所得金額

分離課税
- 短期譲渡 一般分 ⑱
- 短期譲渡 軽減分 ⑲
- 長期譲渡 一般分 ⑳ 20,000,000
- 長期譲渡 特定分 ㉑
- 長期譲渡 軽課分 ㉒
- 一般株式等の譲渡 ㉓
- 上場株式等の譲渡 ㉔
- 上場株式等の配当等 ㉕
- 先物取引 ㉖
- 山林 ㉗
- 退職 ㉘

税金の計算

- 総合課税の合計額（申告書第一表の⑫）⑫ 10,050,000
- 所得から差し引かれる金額（申告書第一表の㉙）㉙ 1,480,000
- ⑫ 対応分 ㊲ 8,570,000
- ⑱⑲ 対応分 ㊳ 0
- ⑳㉑㉒ 対応分 ㊴ 20,000,000
- ㉓㉔ 対応分 ㊵ 0
- ㉕ 対応分 ㊶ 0
- ㉖ 対応分 ㊷ 0
- ㉗ 対応分 ㊸ 0
- ㉘ 対応分 ㊹ 0

税金の計算（続き）

税金の額
- ㊱ 対応分 ㊼ 1,335,100
- ㊳ 対応分 ㊽
- ㊴ 対応分 ㊾ 3,000,000
- ㊵ 対応分 ㊿
- ㊶ 対応分 (91)
- ㊷ 対応分 (92)
- ㊸ 対応分 (93)
- ㊹ 対応分 (94)
- ㊼から(94)までの合計（申告書第一表の㉛に転記）(95) 4,335,100

その他

株式等
- 本年分の㉓、㉔から差し引く繰越損失額 (96)
- 翌年以後に繰り越される損失の金額 (97)

配当等
- 本年分の㉕から差し引く繰越損失額 (98)

先物取引
- 本年分の㉖から差し引く繰越損失額 (99)
- 翌年以後に繰り越される損失の金額 (100)

分離課税の短期・長期譲渡所得に関する事項

区分	所得の生ずる場所	必要経費	差引金額（収入金額－必要経費）	特別控除額
長期一般		㋐20,000,000円 10,000,000	(20,000,000)	

差引金額の合計額 (101) (20,000,000)
特別控除額の合計額 (102)

上場株式等の譲渡所得等に関する事項

上場株式等の譲渡所得等の源泉徴収税額の合計額 (103)

退職所得に関する事項

区分	収入金額	退職所得控除額
一般	円	円
短期		
特定役員		

整理欄: A B C 申告等年月日
D E F 通算
取得期限 / 特例期間 / 取得原因資産 / 入力 / 申告区分

記載例 3-10

【令和 6 年分】保証債務の履行のための資産の譲渡に関する計算明細書（確定申告書付表）

譲渡者	住所			氏名	B	電話番号	( )
関与税理士	住所			氏名		電話番号	( )

保証債務の明細

		住所又は所在地	氏名又は名称
	主たる債務者		X株式会社
		住所又は所在地	氏名又は名称
	債権者		株式会社Y銀行

	債務を保証した年月日	保証債務の種類	保証した債務の金額
保証債務の内容	平成25年5月1日	物上保証	50,000,000 円

	保証債務を履行した年月日	保証債務を履行した金額	求償権の額
保証債務の履行に関する事項	令和6年10月1日	50,000,000 円	Ⓐ 50,000,000 円

	求償権の行使不能となった年月日	求償権の行使不能額	Ⓐのうち既に支払を受けた金額
求償権の行使に関する事項	令和6年10月1日	Ⓑ 25,000,000 円	円

保証債務を履行するため譲渡した資産の明細

短期・長期の区分	短期・**長期**	短期・長期	短期・長期
資産の所在地番			
資産の種類	宅地		
資産の利用状況／資産の数量	㎡(株(口)・㎡)	㎡(株(口)・㎡)	㎡(株(口)・㎡)
譲渡先 住所又は所在地			
氏名又は名称	(職業)	(職業)	(職業)
譲渡した年月日	令和6年10月1日	年 月 日	年 月 日
譲渡資産を取得した時期	昭和50年3月1日	年 月 日	年 月 日
譲渡価額の総額	50,000,000 円	円	円

譲渡所得（山林所得）のうちないものとみなされる金額

所得税法第64条第2項適用前の各種所得の合計額			
求償権の行使不能額（上のⒷの金額）	Ⓒ	25,000,000 円	
総所得金額（申告書第一表の⑫に相当する金額）	Ⓓ	10,050,000 円	
山林所得金額（申告書第三表の㊼に相当する金額）	Ⓔ	円	
退職所得金額（申告書第三表の㊺に相当する金額）	Ⓕ	円	
小 計 Ⓓ+Ⓔ+Ⓕ、赤字のときは0	Ⓖ	10,050,000 円	
分離課税の短期・長期譲渡所得の金額（申告書第三表の㊽に相当する金額、赤字のときは0）	Ⓗ	20,000,000 円	
分離課税の一般株式等・上場株式等に係る譲渡所得等の金額（繰越控除後）（申告書第三表の㊾に相当する金額、赤字のときは0）	Ⓘ	円	
分離課税の上場株式等に係る配当所得等の金額（損益通算及び繰越控除後）（申告書第三表の㊿に相当する金額、赤字のときは0）	Ⓙ	円	
分離課税の先物取引に係る雑所得等の金額（繰越控除後）（申告書第三表の○に相当する金額、赤字のときは0）	Ⓚ	円	
合 計 Ⓖ+Ⓗ+Ⓘ+Ⓙ+Ⓚ		30,050,000 円	

所得税法第64条第2項適用前の譲渡所得又は山林所得の金額		
総合課税の短期・長期譲渡所得の金額（申告書第一表の⑫＋⑨に相当する金額、赤字のときは0）	Ⓜ	円
分離課税の短期・長期譲渡所得の金額（Ⓗの金額）	Ⓝ	20,000,000 円
分離課税の一般株式等・上場株式等に係る譲渡所得等の金額（繰越控除後）（Ⓘの金額のうち、譲渡所得に相当する金額。それぞれのときは0）	Ⓞ	円
分離課税の先物取引に係る雑所得等（繰越控除後）（Ⓚの金額のうち、譲渡所得に相当する金額、赤字のときは0）	Ⓟ	円
合 計 Ⓜ+Ⓝ+Ⓞ+Ⓟ	Ⓠ	20,000,000 円
山林所得金額（Ⓔの金額、赤字のときは0）	Ⓡ	円
譲渡所得又は山林所得のうちないものとみなされる金額 Ⓒ・Ⓛ・Ⓠのうち低い金額又は Ⓒ・Ⓛ・Ⓡのうち低い金額	Ⓢ	20,000,000 円

求償権が行使不能となった事情の説明	

(注) 1 総合課税の長期譲渡所得又は一時所得のある人のⒹの金額は、申告書第一表の（⑫＋(⑤+⑦)×½）の金額となります。
2 「所得税法第64条第2項適用前の各種所得の合計額」欄は損益通算後の金額を、「所得税法第64条第2項適用前の譲渡所得又は山林所得の金額」欄は損益通算前の金額を、それぞれ記載してください。
3 Ⓢの金額は、譲渡（株式等に係る譲渡所得又は山林所得に関する各計算明細書の「必要経費」欄の上段に「(Ⓢ×××円)」と二段書きしてください。詳しくは、税務署にお尋ねください。

(令6－12－A4統一)
(令和6年分以降用)
R6.11

第1節　所得税のケーススタディ　77

Cの負担部分が0％とする取り決めができていたことが立証できる場合には、当初申告が適正な申告であると考えられる[1]。したがって、仮に修正申告に応じた場合であっても、更正の請求によりそれを是正することも検討すべきと考えられる。

---

[1] なお、対債権者（金融機関）に関しては、保証人間の負担割合の取り決めがどうなっていようと、各連帯保証人が全額の保証責任を負うため、Bは全額弁済しなければならないこととなる（分別の利益（民法456）はない）。

第2節
法人税のケーススタディ

ケース1
過大な外注費の計上を否認されたケース

　マンションなどの建築・設計業を営むD社（資本金1,000万円）は、毎年傘下の下請企業数社に対し外注費を支払っている。このほど受けた税務調査で令和6年度（令和6年4月1日～令和7年3月31日）に係る外注費の支払いが取り上げられ、帳簿書類から13,200,000円（消費税込）のうち2,200,000円分が二重計上に該当するものであると指摘された（相手勘定は買掛金）。

　なお、D社は消費税に関し税抜経理を採用し、課税売上割合は95％超である。

> 対応策

　建設業における外注費は税務調査で非違が指摘される可能性の高い項目の一つである。したがって、法人税・消費税の申告書作成時においては、帳簿書類と実態を付け合わせるなどしてその内容を精査し、二重計上や交際費・寄附金・使途秘匿金に該当する費用の有無などについて確認することが肝要である。

　指摘に基づく非違事項の仕訳を行うと次頁の通りとなる。

買掛金	2,200,000	外注費	2,000,000
		仮払消費税等	200,000
仮払消費税等	200,000	未払消費税等	200,000

　外注費として過大計上した金額に係る仮払消費税額は既に仕入税額控除の対象となっているため、その部分については別表五（一）で未払消費税額（マイナス）を繰り越す必要がある。

　修正申告の勧奨に応じ提出した修正申告書（該当部分のみ記載）の別表四および五（一）は 記載例3-11 、 記載例3-12 のようになる。また、翌期における別表四および五（一）の処理（該当部分のみ記載）は 記載例3-13 、 記載例3-14 のようになる。

ケース2
有価証券評価損が否認されたケース

　E社は非上場の子会社F（持分割合60％、帳簿価額6,000,000円）株式を保有していたが、F社の急速な業績悪化により、令和7年3月31日時点（E・F社はともに3月決算法人）での純資産価額による評価額が2,500,000円まで下落した。そこで、E社は令和6年3月期の申告書で、F社株式につき、株価が取得価額の50％相当額を下回り、かつ取得価額まで回復する見込みがないとして、法人税法第33条第2項の規定に基づき有価証券評価損3,500,000円を計上した（相手勘定はF株式）。

　ところが税務調査で調査官は、F社の過去三年分の財務諸表を確認したところ、F社が大幅な赤字を計上したのは直近の令和7年3月期のみであり、進行年度（令和8年3月期）はリストラにより業績が回復していることから、法人税基本通達9-1-7にいう「近い将来その価額の回復が見

記載例 3-11

所得の金額の計算に関する明細書（簡易様式）

事業年度：6・4・1 〜 7・3・31
法人名：株式会社D
別表四（簡易様式）令六・四・一以後終了事業年度分

区　分		総　額①	処　分	
			留　保②	社外流出③
当期利益又は当期欠損の額	1	円	円	配当　円
				その他
加算	損金経理をした法人税及び地方法人税（附帯税を除く。）	2			
	損金経理をした道府県民税及び市町村民税	3			
	損金経理をした納税充当金	4			
	損金経理をした附帯税（利子税を除く。）、加算金、延滞金（延納分を除く。）及び過怠税	5			その他
	減価償却の償却超過額	6			
	役員給与の損金不算入額	7			その他
	交際費等の損金不算入額	8			その他
	通算法人に係る加算額（別表四付表「5」）	9			外※
	外注費過大計上	10	2,000,000	2,000,000	
	小　計	11			外※
減算	減価償却超過額の当期認容額	12			
	納税充当金から支出した事業税等の金額	13			
	受取配当等の益金不算入額（別表八（一）「5」）	14			※
	外国子会社から受ける剰余金の配当等の益金不算入額（別表八（二）「26」）	15			※
	受贈益の益金不算入額	16			※
	適格現物分配に係る益金不算入額	17			※
	法人税等の中間納付額及び過誤納に係る還付金額	18			
	所得税額等及び欠損金の繰戻しによる還付金額等	19			※
	通算法人に係る減算額（別表四付表「10」）	20			※
		21			
	小　計	22			外※
仮　計 (1)+(11)-(22)		23			外※
対象純支払利子等の損金不算入額（別表十七（二の二）「29」又は「34」）		24			その他
超過利子額の損金算入額（別表十七（二の三）「10」）		25	△		※ △
仮　計 ((23)から(25)までの計)		26			
寄附金の損金不算入額（別表十四（二）「24」又は「40」）		27			その他
法人税額から控除される所得税額（別表六（一）「6の③」）		29			その他
税額控除の対象となる外国法人税の額（別表六（二）「7」）		30			その他
分配時調整外国税相当額及び外国関係会社等に係る控除対象所得税額等相当額（別表六（五の二）「5の②」）+（別表六（三の六）「1」）		31			その他
合　計 (26)+(27)+(29)+(30)+(31)		34			外※
中間申告における繰戻しによる還付に係る災害損失欠損金額の益金不算入額		37			※
非適格合併又は残余財産の全部分配等による移転資産等の譲渡利益額又は譲渡損失額		38			
差　引　計 (34)+(37)+(38)		39			外※
更生欠損金又は民事再生等評価換えが行われる場合の再生等欠損金の損金算入額（別表七（三）「9」又は「21」）		40	△		※
通算対象欠損金額の損金算入額又は通算対象所得金額の益金算入額（別表七の二「5」又は「11」）		41			※
差　引　計 (39)+(40)±(41)		43			外※
欠損金等の当期控除額（別表七（一）「4の計」）+（別表七（四）「10」）		44	△		※ △
総　計 (43)+(44)		45			外※
残余財産の確定の日の属する事業年度に係る事業税及び特別法人事業税の損金算入額		51	△	△	
所得金額又は欠損金額		52			

㊋

第2節　法人税のケーススタディ

記載例 3−12

利益積立金額及び資本金等の額の計算に関する明細書

事業年度: 6・4・1 〜 7・3・31　法人名: 株式会社D

別表五(一)　令六・四・一以後終了事業年度分

御注意：この表は、通常の場合には次の式により検算ができます。
期首現在利益積立金額合計「31」① ＋ 別表四留保所得金額又は欠損金額「52」− 中間分・確定分の法人税県市町村民税等の合計額 ＝ 差引翌期首現在利益積立金額合計「31」④

I　利益積立金額の計算に関する明細書

区　分		期首現在利益積立金額 ①	当期の増減 減 ②	当期の増減 増 ③	差引翌期首現在利益積立金額 ①−②+③ ④
利益準備金	1	円		円	円
積立金	2				
買掛金	3			2,200,000	2,200,000
仮払消費税等	4		△200,000	△200,000	0
未払消費税等	5			△200,000	△200,000
	6				
	7				
	8				
	9				
	10				
	11				
	12				
	13				
	14				
	15				
	16				
	17				
	18				
	19				
	20				
	21				
	22				
	23				
	24				
繰越損益金（損は赤）	25				
納税充当金	26				
未納法人税等 未納法人税及び未納地方法人税（附帯税を除く。）	27	△	△	中間 △ 確定 △	△
未払通算税効果額（附帯税の額に係る部分の金額を除く。）	28			中間 確定	
未納道府県民税（均等割を含む。）	29	△	△	中間 △ 確定 △	△
未納市町村民税（均等割を含む。）	30	△	△	中間 △ 確定 △	△
差引合計額	31				

II　資本金等の額の計算に関する明細書

区　分		期首現在資本金等の額 ①	当期の増減 減 ②	当期の増減 増 ③	差引翌期首現在資本金等の額 ①−②+③ ④
資本金又は出資金	32	円	円	円	円
資本準備金	33				
	34				
	35				
差引合計額	36				

記載例 3-13

所得の金額の計算に関する明細書(簡易様式)

| 事業年度 | 7・4・1
8・3・31 | 法人名 | 株式会社D |

別表四(簡易様式) 令六・四・一以後終了事業年度分

区　分		総　額 ①	処　　　分	
			留　保 ②	社　外　流　出 ③
当期利益又は当期欠損の額	1	円	円	配当　　　　円
				その他
加算	損金経理をした法人税及び地方法人税(附帯税を除く。)	2			
	損金経理をした道府県民税及び市町村民税	3			
	損金経理をした納税充当金	4			
	損金経理をした附帯税(利子税を除く。)、加算金、延滞金(延納分を除く。)及び過怠税	5			その他
	減価償却の償却超過額	6			
	役員給与の損金不算入額	7			その他
	交際費等の損金不算入額	8			その他
	通算法人に係る加算額 (別表四付表「5」)	9			外※
		10			
	小　　　　計	11			外※
減算	減価償却超過額の当期認容額	12			
	納税充当金から支出した事業税等の金額	13			
	受取配当等の益金不算入額 (別表八(一)「5」)	14			※
	外国子会社から受ける剰余金の配当等の益金不算入額(別表八(二)「26」)	15			※
	受贈益の益金不算入額	16			※
	適格現物分配に係る益金不算入額	17			※
	法人税等の中間納付額及び過誤納に係る還付金額	18			
	所得税額等及び欠損金の繰戻しによる還付金額等	19			※
	通算法人に係る減算額 (別表四付表「10」)	20			※
	前期過大外注費受入認容	21	2,000,000	2,000,000	
	小　　　　計	22			外※
仮　　　計 (1)+(11)-(22)		23			外※
対象純支払利子等の損金不算入額 (別表十七(二の二)「29」又は「34」)		24			その他
超過利子額の損金算入額 (別表十七(二の三)「10」)		25	△		※ △
仮　　　計 ((23)から(25)までの計)		26			外※
寄附金の損金不算入額 (別表十四(二)「24」又は「40」)		27			その他
法人税額から控除される所得税額 (別表六(一)「6の③」)		29			その他
税額控除の対象となる外国法人税の額 (別表六(二の二)「7」)		30			その他
分配時調整外国税相当額及び外国関係会社等に係る控除対象所得税額等相当額 (別表六(五の二)「5の②」)+(別表十七(三の六)「1」)		31			その他
合　　　計 (26)+(27)+(29)+(30)+(31)		34			外※
中間申告における繰戻しによる還付に係る災害損失欠損金額の益金算入額		37			※
非適格合併又は残余財産の全部分配等による移転資産等の譲渡利益額又は譲渡損失額		38			
差　　引　　計 (34)+(37)+(38)		39			外※
更生欠損金又は民事再生等評価換えが行われる場合の再生等欠損金の損金算入額(別表七(三)「9」又は「21」)		40	△		※ △
通算対象欠損金額の損金算入額又は通算対象所得金額の益金算入額(別表七の二「5」又は「11」)		41			※
差　　引　　計 (39)+(40)±(41)		43			
欠損金等の当期控除額 (別表七(一)「4の計」)+(別表七(四)「10」)		44			※ △
総　　　計 (43)+(44)		45			外※
残余財産の確定の日の属する事業年度に係る事業税及び特別法人事業税の損金算入額		51	△	△	
所得金額又は欠損金額		52			

御注意
1　「52」の「①」欄の金額は、「②」欄の金額に「③」欄の金額を加算し、これから「※」の金額を加減算した額と符合することになります。
2　沖縄の認定法人の課税の特例等の規定の適用を受ける法人にあっては、別様式による別表四を御使用ください。

㊙

第2節　法人税のケーススタディ　　83

記載例 3-14

利益積立金額及び資本金等の額の計算に関する明細書

| 事業年度 | 7・4・1 ～ 8・3・31 | 法人名 | 株式会社D |

別表五(一) 令六・四・一以後終了事業年度分

御注意：この表は、通常の場合には次の式により検算ができます。
（期首現在利益積立金額[31]①＋別表四留保所得金額[52]）－中間分・確定分の法人税等、道府県民税及び市町村民税の合計額＝差引翌期首現在利益積立金額合計[31]④

I 利益積立金額の計算に関する明細書

区　分		期首現在利益積立金額 ①	当期の増減 減 ②	当期の増減 増 ③	差引翌期首現在利益積立金額 ①-②+③ ④
利　益　準　備　金	1	円	円	円	円
積　立　金	2				
買掛金	3	2,200,000	2,200,000		0
未払消費税等	4	△200,000	△200,000		0
	5				
	6				
	7				
	8				
	9				
	10				
	11				
	12				
	13				
	14				
	15				
	16				
	17				
	18				
	19				
	20				
	21				
	22				
	23				
	24				
繰越損益金（損は赤）	25				
納　税　充　当　金	26				
未納法人税等	未納法人税及び未納地方法人税（附帯税を除く。） 27	△	△	中間 △ 確定 △	△
	未払通算税効果額（附帯税の額に係る部分の金額を除く。） 28			中間 確定	
	未納道府県民税（均等割を含む。） 29	△	△	中間 △ 確定 △	△
	未納市町村民税（均等割を含む。） 30	△	△	中間 △ 確定 △	△
差　引　合　計　額	31				

II 資本金等の額の計算に関する明細書

区　分		期首現在資本金等の額 ①	当期の増減 減 ②	当期の増減 増 ③	差引翌期首現在資本金等の額 ①-②+③ ④
資本金又は出資金	32	円	円	円	円
資　本　準　備　金	33				
	34				
	35				
差　引　合　計　額	36				

込まれないこと」の要件を満たさないとして、有価証券評価損の計上を否認し、修正申告の勧奨を行った。

対応策

　上場有価証券等以外の有価証券については、法人税法第33条第2項および法人税法施行令第68条第1項第2号ロに基づき、その有価証券を発行する法人の資産状態が著しく悪化したため、その価額が著しく低下した場合に評価損が計上できる。ここでいう「その価額が著しく低下した場合」とは、実務上、法人税基本通達9-1-11に基づき、同通達9-1-7の要件、すなわち、①当該有価証券の当該事業年度終了の時における価額がその時の帳簿価額のおおむね50％相当額を下回ること、および、②近い将来その価額の回復が見込まれないこと、の両方を満たす場合をいう。

　本件の場合、①については要件を満たしている（41.67％まで下落）ものの、②の要件を満たしているかどうか不明である。進行年度の業績が回復し、株価の下落が一時的なものであるならば[2]、調査官の指摘はもっともということになろう。一方、株価の算定時はあくまで令和7年3月末時点であり、その時点で「近い将来その価額の回復が見込まれない」というのが合理的な推定であれば、②の要件も満たすということになろう。したがって、いったんは修正申告に応じ、令和8年3月期末で未だ業績が低迷したままであることを確認して、それに基づき更正の請求を行うというのも選択肢としてあり得るであろう。

　なお、修正に応じた場合、非違事項に係る仕訳は次のようになる。

---

[2] 納税者は申告時点で保有会社の未来の業績を正確に予想するのは困難であるが、調査官は申告時より一定期間経過した時点である調査時点における株価を見て（いわば後出しジャンケンで）「近い将来その価額の回復が見込まれない」かどうかを判定するので、有価証券評価損の計上は調査で非常に問題となりやすい項目であるといえる。

F株式	3,500,000円	F株式評価損	3,500,000円

　この場合、調査対象事業年度の別表四・五（一）の処理（該当項目のみ記載）は 記載例3-15 、 記載例3-16 のようになる。なお、有価証券は課税対象外であるため、消費税の処理は要しない。

ケース3
従業員に対する決算賞与

　G社は令和7年3月期において、期首予想より業績が上向きになり利益を計上できたとして、従業員に対し決算賞与12,000,000円を支給し損金に算入した。

　ところが税務調査において調査官が当該賞与の支給状況を確認したところ、賞与は会社が口座・印鑑を管理している従業員ごとの旅費・経費の決済用預金に令和7年4月25日に振り込まれており、支給の事実そのものが従業員に通知されていないことが判明した（実際には2か月後に通知されている）。そのため調査官は、当該支出は利益調整を目的として賞与に仮装したものであり、損金算入は認められないとして、修正申告を勧奨した。

　一方G社は、①当該賞与に係る源泉税2,400,000円は令和7年4月5日に全額納付済みである、②賞与の振込口座は金融機関からの協力要請で会社が開設し管理しているが、従業員からの申出により自由に引き出しが可能である、③通知については給与担当者の手違いにより遅延しただけである、ことを理由に、賞与に損金性があることを主張し、少なくとも仮装隠蔽の意図も事実もないため、重加算税の賦課は不当であるとした。

記載例 3-15

所得の金額の計算に関する明細書(簡易様式)

| 事業年度 | 6・4・1
7・3・31 | 法人名 | E株式会社 |

別表四(簡易様式) 令六・四・一以後終了事業年度分

御注意
2 1
沖縄の認定法人の課税の特例等の規定の適用を受ける法人にあっては、「52」の「①」欄の金額は、「②」欄の金額に「③」欄の本書の金額を加算し、これから「※」の金額を加減算した額と符合することになります。

区　分		総　額 ①	処　分	
			留　保 ②	社　外　流　出 ③
当期利益又は当期欠損の額	1	円	円	配当　　　　円
				その他
加算	損金経理をした法人税及び地方法人税(附帯税を除く。)	2			
	損金経理をした道府県民税及び市町村民税	3			
	損金経理をした納税充当金	4			
	損金経理をした附帯税(利子税を除く。)、加算金、延滞金(延納分を除く。)及び過怠税	5			その他
	減価償却の償却超過額	6			
	役員給与の損金不算入額	7			その他
	交際費等の損金不算入額	8			その他
	通算法人に係る加算額 (別表四付表「5」)	9			外※
	F株式評価損否認	10	3,500,000	3,500,000	
	小　　　　計	11			外※
減算	減価償却超過額の当期認容額	12			
	納税充当金から支出した事業税等の金額	13			
	受取配当等の益金不算入額 (別表八(一)「5」)	14			※
	外国子会社から受ける剰余金の配当等の益金不算入額(別表八(二)「26」)	15			※
	受贈益の益金不算入額	16			※
	適格現物分配に係る益金不算入額	17			※
	法人税等の中間納付額及び過誤納に係る還付金額	18			
	所得税額等及び欠損金の繰戻しによる還付金額等	19			※
	通算法人に係る減算額 (別表四付表「10」)	20			※
		21			
	小　　　　計	22			外※
仮　　計 (1)+(11)-(22)		23			外※
対象純支払利子等の損金不算入額 (別表十七(二の二)「29」又は「34」)		24			その他
超過利子額の損金算入額 (別表十七(二の三)「10」)		25	△		※ △
仮　　計 ((23)から(25)までの計)		26			外※
寄附金の損金不算入額 (別表十四(二)「24」又は「40」)		27			その他
法人税額から控除される所得税額 (別表六(一)「6の③」)		29			その他
税額控除の対象となる外国法人税の額 (別表六(二の二)「7」)		30			その他
分配時調整外国税相当額及び外国関係会社等に係る控除対象所得税額等相当額 (別表六(五の二)「5の②」)+(別表十七(三の六)「1」)		31			その他
合　　計 (26)+(27)+(29)+(30)+(31)		34			外※
中間申告における繰戻しによる還付に係る災害損失欠損金額の益金算入額		37			※
非適格合併又は残余財産の全部分配等による移転資産等の譲渡利益額又は譲渡損失額		38			
差　引　計 (34)+(37)+(38)		39			外※
更生欠損金又は民事再生等評価換えが行われる場合の再生等欠損金の損金算入額(別表七(三)「9」又は「21」)		40	△		※ △
通算対象欠損金額の損金算入額又は通算対象所得金額の益金算入額(別表七の二「5」又は「11」)		41			※
差　引　計 (39)+(40)±(41)		43			
欠損金等の当期控除額 (別表七(一)「4の計」)+(別表七(四)「10」)		44	△		※ △
総　　計 (43)+(44)		45			
残余財産の確定の日の属する事業年度に係る事業税及び特別法人事業税の損金算入額		51	△	△	
所得金額又は欠損金額		52			外※

㊙

第2節　法人税のケーススタディ　　87

記載例3-16

利益積立金額及び資本金等の額の計算に関する明細書

事業年度 6・4・1 ～ 7・3・31　法人名 E株式会社

別表五(一)　令六・四・一以後終了事業年度分

I 利益積立金額の計算に関する明細書

区分		期首現在利益積立金額 ①	当期の減 ②	当期の増 ③	差引翌期首現在利益積立金額 ①-②+③ ④
利益準備金	1	円	円	円	円
積立金	2				
F株式	3			3,500,000	3,500,000
	4				
	5				
	6				
	7				
	8				
	9				
	10				
	11				
	12				
	13				
	14				
	15				
	16				
	17				
	18				
	19				
	20				
	21				
	22				
	23				
	24				
繰越損益金（損は赤）	25				
納税充当金	26				
未納法人税等 未納法人税及び未納地方法人税（附帯税を除く。）	27	△	△	中間 △ 確定 △	△
未払通算税効果額（附帯税の額に係る部分の金額を除く。）	28			中間 確定	
未納道府県民税（均等割を含む。）	29	△	△	中間 △ 確定 △	△
未納市町村民税（均等割を含む。）	30	△	△	中間 △ 確定 △	△
差引合計額	31				

II 資本金等の額の計算に関する明細書

区分		期首現在資本金等の額 ①	当期の減 ②	当期の増 ③	差引翌期首現在資本金等の額 ①-②+③ ④
資本金又は出資金	32	円	円	円	円
資本準備金	33				
	34				
	35				
差引合計額	36				

御注意　この表は、通常の場合には次の式により検算ができます。
期首現在利益積立金額合計「31」① ＋ 別表四留保所得金額又は欠損金額「52」 － 中間分・確定分の法人税等、道府県民税及び市町村民税の合計額 ＝ 差引翌期首現在利益積立金額合計「31」④

対応策

　使用人賞与の損金算入の時期については、以下の区分に応じ、それぞれ定める日の属する事業年度とされている（法令72の3）。

① 　労働協約または就業規則により定められている支給予定日が到来している賞与：その支給予定日またはその通知をした日のいずれか遅い日の属する事業年度

② 　次の要件のすべてを満たす賞与：使用人にその支給額の通知をした日の属する事業年度

　　a 　その支給額を各人別に、かつ、同時期に支給を受けるすべての使用人に対して通知していること

　　b 　上記aの通知をした金額をその通知をしたすべての使用人に対しその通知をした日の属する事業年度終了の日の翌日から1月以内に支払っていること

　　c 　その支給額につきaの通知をした日の属する事業年度において損金経理していること

③ 　上記①・②以外の賞与：その賞与が支払われた日の属する事業年度

　本件については、上記②の要件を満たすか否かが問題となるが、形式的にはaの要件を満たしていないといえる。また、会社が管理している口座に振り込んでいることから、bの要件を満たすかも問題となり得る。

　bについては、G社の主張通り従業員からの申出により自由に引き出しが可能であれば一応満たすと考えられるが、aについては令和7年3月31日までに通知していることが要件であるから、満たさないものと考えられえる。また、通知が遅延したことから、事業年度末から1月以内に支払ったというbの要件を満たしているかについても疑問を呈さざるを得ないであろう（通知なしでどうやって従業員は会社管理の口座の残高を知るのであろうか）。

　そのため、本件については過少申告加算税の賦課は避けられないと思わ

れるが、仮装隠蔽の事実は認めがたいため、重加算税の賦課は困難であると考えられる。

なお、当該修正申告に伴う仕訳は以下のようになる。

普通預金	9,600,000円	従業員賞与	12,000,000円
源泉所得税等預り金	2,400,000円		

これに基づく修正申告書の別表四・五（一）の記載（該当項目のみ）は記載例3-17、記載例3-18のようになる。

また、令和8年3月期（進行事業年度）における税務上の修正仕訳は以下のようになる。

前期損益修正益認容	12,000,000円	普通預金	9,600,000円
		源泉所得税等預り金	2,400,000円

これに基づく申告書の別表四・五(一)の記載(該当項目のみ)は記載例3-19、記載例3-20のようになる。

ケース4
修繕費が資本的支出に該当するとして否認されたケース

H社（3月決算）は本社ビル敷地内の構築物につき、取得後10年を経過したタイミング（平成26年4月に取得）である令和7年3月期に大規模な修繕を行った。H社は当該費用10,000,000円を修繕費として全額損金算入したが、税務調査で調査官がそのうち8,000,000円相当額が資本的支出

記載例3-17

所得の金額の計算に関する明細書(簡易様式)

事業年度 6・4・1 ～ 7・3・31　法人名 G株式会社

別表四(簡易様式) 令六・四・一以後終了事業年度分

区　分		総　額 ①	処　分		
			留保 ②	社外流出 ③	
当期利益又は当期欠損の額	1	円	円	配当	円
				その他	
加算	損金経理をした法人税及び地方法人税(附帯税を除く。)	2			
	損金経理をした道府県民税及び市町村民税	3			
	損金経理をした納税充当金	4			
	損金経理をした附帯税(利子税を除く。)、加算金、延滞金(延納分を除く。)及び過怠税	5			その他
	減価償却の償却超過額	6			
	役員給与の損金不算入額	7			その他
	交際費等の損金不算入額	8			その他
	通算法人に係る加算額(別表四付表「5」)	9			外※
	従業員賞与否認	10	12,000,000	12,000,000	
	小　計	11			外※
減算	減価償却超過額の当期認容額	12			
	納税充当金から支出した事業税等の金額	13			
	受取配当等の益金不算入額(別表八(一)「5」)	14			※
	外国子会社から受ける剰余金の配当等の益金不算入額(別表八(二)「26」)	15			※
	受贈益の益金不算入額	16			
	適格現物分配に係る益金不算入額	17			※
	法人税等の中間納付額及び過誤納に係る還付金額	18			
	所得税額等及び欠損金の繰戻しによる還付金額等	19			※
	通算法人に係る減算額(別表四付表「10」)	20			※
		21			
	小　計	22			外※
仮計 (1)+(11)－(22)		23			外※
対象純支払利子等の損金不算入額(別表十七(二の二)「29」又は「34」)		24			その他
超過利子額の損金算入額(別表十七(二の三)「10」)		25	△		※ △
仮計 (23)から(25)までの計		26			外※
寄附金の損金不算入額(別表十四(二)「24」又は「40」)		27			その他
法人税額から控除される所得税額(別表六(一)「6の③」)		29			その他
税額控除の対象となる外国法人税の額(別表六(二の二)「7」)		30			その他
分配時調整外国税相当額及び外国関係会社等に係る控除対象所得税額等相当額(別表六(五の二)「5の②」)+(別表十七(三の六)「1」)		31			その他
合計 (26)+(27)+(29)+(30)+(31)		34			外※
中間申告における繰戻しによる還付に係る災害損失欠損金額の益金算入額		37			※
非適格合併又は残余財産の全部分配等による移転資産等の譲渡利益額又は譲渡損失額		38			※
差引計 (34)+(37)+(38)		39			外※
更生欠損金又は民事再生等評価換えが行われる場合の再生等欠損金の損金算入額(別表七(三)「9」又は「21」)		40	△		※ △
通算対象欠損金の損金算入額又は通算対象所得金額の益金算入額(別表七の二「5」又は「11」)		41			※
差引計 (39)+(40)±(41)		43			外※
欠損金等の当期控除額(別表七(一)「4の計」)+(別表七(四)「10」)		44	△		※ △
総計 (43)+(44)		45			外※
残余財産の確定の日の属する事業年度に係る事業税及び特別法人事業税の損金算入額		51	△	△	
所得金額又は欠損金額		52			

㊙

第2節　法人税のケーススタディ　91

記載例 3-18

利益積立金額及び資本金等の額の計算に関する明細書

事業年度: 6・4・1 〜 7・3・31　法人名: G株式会社

別表五(一)　令六・四・一以後終了事業年度分

I　利益積立金額の計算に関する明細書

区分		期首現在利益積立金額 ①	当期の減 ②	当期の増 ③	差引翌期首現在利益積立金額 ①−②+③ ④
利益準備金	1	円	円	円	円
積立金	2				
普通預金	3			9,600,000	9,600,000
源泉所得税預り金	4			2,400,000	2,400,000
	5				
	6				
	7				
	8				
	9				
	10				
	11				
	12				
	13				
	14				
	15				
	16				
	17				
	18				
	19				
	20				
	21				
	22				
	23				
	24				
繰越損益金（損は赤）	25				
納税充当金	26				
未納法人税等	未納法人税及び未納地方法人税（附帯税を除く。） 27	△	△	中間 △ 確定 △	△
	未払通算税効果額（附帯税の額に係る部分の金額を除く。） 28			中間 確定	
	未納道府県民税（均等割を含む。） 29	△	△	中間 △ 確定 △	△
	未納市町村民税（均等割を含む。） 30	△	△	中間 △ 確定 △	△
差引合計額	31				

II　資本金等の額の計算に関する明細書

区分		期首現在資本金等の額 ①	当期の減 ②	当期の増 ③	差引翌期首現在資本金等の額 ①−②+③ ④
資本金又は出資金	32	円	円	円	円
資本準備金	33				
	34				
	35				
差引合計額	36				

御注意　この表は、通常の場合には次の式により検算ができます。
期首現在利益積立金額合計〔31〕① + 別表四留保所得金額又は欠損金額〔52〕 − 中間分・確定分の法人税県市町村民税の合計額 = 差引翌期首現在利益積立金額合計〔31〕④

記載例 3-19

所得の金額の計算に関する明細書（簡易様式）

事業年度　7・4・1　～　8・3・31
法人名　G株式会社

別表四（簡易様式）　令六・四・一以後終了事業年度分

御注意
1　「52」の①欄の金額は、別様式による別表四の「※」の金額を御使用ください。
2　沖縄の認定法人の課税の特例等の規定の適用を受ける法人にあっては、②欄の金額に③欄の本書の金額を加算し、これから「※」の金額を加減算した額と符合することになります。

区　分		総　額①	処　分		
			留保②	社外流出③	
当期利益又は当期欠損の額	1	円	円	配当 その他	円
加算	損金経理をした法人税及び地方法人税（附帯税を除く。）	2			
	損金経理をした道府県民税及び市町村民税	3			
	損金経理をした納税充当金	4			
	損金経理をした附帯税（利子税を除く。）、加算金、延滞金（延納分を除く。）及び過怠税	5			その他
	減価償却の償却超過額	6			
	役員給与の損金不算入額	7			その他
	交際費等の損金不算入額	8			その他
	通算法人に係る加算額（別表四付表「5」）	9			外※
		10			
	小　計	11			外※
減算	減価償却超過額の当期認容額	12			
	納税充当金から支出した事業税等の金額	13			
	受取配当等の益金不算入額（別表八（一）「5」）	14			※
	外国子会社から受ける剰余金の配当等の益金不算入額（別表八（二）「26」）	15			※
	受贈益の益金不算入額	16			※
	適格現物分配に係る益金不算入額	17			※
	法人税等の中間納付額及び過誤納に係る還付金額	18			
	所得税額等及び欠損金の繰戻しによる還付金額等	19			※
	通算法人に係る減算額（別表四付表「10」）	20			※
	前期損益修正益認容	21	12,000,000	12,000,000	
	小　計	22			外※
仮　計 (1)+(11)-(22)		23			外※
対象純支払利子等の損金不算入額（別表十七（二の二）「29」又は「34」）		24			その他
超過利子額の損金算入額（別表十七（二の三）「10」）		25	△		※ △
仮　計 (23)から(25)までの計		26			外※
寄附金の損金不算入額（別表十四（二）「24」又は「40」）		27			その他
法人税額から控除される所得税額（別表六（一）「6の③」）		29			その他
税額控除の対象となる外国法人税の額（別表六（二の二）「7」）		30			その他
分配時調整外国税相当額及び外国関係会社等に係る控除対象所得税額等相当額（別表六（五の二）「5の②」）+（別表十七（三の六）「1」）		31			その他
合　計 (26)+(27)+(29)+(30)+(31)		34			外※
中間申告における繰戻しによる還付に係る災害損失欠損金額の益金算入額		37			※
非適格合併又は残余財産の全部分配等による移転資産等の譲渡利益額又は譲渡損失額		38			
差　引　計 (34)+(37)+(38)		39			外※
更生欠損金又は民事再生等評価換えが行われる場合の再生等欠損金の損金算入額（別表七（三）「9」又は「21」）		40	△		※ △
通算対象欠損金額の損金算入額又は通算対象所得金額の益金算入額（別表七の二「5」又は「11」）		41			※
差　引　計 (39)+(40)±(41)		43			
欠損金等の当期控除額（別表七（一）「4の計」）+（別表七（四）「10」）		44	△		外※ △
総　計 (43)+(44)		45			外※
残余財産の確定の日の属する事業年度に係る事業税及び特別法人事業税の損金算入額		51	△	△	
所得金額又は欠損金額		52			外※

㊙

第2節　法人税のケーススタディ

記載例 3-20

利益積立金額及び資本金等の額の計算に関する明細書

事業年度 7・4・1 〜 8・3・31　法人名 G株式会社

別表五(一)　令六・四・一以後終了事業年度分

I 利益積立金額の計算に関する明細書

区分		期首現在利益積立金額 ①	当期の増減 減 ②	当期の増減 増 ③	差引翌期首現在利益積立金額 ①−②+③ ④
利益準備金	1	円	円	円	円
積立金	2				
普通預金	3	9,600,000	9,600,000		0
源泉所得税預り金	4	2,400,000	2,400,000		0
	5				
	6				
	7				
	8				
	9				
	10				
	11				
	12				
	13				
	14				
	15				
	16				
	17				
	18				
	19				
	20				
	21				
	22				
	23				
	24				
繰越損益金（損は赤）	25				
納税充当金	26				
未納法人税及び未納地方法人税（附帯税を除く。）	27	△	△	中間 △ 確定 △	△
未払通算税効果額（附帯税の額に係る部分の金額を除く。）	28			中間 確定	
未納道府県民税（均等割を含む。）	29	△	△	中間 △ 確定 △	△
未納市町村民税（均等割を含む。）	30	△	△	中間 △ 確定 △	△
差引合計額	31				

II 資本金等の額の計算に関する明細書

区分		期首現在資本金等の額 ①	当期の増減 減 ②	当期の増減 増 ③	差引翌期首現在資本金等の額 ①−②+③ ④
資本金又は出資金	32	円	円	円	円
資本準備金	33				
	34				
	35				
差引合計額	36				

(セキュリティーシステムの向上)に該当するとして、修正申告の勧奨を行った。

調査対象となった構築物の状況等は以下の通りである。

① 耐用年数　25年（旧定率法の償却率0.08）
② 取得価額　5,000万円
③ 前事業年度末の帳簿価額　2,360万円（償却超過額なし）
④ 当事業年度に計上した減価償却費の額　1,888,000円
⑤ 大規模修繕を行った日　令和6年12月（期初から9か月目）

なお、平成28年4月1日以後に取得する構築物の償却方法は定額法である（耐用年数25年の償却率0.04）。

対応策

建物のリニューアルや機械の大規模修繕などを行った場合、それに係る支出が修繕費かそれとも資本的支出に該当するかは、税務調査における定番調査項目である。

本件の場合、修繕費に算入した金額のうち、セキュリティーシステムの向上に資するような支出が8,000,000円含まれているが、これは単なるメンテナンス費用とはいえず、構築物の機能の向上に該当するものであるから、調査官が指摘するように資本的支出に振り替えるべきであろう。

なお、当該修正申告に伴う仕訳は以下のようになる。

構築物	8,000,000円	現金	10,000,000円
修繕費	2,000,000円		
減価償却費	106,667円	減価償却累計額	106,667円

これに基づく修正申告書の別表四・五（一）、別表十六（一）および別

表十六(二)の記載(該当項目のみ)は記載例3-21、記載例3-22、記載例3-23、記載例3-24のようになる。

記載例 3-21

所得の金額の計算に関する明細書（簡易様式）

| 事業年度 | 6・4・1
7・3・31 | 法人名 | H株式会社 |

別表四（簡易様式）　令六・四・一以後終了事業年度分

御注意
21　沖縄の認定法人の課税の特例等の規定の適用を受ける法人にあっては、「52」の「①」欄の金額に「②」欄の金額と「③」欄の本書の金額を加算し、これから「※」の金額を加減算した額と符合することになります。

区　分		総　額 ①	処　分		
			留保 ②	社外流出 ③	
当期利益又は当期欠損の額	1	円	円	配当	円
				その他	
加算	損金経理をした法人税及び地方法人税（附帯税を除く。）	2			
	損金経理をした道府県民税及び市町村民税	3			
	損金経理をした納税充当金	4			
	損金経理をした附帯税（利子税を除く。）、加算金、延滞金（延納分を除く。）及び過怠税	5			その他
	減価償却の償却超過額	6	7,893,333	7,893,333	
	役員給与の損金不算入額	7			その他
	交際費等の損金不算入額	8			その他
	通算法人に係る加算額（別表四付表「5」）	9			外※
		10			
	小　計	11			外※
減算	減価償却超過額の当期認容額	12			
	納税充当金から支出した事業税等の金額	13			
	受取配当等の益金不算入額（別表八（一）「5」）	14			※
	外国子会社から受ける剰余金の配当等の益金不算入額（別表八（二）「26」）	15			※
	受贈益の益金不算入額	16			
	適格現物分配に係る益金不算入額	17			※
	法人税等の中間納付額及び過誤納に係る還付金額	18			
	所得税額等及び欠損金の繰戻しによる還付金額等	19			※
	通算法人に係る減算額（別表四付表「10」）	20			※
		21			
	小　計	22			外※
仮　計　(1)+(11)-(22)		23			外※
対象純支払利子等の損金不算入額（別表十七（二の二）「29」又は「34」）		24			その他
超過利子額の損金算入額（別表十七（二の三）「10」）		25	△		※ △
仮　計　(23)から(25)までの計		26			外※
寄附金の損金不算入額（別表十四（二）「24」又は「40」）		27			その他
法人税額から控除される所得税額（別表六（一）「6の③」）		29			その他
税額控除の対象となる外国法人税の額（別表六（二の二）「7」）		30			その他
分配時調整外国税相当額及び外国関係会社等に係る控除対象所得税額等相当額（別表六（五の二）「5の②」）+（別表十七（三の六）「1」）		31			その他
合　計　(26)+(27)+(29)+(30)+(31)		34			外※
中間申告における繰戻しによる還付に係る災害損失欠損金額の益金算入額		37			※
非適格合併又は残余財産の全部分配等による移転資産等の譲渡利益額又は譲渡損失額		38			
差　引　計　(34)+(37)+(38)		39			外※
更生欠損金又は民事再生等評価換えが行われる場合の再生等欠損金の損金算入額（別表七（三）「9」又は「21」）		40	△		※
通算対象欠損金額の損金算入額又は通算対象所得金額の益金算入額（別表七の二「5」又は「11」）		41			※
差　引　計　(39)+(40)±(41)		43			
欠損金等の当期控除額（別表七（一）「4の計」）+（別表七（四）「10」）		44	△		※
総　計　(43)+(44)		45			外※
残余財産の確定の日の属する事業年度に係る事業税及び特別法人事業税の損金算入額		51	△	△	
所得金額又は欠損金額		52			外※

㊞

第2節　法人税のケーススタディ　97

記載例 3-22

利益積立金額及び資本金等の額の計算に関する明細書

事業年度: 6・4・1 〜 7・3・31
法人名: H株式会社
別表五(一) 令六・四・一以後終了事業年度分

御注意
この表は、通常の場合には次の式により検算ができます。
期首現在利益積立金額合計「31」①＋別表四留保所得金額又は欠損金額「52」＋中間分・確定分の通算税効果額の合計額＝差引翌期首現在利益積立金額合計「31」④
＋中間分・確定分の法人税等、道府県民税及び市町村民税の合計額

I 利益積立金額の計算に関する明細書

区分		期首現在利益積立金額 ①	当期の増減 減 ②	当期の増減 増 ③	差引翌期首現在利益積立金額 ①－②＋③ ④
利益準備金	1	円	円	円	円
積立金	2				
減価償却超過額	3			7,893,333	7,893,333
	4				
	5				
	6				
	7				
	8				
	9				
	10				
	11				
	12				
	13				
	14				
	15				
	16				
	17				
	18				
	19				
	20				
	21				
	22				
	23				
	24				
繰越損益金（損は赤）	25				
納税充当金	26				
未納法人税等	未納法人税及び未納地方法人税（附帯税を除く。）	27	△	△	中間 △ 確定 △	△
	未払通算税効果額（附帯税の額に係る部分の金額を除く。）	28			中間 確定	
	未納道府県民税（均等割を含む。）	29	△	△	中間 △ 確定 △	△
	未納市町村民税（均等割を含む。）	30	△	△	中間 △ 確定 △	△
差引合計額	31				

II 資本金等の額の計算に関する明細書

区分		期首現在資本金等の額 ①	当期の増減 減 ②	当期の増減 増 ③	差引翌期首現在資本金等の額 ①－②＋③ ④
資本金又は出資金	32	円	円	円	円
資本準備金	33				
	34				
	35				
差引合計額	36				

記載例3-23

旧定額法又は定額法による減価償却資産の償却額の計算に関する明細書　事業年度 6・4・1 ～ 7・3・31　法人名 H株式会社　別表十六(一) 令六・四・一以後終了事業年度分

資産区分	種類	1	構築物				
	構造	2					
	細目	3					
	取得年月日	4	・　・	・　・	・　・	・　・	・　・
	事業の用に供した年月	5					
	耐用年数	6	年	年	年	年	年
取得価額	取得価額又は製作価額	7	外 8,000,000 円	外　　円	外　　円	外　　円	外　　円
	(7)のうち積立金方式による圧縮記帳の場合の償却額計算の対象となる取得価額に算入しない金額	8					
	差引取得価額 (7)-(8)	9	8,000,000				
帳簿価額	償却額計算の対象となる期末現在の帳簿記載金額	10	8,000,000				
	期末現在の積立金の額	11					
	積立金の期中取崩額	12					
	差引帳簿記載金額 (10)-(11)-(12)	13	外△ 8,000,000	外△	外△	外△	外△
	損金に計上した当期償却額	14					
	前期から繰り越した償却超過額	15	外	外	外	外	外
	合計 (13)+(14)+(15)	16	8,000,000				
当期分の普通償却限度額等	平成19年3月31日以前取得分	残存価額	17					
		差引取得価額×5% (9)×5/100	18					
		(16)>(18)の場合	旧定額法の償却額計算の基礎となる金額 (9)-(17)	19					
			旧定額法の償却率	20					
			算出償却額 (19)×(20)	21	円	円	円	円	円
			増加償却額 (21)×割増率	22	(　　　)	(　　　)	(　　　)	(　　　)	(　　　)
			計 (21)+(22)又は(16)-(18)	23					
		(16)≦(18)の場合	算出償却額 (18-1円)×12/60	24					
	平成19年4月1日以後取得分	定額法の償却額計算の基礎となる金額 (9)	25	8,000,000				
		定額法の償却率	26	0.04				
		算出償却額 (25)×(26)	27	4月 320,000 106,667	円	円	円	円
		増加償却額 (27)×割増率	28	(　　　)	(　　　)	(　　　)	(　　　)	(　　　)
		計 (27)+(28)	29	106,667				
	当期分の普通償却限度額等 (23)、(24)又は(29)	30	106,667				
当期分の償却限度額	租税特別措置法適用条項	31	条　項	条　項	条　項	条　項	条　項
	特別償却限度額	32	外　　円	外　　円	外　　円	外　　円	外　　円
	前期から繰り越した特別償却不足額又は合併等特別償却不足額	33					
	合計 (30)+(32)+(33)	34	106,667				
当期償却額		35	8,000,000				
差引	償却不足額 (34)-(35)	36					
	償却超過額 (35)-(34)	37	7,893,333				
償却超過額	前期からの繰越額	38	外	外	外	外	外
	当期損金認容額	償却不足によるもの	39					
		積立金取崩しによるもの	40					
	差引合計翌期への繰越額 (37)+(38)-(39)-(40)	41	7,893,333				
特別償却不足額	翌期に繰り越すべき特別償却不足額 ((36)-(39))と((32)+(33))のうち少ない金額	42					
	当期において切り捨てる特別償却不足額又は合併等特別償却不足額	43					
	差引翌期への繰越額 (42)-(43)	44					
	翌期繰越額の内訳		45					
		当期分不足額	46					
適格組織再編成により引き継ぐべき合併等特別償却不足額 (((36)-(39))と(32)のうち少ない金額)	47					
備考							

記載例 3-24

旧定率法又は定率法による減価償却資産の償却額の計算に関する明細書				事業年度	6・4・1 7・3・31	法人名	H株式会社	別表十六㈡ 令六・四・一以後終了事業年度分
資産区分	種類	1	構築物					
	構造	2						
	細目	3						
	取得年月日	4	・・	・・	・・	・・	・・	
	事業の用に供した年月	5						
	耐用年数	6	年	年	年	年	年	
取得価額	取得価額又は製作価額	7	外 50,000,000 円	外 円	外 円	外 円	外 円	
	⑺のうち積立金方式による圧縮記帳の場合の償却計算の対象となる取得価額に算入しない金額	8						
	差引取得価額 ⑺-⑻	9	50,000,000					
償却額計算の基礎となる額	償却額計算の対象となる期末現在の帳簿記載金額	10	21,712,000					
	期末現在の積立金の額	11						
	積立金の期中取崩額	12						
	差引帳簿記載金額 ⑽-⑾-⑿	13	外△ 21,712,000	外△	外△	外△	外△	
	損金に計上した当期償却額	14	1,888,000					
	前期から繰り越した償却超過額	15	外	外	外	外	外	
	合計 ⒀+⒁+⒂	16	23,600,000					
	前期から繰り越した特別償却不足額又は合併等特別償却不足額	17						
	償却額計算の基礎となる金額 ⒃-⒄	18	23,600,000					
当期分の普通償却限度額等	平成19年3月31日以前取得分	差引取得価額×5% ⑼×5/100	19						
		旧定率法の償却率	20						
		算出償却額 ⒅×⒇	21	円	円	円	円	円	
		増加償却額 ㉑×割増率	22	( )	( )	( )	( )	( )	
		計 ㉑+㉒又は⒅-⒆	23						
		⒃≦⒆の場合 算出償却額 ((⒆-1円)×12/60)	24						
	平成19年4月1日以後取得分	定率法の償却率	25	0.080					
		調整前償却額 ⒅×㉕	26	1,888,000 円					
		保証率	27	0.02841					
		償却保証額 ⑼×㉗	28	1,420,500	円	円	円	円	
		改定取得価額	29						
		改定償却率	30						
		改定償却額 ㉙×㉚	31	円	円	円	円	円	
		増加償却額 (㉖又は㉛)×割増率	32	( )	( )	( )	( )	( )	
		計 (㉖又は㉛)+㉜	33	1,888,000					
	当期分の普通償却限度額等 ㉓、㉔又は㉝	34	1,888,000						
当期分の償却限度額	特別償却限度額	租税特別措置法適用条項	35	(条 項)	(条 項)	(条 項)	(条 項)	(条 項)	
		特別償却限度額	36	外 円	外 円	外 円	外 円	外 円	
		前期から繰り越した特別償却不足額又は合併等特別償却不足額	37						
		合計 ㉞+㊲	38	1,888,000					
当期償却額		39	1,888,000					
差引	償却不足額 ㊳-㊴	40						
	償却超過額 ㊴-㊳	41						
償却超過額	前期からの繰越額	42	外	外	外	外	外	
	当期損金認容額	償却不足によるもの	43						
		積立金取崩しによるもの	44						
	差引合計翌期への繰越額 ㊶+㊷-㊸-㊹	45							
特別償却不足額	翌期に繰り越すべき特別償却不足額 (((㊵-㊸)と(㊱+㊲)のうち少ない金額))	46							
	当期において切り捨てる特別償却不足額又は合併等特別償却不足額	47							
	差引翌期への繰越額 ㊻-㊼	48							
	翌期への繰越額の内訳	・・	49						
		当期分不足額	50						
適格組織再編成により引き継ぐべき合併等特別償却不足額 (((㊵-㊸)と㊱のうち少ない金額)	51								
備考								

第3節
相続税のケーススタディ

ケース1
遺言に記載されていない相続人名義の預金につき申告漏れが指摘されたケース

　被相続人Ｉ（令和6年5月20日死亡）の相続人は妻Ｊ、長男Ｋおよび長女Ｌの3人である。Ｉは生前公正証書による遺言を残していた。当該遺言には財産目録が付されており、自宅の敷地建物はＪに、賃貸マンションはＫに、有価証券はＬにそれぞれ相続させる旨が記されていた。また、その他のすべての財産はＪに相続させる旨の記載があった。

　当該遺言に基づき相続人は相続税の申告を行ったが、税務調査で銀行のＩ名義の貸金庫の中から、ＫおよびＬ名義の定期預金証書（2,000万円ずつ）と印鑑が発見された。当該預金は相続開始8年前に預け入れられたもので、1年ごとに自動継続されている。相続人はいずれも当該預金の存在および預入に関する経緯を知らず、当然当初申告には当該預金を含めていない。また、当該預金に関する贈与税の申告もなされていない。調査官は当該預金はその経緯からいっていわゆる名義預金であり、相続財産を構成するため、修正申告をするよう求めてきた。

対応策

　相続税の調査においては、名義預金が問題となるケースが多いが、本件

も名義預金が問題となっている。名義預金が問題となるのは、本件を例にとれば、預金口座開設時に被相続人Ｉからその名義人であるＫおよびＬに贈与の事実があったかどうか不明確なケースがほとんどであるからである。

まず贈与があったとみるには、民法第549条の規定に基づき、被相続人ＩがＫおよびＬに預金を与える意思表示をし、ＫおよびＬがそれを受諾することが必要であるが、本件の場合このようなやり取りがあったとみるのは困難である。また、ＫおよびＬが当該預金につき所有者としての占有、使用収益、処分等の権限を行使する余地がなかったとも考えられるため、その名義にかかわらず、また財産目録への記載の有無にかかわらず、被相続人Ｉの遺産と認定するのが妥当と考えられる。

それでは当該預金を相続財産に含めるとして、相続による取得者はどうなるのであろうか。これは別途遺産分割協議を行って確定することとなる。仮に名義を重視しＫおよびＬにそれぞれ取得させるとした場合、修正申告書の第１表、第５表および第15表は 記載例3-25 ～ 記載例3-28 のようになる。

なお、相続税の配偶者控除についても、平成23年12月２日以降に法定申告期限が到来するものについては当初申告要件が廃止されたため、適用金額が増額することに留意すべきである。

ケース2
相続人が立替払いした固定資産税の債務控除が否認されたケース

被相続人Ｍ（相続開始日：令和６年６月16日）は夫から相続した居住用の土地建物で長く一人暮らしを続けていたが、足腰を痛めてからは一人息子である長男Ｎとその妻がそこに移り住み、生計を一にしてきた。Ｎは

記載例 3-25

相続税の修正申告書

_____ 税務署長
_____年___月___日 提出

相続開始年月日 __6__年__5__月__20__日

○フリガナは、必ず記入してください。

この申告書は黒ボールペンで記入してください。

第1表（平成31年1月分以降用）

区分		各人の合計（被相続人）			財産を取得した人			参考として記載している場合
フリガナ								
氏名		I			J			(参考)
個人番号又は法人番号								
生年月日		年　月　日（年齢　歳）			年　月　日（年齢　歳）			
住所（電話番号）					〒　（　－　－　）			
被相続人との続柄	職業				妻			
取得原因		該当する取得原因を○で囲みます。			相続・遺贈・相続時精算課税に係る贈与			
※整理番号								

区分		㋑修正前の課税額	㋺修正申告額	㋩修正する額(㋺-㋑)	㋑修正前の課税額	㋺修正申告額	㋩修正する額(㋺-㋑)
取得財産の価額（第11表③）	①	400,000,000	440,000,000	40,000,000	200,000,000	200,000,000	0
相続時精算課税適用財産の価額（第11の2表1⑦）	②						
債務及び葬式費用の金額（第13表3⑦）	③						
純資産価額（①+②-③）（赤字のときは0）	④	400,000,000	440,000,000	40,000,000	200,000,000	200,000,000	0
純資産価額に加算される暦年課税分の贈与財産価額（第14表1④）	⑤						
課税価格（④+⑤）（1,000円未満切捨て）	⑥	400,000,000 Ⓐ	440,000,000 Ⓐ	40,000,000	200,000,000	200,000,000	,000
法定相続人の数及び遺産に係る基礎控除額		Ⓑ(3人) 48,000,000	Ⓑ(3人) 48,000,000	(人) ,000,000			
相続税の総額	⑦	92,200,000	106,200,000	14,000,000			
一般の場合（⑩の場合を除く）	あん分割合 ⑧	1.00	1.00		0.50	0.46	△0.04
	算出税額 ⑨	92,200,000	106,200,000	14,000,000	46,100,000	48,852,000	2,752,000
農地等納税猶予の適用を受ける場合	算出税額（第3表⑦） ⑩						
相続税額の2割加算が行われる場合の加算金額（第4表⑦）	⑪						
税額控除	暦年課税分の贈与税額控除額（第4表の2⑳） ⑫						
	配偶者の税額軽減額（第5表⑦又は⑪） ⑬	46,100,000	48,272,727	2,172,727	46,100,000	48,272,727	2,172,727
	未成年者控除額（第6表1②,③又は⑥） ⑭						
	障害者控除額（第6表2②,③又は⑥） ⑮						
	相次相続控除額（第7表⑬又は⑱） ⑯						
	外国税額控除額（第8表1⑧） ⑰						
	計 ⑱	46,100,000	48,272,727	2,172,727	46,100,000	48,272,727	2,172,727
差引税額(⑨+⑪-⑱)又は(⑩+⑪-⑱)（赤字のときは0）	⑲	46,100,000	57,927,273	11,827,273	0	579,273	579,273
相続時精算課税分の贈与税額控除額（第11の2表1⑧）	⑳	00	00	00		00	00
医療法人持分税額控除額（第8の4表2B）	㉑						
小計（⑲-⑳-㉑）（黒字のときは100円未満切捨て）	㉒	46,100,000	57,927,273	11,827,273	0	579,273	579,273
納税猶予税額（第8の8表③）	㉓	00	00	00		00	00
申告納税額	申告期限までに納付すべき税額 ㉔	46,100,000	57,927,200	11,827,200	0	579,200	579,200
(㉒-㉓)	還付される税額 ㉕	△	△		△	△	

作成税理士の事務所所在地・署名・電話番号

□ 税理士法第30条の書面提出有
□ 税理士法第33条の2の書面提出有

修正第1表（令4.7） (資4-24-1-A4統一)

第3節　相続税のケーススタディ　103

記載例 3-26

相続税の修正申告書（続）

第1表（続）（平成31年1月分以降用）

			財産を取得した人			財産を取得した人		
氏 名			K （参考）			L （参考）		
個人番号又は法人番号								
生 年 月 日			年　月　日（年齢　　歳）			年　月　日（年齢　　歳）		
住 所（電話番号）			〒 （　　－　　）			〒 （　　－　　）		
被相続人との続柄	職業		長男			長女		
取 得 原 因			相続・遺贈・相続時精算課税に係る贈与			相続・遺贈・相続時精算課税に係る贈与		
※ 整 理 番 号								
区 分			⑦修正前の課税額	⑨修正申告額	⑨修正する額(⑨-⑦)	⑦修正前の課税額	⑨修正申告額	⑨修正する額(⑨-⑦)
取得財産の価額（第11表③）		①	100,000,000	120,000,000	20,000,000	100,000,000	120,000,000	20,000,000
相続時精算課税適用財産の価額（第11の2表⑦）		②						
債務及び葬式費用の金額（第13表3⑦）		③						
純資産価額（①+②-③）（赤字のときは0）		④	100,000,000	120,000,000	20,000,000	100,000,000	120,000,000	20,000,000
純資産価額に加算される暦年課税分の贈与財産価額（第14表1④）		⑤						
課税価格（④+⑤）（1,000円未満切捨）		⑥	100,000,000	120,000,000	20,000,000	100,000,000	120,000,000	20,000,000
法定相続人の数及び遺産に係る基礎控除額								
相続税の総額		⑦						
一般の場合（⑩の場合を除く）	あん分割合	⑧	0.25	0.27	0.02	0.25	0.27	0.02
	算出税額	⑨	23,050,000 円	28,674,000 円	5,624,000 円	23,050,000 円	28,674,000 円	5,624,000 円
農地等納税猶予の適用を受ける場合	算出税額（第3表）	⑩						
相続税額の2割加算が行われる場合の加算金額（第4表⑦）		⑪						
税額控除	暦年課税分の贈与税額控除額（第4表の2⑤）	⑫						
	配偶者の税額軽減額（第5表○又は○）	⑬						
	未成年者控除額（第6表1②,③又は⑥）	⑭						
	障害者控除額（第6表2②,③又は⑥）	⑮						
	相次相続控除額（第7表⑬又は⑱）	⑯						
	外国税額控除額（第8表1⑧）	⑰						
	計	⑱						
差引税額（⑨+⑪-⑱）又は（⑩+⑪-⑱）（赤字のときは0）		⑲	23,050,000	28,674,000	5,624,000	23,050,000	28,674,000	5,624,000
相続時精算課税分の贈与税額控除額（第11の2表⑫）		⑳	00	00	00	00	00	00
医療法人持分税額控除額（第8の4表2B）		㉑						
小計（⑲-⑳-㉑）（黒字のときは100円未満切捨て）		㉒	23,050,000	28,674,000	5,624,000	23,050,000	28,674,000	5,624,000
納税猶予税額（第8の8表⑧）		㉓						
申告納税額	申告期限までに納付すべき税額（㉒-㉓）	㉔	23,050,000	28,674,000	5,624,000	23,050,000	28,674,000	5,624,000
	還付される税額	㉕	△	△	△	△	△	△

記載例 3-27

配偶者の税額軽減額の計算書

被相続人　I

第5表（令和6年1月分以降用）

私は、相続税法第19条の2第1項の規定による配偶者の税額軽減の適用を受けます。

1　一般の場合

この表は、①被相続人から相続、遺贈や相続時精算課税に係る贈与によって財産を取得した人のうちに農業相続人がいない場合又は②配偶者が農業相続人である場合に記入します。

課税価格の合計額のうち配偶者の法定相続分相当額

（第1表の⑧の金額）　　　　　　［配偶者の法定相続分］
440,000 ,000円 × 1/2 ＝ 220,000,000 円

上記の金額が16,000万円に満たない場合には、16,000万円

㋑※　220,000,000

配偶者の税額軽減額を計算する場合の課税価格	分割財産の価額（第11表2の配偶者の①の金額）	分割財産の価額から控除する債務及び葬式費用の金額			純資産価額に加算される暦年課税分の贈与財産価額（第1表の配偶者の⑤の金額）	⑥（①−④＋⑤）の金額（⑤の金額より小さいときは⑤の金額）（1,000円未満切捨て）
		②債務及び葬式費用の金額（第1表の配偶者の③の金額）	③未分割財産の価額（第11表2の配偶者の②の金額）	④（②−③）の金額（③の金額が②の金額より大きいときは0）		
	200,000,000 円	円	円	0 円	0	※ 200,000,000

⑦相続税の総額（第1表の⑦の金額）	⑧㋑の金額と⑥の金額のうちいずれか少ない方の金額	⑨課税価格の合計額（第1表の⑧の金額）	⑩配偶者の税額軽減の基となる金額（⑦×⑧÷⑨）
106,200,0 00 円	200,000,000 円	440,000 ,000 円	48,272,727 円

配偶者の税額軽減の限度額　（第1表の配偶者の⑨又は⑩の金額）（第1表の配偶者の⑫の金額）
（　　　　　円　−　　　　　円）
㋺　48,852,000

配偶者の税額軽減額　（⑩の金額と㋺の金額のうちいずれか少ない方の金額）
㋩　48,272,727

（注）㋩の金額を第1表の配偶者の「配偶者の税額軽減額⑬」欄に転記します。

2　配偶者以外の人が農業相続人である場合

この表は、被相続人から相続、遺贈や相続時精算課税に係る贈与によって財産を取得した人のうちに農業相続人がいる場合で、かつ、その農業相続人が配偶者以外の場合に記入します。

課税価格の合計額のうち配偶者の法定相続分相当額

（第3表の⑧の金額）　　　　　　［配偶者の法定相続分］
,000円 × ＝ 円

上記の金額が16,000万円に満たない場合には、16,000万円

㋥※　　　　円

配偶者の税額軽減額を計算する場合の課税価格	⑪分割財産の価額（第11表2の配偶者の①の金額）	分割財産の価額から控除する債務及び葬式費用の金額			⑮純資産価額に加算される暦年課税分の贈与財産価額（第1表の配偶者の⑤の金額）	⑯（⑪−⑭＋⑮）の金額（⑮の金額より小さいときは⑮の金額）（1,000円未満切捨て）
		⑫債務及び葬式費用の金額（第1表の配偶者の③の金額）	⑬未分割財産の価額（第11表2の配偶者の②の金額）	⑭（⑫−⑬）の金額（⑬の金額が⑫の金額より大きいときは0）		
	円	円	円	円	円	,000 円

⑰相続税の総額（第3表の⑦の金額）	⑱㋥の金額と⑯の金額のうちいずれか少ない方の金額	⑲課税価格の合計額（第3表の⑧の金額）	⑳配偶者の税額軽減の基となる金額（⑰×⑱÷⑲）
円 00	円	,000 円	円

配偶者の税額軽減の限度額　（第1表の配偶者の⑩の金額）（第1表の配偶者の⑫の金額）
（　　　　　円　−　　　　　円）
㋬　円

配偶者の税額軽減額　（⑳の金額と㋬の金額のうちいずれか少ない方の金額）
㋣　円

（注）㋣の金額を第1表の配偶者の「配偶者の税額軽減額⑬」欄に転記します。

※　相続税法第19条の2第5項（《隠蔽又は仮装があった場合の配偶者の相続税額の軽減の不適用》）の規定の適用があるときには、「課税価格の合計額のうち配偶者の法定相続分相当額」の（第1表の⑧の金額）、⑥、⑦、⑨、「課税価格の合計額のうち配偶者の法定相続分相当額」の（第3表の⑧の金額）、⑯、⑰及び⑲の各欄は、第5表の付表で計算した金額を転記します。

記載例 3-28

相続財産の種類別価額表

（この表は、第11表から第14表までの記載に基づいて記入します。）

被相続人　I

第15表（修正申告用）（令和2年4月分以降用）

種類	細目	番号	各人の合計	氏名 J	K	L		
土地（土地の上に存する権利を含みます。）	田	①	円	円	円	円	円	円
	畑	②						
	宅　地	③	180,000,000	120,000,000	60,000,000			
	山　林	④						
	その他の土地	⑤						
	計	⑥	180,000,000	120,000,000	60,000,000	( )	( )	( )
	③のうち配偶者居住権に基づく敷地利用権	⑦	( )	( )	( )	( )	( )	( )
	⑥のうち 通常価額	⑧						
	特例農地等 農業投資価格による価額	⑨						
家　屋　等		⑩	60,000,000	20,000,000	40,000,000			
	⑩のうち配偶者居住権	⑪	( )	( )	( )	( )	( )	( )
事業（農業）用財産	機械、器具、農耕具、その他の減価償却資産	⑫						
	商品、製品、半製品、原材料、農産物等	⑬						
	売　掛　金	⑭						
	その他の財産	⑮						
	計	⑯	( )	( )	( )	( )	( )	( )
有価証券	特定同族会社の株式及び出資 配当還元方式によったもの	⑰						
	その他の方式によったもの	⑱						
	⑰及び⑱以外の株式及び出資	⑲	100,000,000		100,000,000			
	公債及び社債	⑳						
	証券投資信託、貸付信託の受益証券	㉑						
	計	㉒	100,000,000	( )	100,000,000	( )	( )	( )
現金、預貯金等		㉓	68,000,000	28,000,000	20,000,000	20,000,000		
家庭用財産		㉔	2,000,000	2,000,000				
その他の財産	生命保険金等	㉕	30,000,000	30,000,000				
	退職手当金等	㉖						
	立　木	㉗						
	その他	㉘						
	計	㉙	30,000,000	30,000,000	( )	( )	( )	( )
合　計 (⑥+⑩+⑯+㉒+㉓+㉔+㉙)		㉚	((440,000,000))	((200,000,000))	((120,000,000))	((120,000,000))	(( ))	(( ))
相続時精算課税適用財産の価額		㉛						
不動産等の価額 (⑥+⑩+⑫+⑰+⑱+㉗)		㉜	240,000,000	140,000,000	100,000,000			
債務等	債　務	㉝						
	葬式費用	㉞						
	合計 (㉝+㉞)	㉟	( )	( )	( )	( )	( )	( )
差引純資産価額 (㉚+㉛-㉟) (赤字のときは0)		㊱	440,000,000	200,000,000	120,000,000	120,000,000		
純資産価額に加算される暦年課税分の贈与財産価額		㊲						
課税価格 (㊱+㊲) (1,000円未満切捨て)		㊳	440,000,000	200,000,000	120,000,000	120,000,000	,000	,000

修正第15表(令4.7)　　　　　　　　　　　　　　　　　　　　　　　　　　（資4-20-16-A4統一）

Mに対し家賃を支払っていなかったが、Mに課された土地建物の固定資産税を15年間にわたり肩代わりして納付していた（総額350万円）。

Mの唯一の相続人であるNは、相続税の申告に際し、肩代わりして納付してきた固定資産税につき債務控除を行った。ところがその後受けた税務調査で調査官が、NはM所有の土地家屋を無償で借り受けていたため、法律的には使用貸借に該当し、借受物件に関する維持管理費は借主が負担すべきであるので、債務控除は認められないと主張し、修正申告を勧奨した。Nは修正申告に応じるべきか悩んでいる。

対応策

固定資産税は所有者に対して課される租税であるので、本件の場合居住していた自宅敷地および家屋に係る固定資産税は基本的には被相続人であるMが負担すべきということになる。そのため、仮に、Mの負担すべき固定資産税をNが立替払いして、それを後日精算するという取り決めがなされている場合には、それは認められるものと考えられる。

しかしながら本件の場合、Nが15年間も固定資産税を払い続けそれに対する精算等がなされていなかったことに鑑みると、生前MとNとの間でそのような取り決めがあったとは考えにくい。むしろ、求償権を放棄し、当該金額を贈与したと認定される可能性が高い。したがって、Nがそのような取り決めがあったと主張する場合には、文書等の確かな証拠書類で証明することが求められよう。

仮にそれを証明できない場合、調査官の主張にも一理あると思われる。すなわち、NはM所有の土地家屋を無償で借り受けていたため、法律的には使用貸借（民法593）に該当し、固定資産税等の借受物件に関する通常の必要費（維持管理費）は借主であるNが負担すべきこととなる（民法595①）。そうなると、Nが納付した固定資産税350万円につき相続税の申

告で債務控除の対象とすることはできないということになるだろう。

したがって、本件については修正申告の勧奨に応じるのが得策ではないかと考えられる。その場合、修正申告書の第1表および第15表は 記載例3-29 、 記載例3-30 のようになる。

ケース3
相続開始前3年以内の暦年課税分に係る贈与財産の申告が漏れていたケース

被相続人Oは令和6年3月14日に死亡したが、遺言を残さなかった。そこで、その相続人である長男Pおよび長女Qは、遺産分割協議を行い、それぞれ以下の財産および債務の承継を行うことで合意した。PとQはそれに基づき令和7年1月10日に相続税の申告書を提出し、税額の納付を行った。

図表3-1 相続税の申告内容

財産および債務等	合計価額	長男P	長女Q
取得財産の価額	2億2,100万円	1億2,300万円	9,800万円
債務および葬式費用	300万円	300万円	0
課税価格	2億1,800万円	1億2,000万円	9,800万円
納付すべき税額	3,880万円	2,135.8万円	1,744.2万円

ところが、令和7年9月に受けた税務調査で、長男P・長女Qともに相続開始前3年以内に被相続人Oからそれぞれ330万円ずつの現金贈与を受けたにもかかわらず、相続税の課税価格に加算されていない旨を指摘され、それに関する修正申告の勧奨を受けた。両人とも、年間110万円以内の現金贈与で申告義務がないにもかかわらず、相続税の申告および追加納付義務が生じるのは納得がいかないと憤っている。

記載例 3-29

相続税の修正申告書

相続開始年月日 **6** 年 **6** 月 **16** 日

_____ 税務署長
_____ 年 _____ 月 _____ 日 提出

○フリガナは、必ず記入してください。

	各人の合計（被相続人）	財産を取得した人
フリガナ		
氏名	M	N （参考）
個人番号又は法人番号		
生年月日	年　月　日（年齢　歳）	年　月　日（年齢　歳）
住所（電話番号）		〒　（　－　－　）
被相続人との続柄　職業		長男
取得原因	該当する取得原因を○で囲みます。	相続・遺贈・相続時精算課税に係る贈与
※整理番号		

第1表（平成31年1月以降用）

区分		⑦修正前の課税額	⑥修正申告額	⑨修正する額(⑥-⑦)	⑦修正前の課税額	⑥修正申告額	⑨修正する額(⑥-⑦)
課税価格の計算	取得財産の価額（第11表）①	100,000,000	100,000,000	0	100,000,000	100,000,000	0
	相続時精算課税適用財産の価額（第11の2表1⑦）②						
	債務及び葬式費用の金額（第13表3⑦）③	5,000,000	1,500,000	△3,500,000	5,000,000	1,500,000	△3,500,000
	純資産価額（①+②-③）（赤字のときは0）④	95,000,000	98,500,000	3,500,000	95,000,000	98,500,000	3,500,000
	純資産価額に加算される暦年課税分の贈与財産価額（第14表1④）⑤						
	課税価格（④+⑤）（1,000円未満切捨て）⑥	95,000,000 Ⓐ	98,500,000	3,500	95,000,000	98,500,000	3,500,000
各人の算出税額の計算	法定相続人の数及び遺産に係る基礎控除額	Ⓑ(1人)36,000,000	Ⓑ(1人)36,000,000	(　　人),000,000	左の欄には、第2表の②欄のⒷの人数及びⒸの金額を記入します。		
	相続税の総額⑦	10,700,000	11,750,000	1,050,000			
	一般の場合（⑩の場合を除く） あん分割合⑧	1.00	1.00		1.00	1.00	
	算出税額(⑦×⑧)⑨	10,700,000	11,750,000	1,050,000	10,700,000	11,750,000	1,050,000
	農地等納税猶予の適用を受ける場合 算出税額（第3表⑨）⑩						
	相続税額の2割加算が行われる場合の加算金額（第4表⑦）⑪						
各人の納付・還付税額の計算	暦年課税分の贈与税額控除額（第4表の2⑨）⑫						
	配偶者の税額軽減額（第5表⑭又は⑮）⑬						
	未成年者控除額（第6表1②、③又は⑥）⑭						
	障害者控除額（第6表2②、③又は⑥）⑮						
	相次相続控除額（第7表⑬又は⑱）⑯						
	外国税額控除額（第8表1⑧）⑰						
	計⑱						
	差引税額(⑨+⑪-⑱)又は(⑩+⑪-⑱)（赤字のときは0）⑲	10,700,000	11,750,000	1,050,000	10,700,000	11,750,000	1,050,000
	相続時精算課税分の贈与税額控除額（第11の2表1⑧）⑳	00	00	00	00	00	00
	医療法人持分税額控除額（第8の4表2B）㉑						
	小計（⑲-⑳-㉑）（黒字のときは100円未満切捨て）㉒	10,700,000	11,750,000	1,050,000	10,700,000	11,750,000	1,050,000
	納税猶予税額（第8の8表⑧）㉓	00	00	00	00	00	00
	申告納税額 (㉒-㉓) 申告期限までに納付すべき税額 ㉔	10,700,000	11,750,000	1,050,000	10,700,000	11,750,000	1,050,000
	還付される税額 ㉕	△	△		△	△	

修正第1表（令4.7）
（資4-24-1-A4統一）

第3節 相続税のケーススタディ　109

記載例 3-30

相続財産の種類別価額表

(この表は、第11表から第14表までの記載に基づいて記入します。)

被相続人： M

第15表（修正申告用）（令和2年4月分以降用）

種類	細目	番号	各人の合計	氏名 N				
土地（土地の上に存する権利を含みます。）	田	①	円	円	円	円	円	円
	畑	②						
	宅地	③	50,000,000	50,000,000				
	山林	④						
	その他の土地	⑤						
	計	⑥	50,000,000	50,000,000	( )	( )	( )	( )
	③のうち配偶者居住権に基づく敷地利用権	⑦	( )	( )	( )	( )	( )	( )
	⑥のうち特例農地等 通常価額	⑧						
	農業投資価格による価額	⑨	10,000,000	10,000,000				
家屋等		⑩						
	⑩のうち配偶者居住権	⑪	( )	( )	( )	( )	( )	( )
事業（農業）用財産	機械、器具、農耕具、その他の減価償却資産	⑫						
	商品、製品、半製品、原材料、農産物等	⑬						
	売掛金	⑭						
	その他の財産	⑮						
	計	⑯	( )	( )	( )	( )	( )	( )
有価証券	特定同族会社の株式及び出資 配当還元方式によったもの	⑰						
	その他の方式によったもの	⑱						
	⑰及び⑱以外の株式及び出資	⑲						
	公債及び社債	⑳						
	証券投資信託、貸付信託の受益証券	㉑						
	計	㉒	( )	( )	( )	( )	( )	( )
現金、預貯金等		㉓	20,000,000	20,000,000				
家庭用財産		㉔	2,000,000	2,000,000				
その他の財産	生命保険金等	㉕	18,000,000	18,000,000				
	退職手当金等	㉖						
	立木	㉗						
	その他	㉘						
	計	㉙	18,000,000	18,000,000	( )	( )	( )	( )
合計 (⑥+⑩+⑯+㉒+㉓+㉔+㉙)		㉚	100,000,000	100,000,000	( )	( )	( )	( )
相続時精算課税適用財産の価額		㉛						
不動産等の価額 (⑥+⑩+⑫+⑰+⑱+㉗)		㉜	60,000,000	60,000,000				
債務等	債務	㉝						
	葬式費用	㉞	1,500,000	1,500,000				
	合計 (㉝+㉞)	㉟	1,500,000	1,500,000				
差引純資産価額 (㉚+㉛-㉟) (赤字のときは0)		㊱	98,500,000	98,500,000				
純資産価額に加算される暦年課税分の贈与財産価額		㊲						
課税価格 (㊱+㊲) (1,000円未満切捨て)		㊳	98,500,000	98,500,000	,000	,000	,000	,000

修正第15表（令4.7）　　　　　　　　　　　　　　　　　　　　　　　　　　　　（資4-20-16-A4統一）

対応策

　暦年贈与については年間110万円の基礎控除があるため（措法70の2の4）、それ以下の贈与額であれば通常、納税義務も申告義務もない。しかし、相続人又は受遺者が、相続開始前3年以内に被相続人から贈与によって財産を取得したことがある場合には、その贈与によって取得した財産の価額を加算した金額をその者の課税価格として、相続税額を算定することとなる（旧相法19①）。この規定は、相続税の税務調査において申告漏れが指摘されやすい項目の一つである。

　当該規定については、令和5年度の税制改正で大幅に変更が加えられている。すなわち、資産の移転時期に対する中立性を高めていく観点から、相続開始前に贈与があった場合の相続税の課税価格への加算期間が、以下の表の通り従来の3年間から7年間に段階的に延長されたのである（ただし特定贈与財産を除く、相法19①）。

図表3-2　生前贈与の加算対象期間

贈与者（被相続人）の相続開始日	加算対象期間
令和6年1月1日～令和8年12月31日	相続開始前3年間
令和9年1月1日～令和12年12月31日	令和6年1月1日～相続開始日
令和13年1月1日～	相続開始前7年間

※例えば、令和10年12月1日に相続が開始した場合、加算対象期間は令和6年1月1日～令和10年12月1日（約4年11か月）である。

　また、過去に受けた贈与の記録・管理に係る事務負担を軽減する観点から、加算対象とされる財産の価額のうち、相続の開始前3年以内に贈与により取得した財産以外の財産については、その財産の価額の合計額から100万円を控除した残額を相続税の課税価格に加算することとされた（相法19①）。当該改正は、令和6年1月1日以後に受けた贈与により取得する財産に係る相続税について適用することとされている。

本件については、被相続人Oの相続開始日である令和6年3月14日からみてその前3年以内に被相続人が行った贈与額である、長男P・長女Qともに現金330万円について相続税の修正申告を行う必要がある。相続税の修正申告書第1表、第14表、第15表を示すと 記載例3-31 ～ 記載例3-35 のようになる。

記載例 3-31

相続税の申告書

修正　FD3563

____税務署長
7 年 1 月 10 日 提出
相続開始年月日 6 年 3 月 14 日
※申告期限延長日 　年　月　日

第1表（令和6年1月分以降用）

	各人の合計（被相続人）	財産を取得した人
フリガナ		（参考）
氏名	O	P
個人番号又は法人番号		
生年月日	年　月　日（年齢　歳）	年　月　日（年齢　歳）
住所（電話番号）		〒（　　）
被相続人との続柄・職業		
取得原因	該当する取得原因を○で囲みます。	相続・遺贈・相続時精算課税に係る贈与
※整理番号		

		各人の合計	財産を取得した人
①	取得財産の価額（第11表3③）	22,100,000	12,300,000
②	相続時精算課税適用財産の価額（第11の2表1⑧）		
③	債務及び葬式費用の金額（第13表3⑦）	300,000	300,000
④	純資産価額（①+②-③）（赤字のときは0）	21,800,000	12,000,000
⑤	純資産価額に加算される暦年課税分の贈与財産価額（第14表1④）	660,000	330,000
⑥	課税価格（④+⑤）（1,000円未満切捨て）	22,460,000	12,330,000
	法定相続人の数・遺産に係る基礎控除額	2人　42,000,000	Ⓐ
⑦	相続税の総額	4,078,000	
⑧	あん分割合（一般の場合）（⑩の場合を除く）	1.00	0.549
⑨	算出税額	4,078,000	2,238,822
⑩	農地等納税猶予の適用を受ける税額（第3表）		
⑪	相続税額の2割加算が行われる場合の加算金額（第4表）		
⑫	暦年課税分の贈与税額控除額（第4表の2②）		
⑬	配偶者の税額軽減額（第5表○又は○）		
⑭	⑫・⑬以外の税額控除額（第8表の8⑮）		
⑮	計		
⑯	差引税額（⑨+⑪-⑫-⑬-⑭-⑮）（赤字のときは0）	4,078,000	2,238,820
⑰	相続時精算課税分の贈与税額控除額（第11の2表1⑩）	00	00
⑱	医療法人持分税額控除額（第8の4表2B）		
⑲	小計（⑯-⑰-⑱）（黒字のときは100円未満切捨て）	4,077,900	
⑳	納税猶予税額（第8の8表2⑧）		
㉑	申告納税額（⑲-⑳）	4,077,900	2,238,820
㉒	還付される税額		
㉓	小計	3,800,000	2,135,900
㉔	納税猶予税額		
㉕	申告納税額（選択の場合、頭に△を記載）	3,800,000	2,135,900
㉖	小計の増加額（⑲-㉓）	1,979,900	1,030,200
㉗	申告期限までに納付すべき税額又は還付される税額（㉑又は㉒-㉕）	1,979,900	1,030,200

(資4-20-1-1-A4統一) 第1表（令6.7）

第3節　相続税のケーススタディ　113

記載例 3-32

相続税の申告書(続) 修正 FD3564

※申告期限延長日 6年3月14日　　※申告期限延長日　年　月　日

○フリガナは、必ず記入してください。

		財産を取得した人	参考として記載している場合	財産を取得した人	参考として記載している場合
	フリガナ		参考		参考
	氏　名	Q			
	個人番号又は法人番号				
	生年月日	年　月　日（年齢　歳）		年　月　日（年齢　歳）	
	住所（電話番号）	〒　　（　－　－　）		〒　　（　－　－　）	
	被相続人との続柄　職業				
	取得原因	相続・遺贈・相続時精算課税に係る贈与		相続・遺贈・相続時精算課税に係る贈与	
	※ 整理番号				

○この申告書は機械で読み取りますので、黒ボールペンで記入してください。

課税価格の計算	取得財産の価額（第11表③）①	98,000,000 円		円
	相続時精算課税適用財産の価額（第11の2表1⑧）②			
	債務及び葬式費用の金額（第13表3⑦）③			
	純資産価額（①+②-③）（赤字のときは0）④	98,000,000		
	純資産価額に加算される暦年課税分の贈与財産価額（第14表1④）⑤	3,300,000		
	課税価格（④+⑤）（1,000円未満切捨て）⑥	101,300,000		000

	法定相続人の数　遺産に係る基礎控除額		
各人の算出税額の計算	相続税の総額 ⑦		
	一般の場合（⑨の場合を除く） あん分割合　各人の⑥⑧	0.451	
	算出税額（⑦×各人の⑧）⑨	18,391,780 円	円
	農地等納税猶予の適用を受ける場合 算出税額（第3表⑨）⑩		
	相続税額の2割加算が行われる場合の加算金額（第4表⑥）⑪		

各人の納付・還付税額の計算	税額控除	暦年課税分の贈与税額控除（第4表の2⑤）⑫		
		配偶者の税額軽減額（第5表○又は○）⑬		
		⑫・⑬以外の税額控除額（第8の8表1⑤）⑭		
		計 ⑮		
	差引税額（⑨+⑪-⑮又は⑩+⑪-⑮）（赤字のときは0）⑯	18,391,780		
	相続時精算課税分の贈与税額控除額（第11の2表1⑨）⑰			00
	医療法人持分税額控除額（第8の4表2B）⑱			
	小計（⑯-⑰-⑱）（黒字のとき100円未満切捨て）⑲	18,391,780		
	納税猶予税額（第8の8表2⑧）⑳	00		00
	申告納税額 申告期限までに納付すべき税額（⑲-⑳）㉑	18,391,700		00
	還付される税額 ㉒	△		

この修正申告書の修正前の課税額	小　計 ㉓	17,442,000		
	納税猶予税額 ㉔	00		00
	申告納税額（還付の場合は、頭に△を記載）㉕	17,442,000		
	小計の増加額（⑲-㉓）㉖	949,700		
	この申告により納付すべき税額又は還付される税額（㉑又は㉒-㉕）㉗	949,700		

（資4-20-2-1-A4統一）第1表（続）（令6.7）

記載例 3-33

**純資産価額に加算される暦年課税分の贈与財産価額及び特定贈与財産価額
出資持分の定めのない法人などに遺贈した財産
特定の公益法人などに寄附した相続財産・
特定公益信託のために支出した相続財産 の明細書**

第14表（令和5年4月分以降用）

被相続人　O

1 純資産価額に加算される暦年課税分の贈与財産価額及び特定贈与財産価額の明細

この表は、相続、遺贈や相続時精算課税に係る贈与によって財産を取得した人（注）が、その相続開始前3年以内に被相続人から暦年課税に係る贈与によって取得した財産がある場合に記入します。

（注）被相続人から租税特別措置法第70条の2の2第12項第1号（（直系尊属から教育資金の一括贈与を受けた場合の贈与税の非課税））に規定する管理残額及び同法第70条の2の3第12項第2号（（直系尊属から結婚・子育て資金の一括贈与を受けた場合の贈与税の非課税））に規定する管理残額以外の財産を取得しなかった人（その人が被相続人から相続時精算課税に係る贈与によって財産を取得している場合を除きます。）は除きます。

番号	贈与を受けた人の氏名	贈与年月日	相続開始前3年以内に暦年課税に係る贈与によって取得した財産の明細				①価額	②①の価額のうち特定贈与財産の価額	③相続税の課税価格に加算される価額（①－②）
			種類	細目	所在場所等	数量			
1	P	3・12・1 4・12・1 5・12・1	現金				3,300,000		3,300,000
2	Q	3・12・1 4・12・1 5・12・1	現金				3,300,000		3,300,000
3		・・							
4		・・							

贈与を受けた人ごとの③欄の合計額	氏名	（各人の合計）	P	Q		
	④金額	6,600,000 円	3,300,000 円	3,300,000 円	円	円

上記「②」欄において、相続開始の年に被相続人から贈与によって取得した居住用不動産や金銭の全部又は一部を特定贈与財産としている場合には、次の事項について、「（受贈配偶者）」及び「（受贈財産の番号）」の欄に所定の記入をすることにより確認します。

（受贈配偶者）　　　　　　　　　　　　　（受贈財産の番号）
私、□□□□□は、相続開始の年に被相続人から贈与によって取得した上記□□の特定贈与財産の価額については贈与税の課税価格に算入します。
なお、私は、相続開始の年の前年以前に被相続人からの贈与について相続税法第21条の6第1項の規定の適用を受けていません。

（注）④欄の金額を第1表のその人の「純資産価額に加算される暦年課税分の贈与財産価額⑤」欄及び第15表の㉗欄にそれぞれ転記します。

2 出資持分の定めのない法人などに遺贈した財産の明細

この表は、被相続人が人格のない社団又は財団や学校法人、社会福祉法人、宗教法人などの出資持分の定めのない法人に遺贈した財産のうち、相続税がかからないものの明細を記入します。

遺贈した財産の明細					出資持分の定めのない法人などの所在地、名称
種類	細目	所在場所等	数量	価額	
				円	
		合計			

3 特定の公益法人などに寄附した相続財産又は特定公益信託のために支出した相続財産の明細

私は、下記に掲げる相続財産を、相続税の申告期限までに、

(1) 国、地方公共団体又は租税特別措置法施行令第40条の3に規定する法人に対して寄附しましたので、租税特別措置法第70条第1項の規定の適用を受けます。

(2) 租税特別措置法施行令第40条の4第3項の要件に該当する特定公益信託の信託財産とするために支出しましたので、租税特別措置法第70条第3項の規定の適用を受けます。

(3) 特定非営利活動促進法第2条第3項に規定する認定特定非営利活動法人に対して寄附しましたので、租税特別措置法第70条第10項の規定の適用を受けます。

寄附（支出）年月日	寄附（支出）した財産の明細					公益法人等の所在地・名称（公益信託の受託者及び名称）	寄附（支出）をした相続人等の氏名
	種類	細目	所在場所等	数量	価額		
・・					円		
			合計				

（注）この特例の適用を受ける場合には、期限内申告書に一定の受領書、証明書類等の添付が必要です。

記載例 3-34

相続財産の種類別価額表

(この表は、第11表の付表1から第14表までの記載に基づいて記入します。)

第15表（令和6年1月分以降用）

FD3539

被相続人 O

種類	細目	番号	被相続人 各人の合計	氏名 P
土地（土地の上に存する権利を含みます）	田	①		
	畑	②		
	宅地	③		
	山林	④		
	その他の土地	⑤		
	計	⑥		
	③のうち配偶者居住権に基づく敷地利用権	⑦		
⑥のうち特例農地等	通常価額	⑧		
	農業投資価格による価額	⑨		
家屋等		⑩		
	⑩のうち配偶者居住権	⑪		
事業（農業）用財産	機械、器具、農耕具、その他の減価償却資産	⑫		
	商品、製品、半製品、原材料、農産物等	⑬		
	売掛金	⑭		
	その他の財産	⑮		
	計	⑯		
有価証券	特定同族会社の株式及び出資	配当還元方式によったもの	⑰		
		その他の方式によったもの	⑱		
	⑰及び⑱以外の株式及び出資	⑲		
	公債及び社債	⑳		
	証券投資信託、貸付信託の受益証券	㉑		
	計	㉒		
現金、預貯金等		㉓		
家庭用財産		㉔		
その他の財産	生命保険金等	㉕		
	退職手当金等	㉖		
	立木	㉗		
	その他	㉘		
	計	㉙		
合計 (⑥+⑩+⑯+㉒+㉓+㉔+㉙)		㉚	221000000	123000000
相続時精算課税適用財産の価額		㉛		
不動産等の価額 (⑥+⑩+⑫+⑰+⑱+㉗)		㉜		
債務等	債務	㉝	3000000	3000000
	葬式費用	㉞		
	合計 (㉝+㉞)	㉟	3000000	3000000
差引純資産価額 (㉚+㉛-㉟) （赤字のときは0）		㊱	218000000	120000000
純資産価額に加算される暦年課税分の贈与財産価額		㊲	6000000	3000000
課税価格 (㊱+㊲) (1,000円未満切捨て)		㊳	224000000	123000000

記載例 3-35

相続財産の種類別価額表（続）
（この表は、第11表の付表1から第14表までの記載に基づいて記入します。）

FD3540

被相続人 O Q

第15表（続）（令和6年1月分以降用）

種類	細目	番号	氏名	氏名
土地（土地の上に存する権利を含みます。）	田	①		
	畑	②		
	宅地	③		
	山林	④		
	その他の土地	⑤		
	計	⑥		
	③のうち配偶者居住権に基づく敷地利用権	⑦		
⑥のうち特例農地等	通常価額	⑧		
	農業投資価格による価額	⑨		
家屋等		⑩		
	⑩のうち配偶者居住権	⑪		
事業（農業）用財産	機械、器具、農耕具、その他の減価償却資産	⑫		
	商品、製品、半製品、原材料、農産物等	⑬		
	売掛金	⑭		
	その他の財産	⑮		
	計	⑯		
有価証券	特定同族会社の株式及び出資	配当還元方式によったもの	⑰	
		その他の方式によったもの	⑱	
	⑰及び⑱以外の株式及び出資	⑲		
	公債及び社債	⑳		
	証券投資信託、貸付信託の受益証券	㉑		
	計	㉒		
現金、預貯金等		㉓		
家庭用財産		㉔		
その他の財産	生命保険金等	㉕		
	退職手当金等	㉖		
	立木	㉗		
	その他	㉘		
	計	㉙		
合計（⑥+⑩+⑯+㉒+㉓+㉔+㉙）		㉚	98,000,000	
相続時精算課税適用財産の価額		㉛		
不動産等の価額（⑥+⑩+⑫+⑰+⑱+㉗）		㉜		
債務等	債務	㉝		
	葬式費用	㉞		
	合計（㉝+㉞）	㉟		
差引純資産価額（㉚+㉛−㉟）（赤字のときは0）		㊱	98,000,000	
純資産価額に加算される暦年課税分の贈与財産価額		㊲	3,300,000	
課税価格（㊱+㊲）（1,000円未満切捨て）		㊳	101,300,000	000

※この申告書は機械で読み取りますので、黒ボールペンで記入してください。

※の項目は記入する必要がありません。

※税務署整理欄	申告区分	年分	名簿番号	申告年月日	グループ番号

第15表（続）（令6.7）　　（資4-20-16-2-A4統一）

第4節
消費税のケーススタディ

ケース1
未経過固定資産税の受領額を課税標準に含めるべきとして否認されたケース

　Rは不動産業を営む個人事業者で、消費税の課税事業者である。Rは令和6年6月に事業用資産である賃貸ビル（土地および建物）を売却している。当該ビル売却の際、Rは土地と建物の対価の額を合理的に区分して、建物部分のみを消費税の課税対象とした。また、当該ビルの固定資産税については、実務慣行に従い、一年分の固定資産税の金額のうち譲渡日から令和6年12月31日までの期間に係る部分の金額を按分し、その金額を未経過固定資産税として不動産本体の譲渡価額とは別に譲受人から収受した。Rは、当該未経過固定資産税の受領は税金の精算であり、消費税の課税対象外であるとして経理処理していた。

　ところが税務調査でRのこの経理処理が問題となり、調査官は未経過固定資産税相当額も固定資産の譲渡等の対価の額に含まれるため、当該金額全額を消費税の課税標準に含めるべきとして、修正申告の勧奨を行った。Rは調査官の説明に納得がいかないため、修正申告の勧奨に応じるべきか悩んでいるところである。

対応策

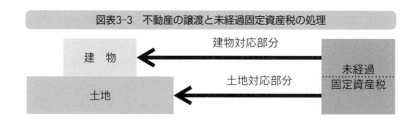

図表3-3　不動産の譲渡と未経過固定資産税の処理

　固定資産税は、その年の1月1日現在において固定資産課税台帳に所有者として登録されている者に対して課税されるものである（地法343、381）。そのため、不動産取引に係る実務慣行として、一年分の固定資産税の金額のうち譲渡日からその年の末日までの期間に係る部分の金額を按分し、その金額を未経過固定資産税として不動産本体の譲渡価額とは別に譲受人から譲渡人へ支払うことが一般的となっている。

　このような未経過固定資産税の授受については、税そのものの収受ではなく、固定資産税の負担なしに所有できる土地建物の購入代金の一部として支払われるものであると考えられる。したがって、課税資産の譲渡に伴う未経過固定資産税相当額は消費税の課税標準に含めるべき金額となる。

　ただし、この場合であっても、消費税の課税標準に含めるべきは未経過固定資産税相当額のうち課税資産である建物部分に係るものだけであり、非課税資産である土地部分に対応する金額は課税標準に加算する必要はないと考えられる。そのため、調査官の未経過固定資産税相当額全額を消費税の課税標準に含めるべきという指摘は誤りである。

　これを踏まえた修正申告書および付表2-3は 記載例3-36 、記載例3-37 のようになる。

記載例 3-36

GK0306

第3-(1)号様式　　　　　　　　　　　　　　　　　　　　　　　　　個人事業者用

令和　年　月　日　　　　税務署長殿　　　　　　　（個人の方）振替継続希望

納税地　（電話番号　　－　　－　　）

（フリガナ）
屋　号　　R不動産

個人番号

（フリガナ）
氏　名　　R

自 令和 **06** 年 **01** 月 **01** 日　課税期間分の消費税及び地方
至 令和 **06** 年 **12** 月 **31** 日　消費税の（修正確定）申告書

中間申告　自 令和　　年　　月　　日
の場合の
対象期間　至 令和　　年　　月　　日

令和五年十月一日以後終了課税期間分（一般用）

この申告書による消費税の税額の計算

		十兆千百十億千百十万千百十一円	
課税標準額	①	120000000	03
消費税額	②	9360000	06
控除過大調整税額	③		07
控除対象仕入税額	④	4680000	08
返還等対価に係る税額	⑤		09
貸倒れに係る税額	⑥		10
控除税額小計（④+⑤+⑥）	⑦	4680000	11
控除不足還付税額（⑦-②-③）	⑧		13
差引税額（②+③-⑦）	⑨	4680000	15
中間納付税額	⑩	2156000	16
納付税額（⑨-⑩）	⑪	2524000	17
中間納付還付税額（⑩-⑨）	⑫	00	18
この申告書が修正申告である場合 既確定税額	⑬	1996800	19
差引納付税額	⑭	527200	20
課税売上割合 課税資産の譲渡等の対価の額	⑮	120000000	21
資産の譲渡等の対価の額	⑯	200000000	22

付記事項

割賦基準の適用	有　無	31
延払基準等の適用	有　無	32
工事進行基準の適用	有　無	33
現金主義会計の適用	有　無	34
課税標準額に対する消費税額の計算の特例の適用	有　無	35
控除税額計算の方法	課税売上高5億円超又は課税売上割合95％未満　個別対応方式　一括比例配分方式　上記以外　全額控除	41
基準期間の課税売上高	千円	
税額控除に係る経過措置の適用（2割特例）		42

この申告書による地方消費税の税額の計算

地方消費税の課税標準となる消費税額	控除不足還付税額	⑰		51
	差引税額	⑱	4680000	52
譲渡割額	還付額	⑲		53
	納税額	⑳	1320000	54
中間納付譲渡割額		㉑	608100	55
納付譲渡割額（⑳-㉑）		㉒	711900	56
中間納付還付譲渡割額（㉑-⑳）		㉓	00	57
この申告書が修正申告である場合	既確定譲渡割額	㉔	563200	58
	差引納付譲渡割額	㉕	148700	59
消費税及び地方消費税の合計（納付又は還付）税額		㉖		60

記載例 3-37

第4-(10)号様式
付表2-3　課税売上割合・控除対象仕入税額等の計算表　　　　　　　　　　　　　一般

| 課税期間 | 6・1・1 ~ 6・12・31 | 氏名又は名称 | R |

項　目		税率6.24％適用分 A	税率7.8％適用分 B	合　計 C (A+B)
課税売上額（税抜き）	①		120,000,000	120,000,000
免税売上額	②			0
非課税資産の輸出等の金額、海外支店等へ移送した資産の価額	③			0
課税資産の譲渡等の対価の額（①＋②＋③）	④			120,000,000
課税資産の譲渡等の対価の額（④の金額）	⑤			120,000,000
非課税売上額	⑥			80,000,000
資産の譲渡等の対価の額（⑤＋⑥）	⑦			200,000,000
課税売上割合（④／⑦）	⑧			[60 ％]
課税仕入れに係る支払対価の額（税込み）	⑨		110,000,000	110,000,000
課税仕入れに係る消費税額	⑩		7,800,000	7,800,000
適格請求書発行事業者以外の者から行った課税仕入れに係る経過措置の適用を受ける課税仕入れに係る支払対価（税込み）	⑪			
適格請求書発行事業者以外の者から行った課税仕入れに係る経過措置により課税仕入れに係る消費税額とみなされる額	⑫			
特定課税仕入れに係る支払対価の額	⑬			
特定課税仕入れに係る消費税額	⑭			
課税貨物に係る消費税額	⑮		0	0
納税義務の免除を受けない（受ける）こととなった場合における消費税額の調整（加算又は減算）額	⑯		0	0
課税仕入れ等の税額の合計額（⑩＋⑫＋⑭＋⑮±⑯）	⑰		7,800,000	7,800,000
課税売上高が5億円以下、かつ、課税売上割合が95％以上の場合（⑰の金額）	⑱			
⑰のうち、課税売上げにのみ要するもの	⑲			
⑰のうち、課税売上げと非課税売上げに共通して要するもの	⑳			
個別対応方式により控除する課税仕入れ等の税額〔⑲＋（⑳×④／⑦）〕	㉑			
一括比例配分方式により控除する課税仕入れ等の税額（⑰×④／⑦）	㉒		4,680,000	4,680,000
課税売上割合変動時の調整対象固定資産に係る消費税額の調整（加算又は減算）額	㉓			
調整対象固定資産を課税業務用（非課税業務用）に転用した場合の調整（加算又は減算）額	㉔			
居住用賃貸建物を課税賃貸用に供した（譲渡した）場合の加算額	㉕			
控除対象仕入税額〔（⑱、㉑又は㉒の金額）±㉓±㉔＋㉕〕がプラスの時	㉖		4,680,000	4,680,000
控除過大調整税額〔（⑱、㉑又は㉒の金額）±㉓＋㉔＋㉕〕がマイナスの時	㉗			
貸倒回収に係る消費税額	㉘			

第4節　消費税のケーススタディ

ケース2
法人の役員に対する資産の贈与につき否認されたケース

　医療機器の専門商社であるS社は、前年度の営業実績に基づき営業担当者を表彰することを取締役会で決議した。その際、表彰状に加え、副賞として腕時計（時価100万円相当）を贈ることとなった。授与者は従業員3名に加え、営業担当役員1名であった。

　S社は当該副賞の授与につき、消費税法上対価を得て行う資産の譲渡に該当しないため、消費税の課税対象から除外して処理していた。ところが税務調査で本件が問題となり、調査官は、従業員はともかくとして役員に対する副賞の授与は消費税の課税対象であるとして、修正申告の勧奨を行った。S社の経理部長はなぜ役員だけ消費税の課税対象となるのかわからないので、修正申告に応じるべきか迷っている。

対応策

　国内取引における消費税の課税対象は、国内において事業者が事業として対価を得て行う資産の譲渡および貸付け並びに役務の提供とされている（消法2①八、4①）。そのため、対価を得て行う資産の譲渡に該当しない取引、例えば会社から従業員への金品などの授与（贈与）については、反対給付がないことから、消費税の課税対象にはならないこととなる。

　ところが、消費税法上、法人がその資産を役員（法法2二十五に規定するものをいう）に対して贈与した場合における当該贈与は、事業として対価を得て行われた資産の譲渡とみなされることとなる（みなし譲渡、消法4④二）。そのため、本件のように役員に対して副賞として腕時計を授与する場合には、その腕時計の時価相当額を消費税の課税対象とすべきということとなる（消法28③二）。

図表3-4　営業成績の優秀者に対する資産の授与の取扱い

従業員に対する授与	➡	消費税の課税対象外（消法4①）
役員に対する授与	➡	消費税の課税対象（消法4⑤二）

上記事項を踏まえた修正申告書および付表2-3を作成した場合、、のようになる。

ケース3
工作機械の売上につき期ずれが指摘されたケース

　工作機械の製造を行っているT社は、大型機器の販売の場合には、単に機械を販売先の工場に搬入するだけでなく、据付工事を行い、試運転を行って、販売先の検収を受けてから引渡しとなっている。このようなケースでは、検収を受けてから売上を計上している（検収基準）。なお、据付工事は外部の下請会社が行っている。

　先日の税務調査で、調査官がT社の令和7年3月期の機械販売および据付工事の状況を確認してみたところ、期末までに据付工事および販売先の検収が終了しているものの、売上を全額翌期に計上しているものがあった。T社の説明では、据付工事を担当している下請会社の作業が手間取り、期末までに据付工事費が確定していなかったため、それが確定した翌期に請求書を出したためであり、意図的な売上の繰延べではないということであった。なお、T社と販売先とは機械の販売と据付工事につき一体で契約しており、その金額は132,000,000円（消費税込）である。

　調査官はT社の売上の計上基準は検収基準であるから、それに反する本件は売上の計上漏れであるため、修正申告を行うよう勧奨してきた。

記載例 3-38

第3-(1)号様式　GK0306　法人用

令和　年　月　日　税務署長殿

納税地　（電話番号　　　　　）
（フリガナ）
法人名　S株式会社
法人番号
（フリガナ）
代表者氏名

自 令和 06年04月01日
至 令和 07年03月31日

課税期間分の消費税及び地方消費税の（修正確定）申告書

中間申告 自 令和　　年　　月　　日
の場合の対象期間 至 令和　　年　　月　　日

令和五年十月一日以後終了課税期間分（一般用）

第一表

（個人の方）振替継続希望
所管　署番　整理番号
※税務署処理欄
申告年月日　令和　　年　　月　　日
申告区分　指導等　庁指定　局指定
通信日付印　確認
指導年月日　相談　区分1　区分2　区分3
令和

この申告書による消費税の税額の計算

		十兆千百十億千百十万千百十一円	
課税標準額	①	1500100000	03
消費税額	②	117007800	06
控除過大調整税額	③		07
控除税額	控除対象仕入税額	④	93584403	08
	返還等対価に係る税額	⑤		09
	貸倒れに係る税額	⑥		10
	控除税額小計（④+⑤+⑥）	⑦	93584403	
控除不足還付税額（⑦-②-③）	⑧		
差引税額（②+③-⑦）	⑨	23420000	
中間納付税額	⑩	11712200	16
納付税額（⑨-⑩）	⑪	11707800	17
中間納付還付税額（⑩-⑨）	⑫		18
この申告書が修正申告である場合	既確定税額	⑬	11700000	19
	差引納付税額	⑭	7800	20
課税売上割合	課税資産の譲渡等の対価の額	⑮	1500100000	21
	資産の譲渡等の対価の額	⑯	1500350000	22

付記事項
割賦基準の適用　有○無 31
延払基準等の適用　有○無 32
工事進行基準の適用　有○無 33
現金主義会計の適用　有○無 34
課税標準額に対する消費税額の計算の特例の適用　有○無 35

参考事項
控除税額計算の方法
課税売上高5億円超又は課税売上割合95％未満　個別対応方式／一括比例配分方式 41
上記以外　全額控除
基準期間の課税売上高　　　千円

○ 税額控除に係る経過措置の適用（2割特例） 42

この申告書による地方消費税の税額の計算

地方消費税の課税標準となる消費税額	控除不足還付税額	⑰		51
	差引税額	⑱	23420000	52
譲渡割額	還付額	⑲		
	納税額	⑳	6605600	
中間納付譲渡割額	㉑		55
納付譲渡割額（⑳-㉑）	㉒	3302200	
中間納付還付譲渡割額（㉑-⑳）	㉓	00	57
この申告書が修正申告である場合	既確定譲渡割額	㉔	3300000	
	差引納付譲渡割額	㉕	2200	
消費税及び地方消費税の合計（納付又は還付）税額	㉖	10000	60

還付を受けようとする金融機関等
銀行　本店・支店
金庫・組合　出張所
農協・漁協　本所・支所
預金　口座番号
ゆうちょ銀行の貯金記号番号
郵便局名等

○（個人の方）公金受取口座の利用

※税務署整理欄

税理士署名
（電話番号　　－　　－　　）

○ 税理士法第30条の書面提出有
○ 税理士法第33条の2の書面提出有

㉖=（①+②）-（③+④+⑤）・修正申告の場合㉖=⑭+㉕
⑫が還付税額となる場合はマイナス「－」を付してください。

※ 2割特例による申告の場合、⑱欄は①欄の数字を記載し、⑱欄×22/78から算出された金額を⑳欄に記載してください。

124　第3章　修正申告書を提出する場面のケーススタディと記載例

記載例 3-39

第4-(10)号様式
付表2-3　課税売上割合・控除対象仕入税額等の計算表　　　一般

| 課税期間 | 6・4・1～7・3・31 | 氏名又は名称 | S株式会社 |

項　目	税率6.24％適用分 A	税率7.8％適用分 B	合　計 C (A+B)
課税売上額（税抜き） ①		1,500,100,000	1,500,100,000
免税売上額 ②			0
非課税資産の輸出等の金額、海外支店等へ移送した資産の価額 ③			0
課税資産の譲渡等の対価の額（①+②+③）④			1,500,100,000
課税資産の譲渡等の対価の額（④の金額）⑤			1,500,100,000
非課税売上額 ⑥			250,000
資産の譲渡等の対価の額（⑤+⑥）⑦			1,500,350,000
課税売上割合（④／⑦）⑧			[99.98％]
課税仕入れに係る支払対価の額（税込み）⑨		1,320,000,000	1,320,000,000
課税仕入れに係る消費税額 ⑩		93,600,000	93,600,000
適格請求書発行事業者以外の者から行った課税仕入れに係る経過措置の適用を受ける課税仕入れに係る支払対価の額（税込み）⑪			
適格請求書発行事業者以外の者から行った課税仕入れに係る経過措置により課税仕入れに係る消費税額とみなされる額 ⑫			
特定課税仕入れに係る支払対価の額 ⑬			
特定課税仕入れに係る消費税額 ⑭			
課税貨物に係る消費税額 ⑮		0	0
納税義務の免除を受けない（受ける）こととなった場合における消費税額の調整（加算又は減算）額 ⑯		0	0
課税仕入れ等の税額の合計額（⑩+⑫+⑭+⑮±⑯）⑰		93,600,000	93,600,000
課税売上高が5億円以下、かつ、課税売上割合が95％以上の場合（⑰の金額）⑱			
⑰のうち、課税売上げにのみ要するもの ⑲			
⑰のうち、課税売上げと非課税売上げに共通して要するもの ⑳			
個別対応方式により控除する課税仕入れ等の税額〔⑲+(⑳×④／⑦)〕㉑			
一括比例配分方式により控除する課税仕入れ等の税額（⑰×④／⑦）㉒		93,584,403	93,584,403
課税売上割合変動時の調整対象固定資産に係る消費税額の調整（加算又は減算）額 ㉓			
調整対象固定資産を課税業務用（非課税業務用）に転用した場合の調整（加算又は減算）額 ㉔			
居住用賃貸建物を課税賃貸用に供した（譲渡した）場合の加算額 ㉕			
控除対象仕入税額〔(⑱、㉑又は㉒の金額)±㉓±㉔+㉕〕がプラスの時 ㉖		93,584,403	93,584,403
控除過大調整税額〔(⑱、㉑又は㉒の金額)±㉓±㉔+㉕〕がマイナスの時 ㉗			
貸倒回収に係る消費税額 ㉘			

第4節　消費税のケーススタディ

対応策

1 収益の計上基準

　法人税においては、棚卸資産の販売に係る収益の認識は引渡しのあった日によることを原則としている（販売基準、法基通2－1－2[3]）。本件のように販売先に機械を運搬し、据付工事を行い、きちんと稼働するかの確認（検収）を受けるというプロセスを経て引渡しとなるものについては、販売先の検収を基準に収益を計上する検収基準によることが適切と考えられる。

　消費税においても、棚卸資産の譲渡の時期は法人税と同様の基準によることとしている（消基通9－1－1～2）。

　一方、下請企業が行う機械の据付工事は「請負」に該当するが、法人税法上は、①物の引渡しを要する請負契約はその目的物の全部を完成して相手方に引き渡した日、②物の引渡しを要しない請負契約はその約した役務の全部を完了した日、の属する事業年度に収益の額を計上することを原則とする（東京地裁平成24年2月28日判決・訟月58巻8号3020頁[4]）。

　消費税においても、請負による資産の譲渡等の時期については法人税と同様の基準によることとしている（消基通9－1－5～6）。

2 機械の販売と据付工事とを一体で契約している場合

　本件のように、機械の販売と据付工事とを一体で契約している場合の収益の計上は、据付工事を機械販売の付帯サービスとみて機械本体の販売基準によることとなる。したがって、機械本体の販売基準が検収基準であれば、据付工事を含めて検収基準により収益を計上することとなる。ただし、

---

[3] 販売基準については、拙著『税務調査の指摘事項からみる法人税・所得税・消費税の売上をめぐる税務』（清文社・2011年）52・53頁参照。また、法人税法における権利確定主義に関し、棚卸資産の販売益の意義については、長崎地裁昭和58年2月18日判決・訟月29巻9号1727頁参照。
[4] 請負契約に係る収益の計上時期については、拙著前掲注3書59・66頁参照。

据付工事が相当な規模を有するもので、当該工事の代金が契約等で合理的に区分できる場合には、据付工事だけを切り出して機械本体とは別の基準で収益の計上を行うことも可能である（法基通2－1－1の2）。これは消費税においても同様である（消基通9－1－9）。

本件の場合、仮に上記取扱いにより据付工事について本体とは別区分で収益の計上を行うとしても、期末までに据付工事そのものは完了していたため、いずれにせよ完了した事業年度に収益を計上せざるを得ないものと考えられる。

3 支払対価未確定部分の見積計上

それでは、期末までに未確定である据付工事費については、どう処理すればよいのであろうか。法人税法上は、収益計上すべき売上高に対応する原価については、それが期末までに確定していない場合には、期末日時点での現況により金額を適正に見積もることとされている（法基通2－2－1）。したがって、本件の場合は据付工事代金を適正に見積もって売上原価に計上すべきということになる。

一方、消費税については、課税仕入れに係る支払対価の額が未確定の場合には、法人税と同様に見積計上することとなる（消基通11－4－5）。本件は期末時点で据付工事が終了しているため、課税仕入れを行っていると考えられることから、法人税の取扱いと同様に、据付工事代金を適正に見積もって課税仕入れに係る支払対価の額に加算することとなる。

4 修正申告書の作成

仮に据付工事代金の見積額を3,300,000円（消費税込）とすると、上記に基づく修正仕訳は次のようになる。

売掛金	132,000,000円	売上	120,000,000円
		仮受消費税	12,000,000円
売上原価	80,000,000円	棚卸商品	80,000,000円
売上原価	3,000,000円	未払金	3,300,000円
仮払消費税	300,000円		
仮受消費税	12,000,000円	仮払消費税	300,000円
		未払消費税	11,700,000円

　上記事項を踏まえた法人税の修正申告書（該当項目のみ）別表四および五（一）、消費税の修正申告書および付表2－3を作成した場合、記載例3-40～記載例3-43のようになる。

記載例3-40

所得の金額の計算に関する明細書（簡易様式）

別表四（簡易様式）　令六・四・一以後終了事業年度分

| 事業年度 | 6・4・1　7・3・31 | 法人名 | T株式会社 |

御注意
21　沖縄の認定法人の課税の特例等の規定の適用を受ける法人にあっては、別様式による別表四を御使用ください。「52」の「①」欄の金額は、「②」欄の金額に「③」欄の本書の金額を加算し、これから「※」の金額を加減算した額と符合することになります。

区分		総額 ①	処分	
			留保 ②	社外流出 ③
当期利益又は当期欠損の額	1	円	円	配当　円
				その他
加算	損金経理をした法人税及び地方法人税（附帯税を除く。）	2			
	損金経理をした道府県民税及び市町村民税	3			
	損金経理をした納税充当金	4			
	損金経理をした附帯税（利子税を除く。）、加算金、延滞金（延納分を除く。）及び過怠税	5			その他
	減価償却の償却超過額	6			
	役員給与の損金不算入額	7			その他
	交際費等の損金不算入額	8			その他
	通算法人に係る加算額（別表四付表「5」）	9			外※
	売上計上もれ	10	120,000,000	120,000,000	
	小計	11			外※
減算	減価償却超過額の当期認容額	12			
	納税充当金から支出した事業税等の金額	13			
	受取配当等の益金不算入額（別表八（一）「5」）	14			※
	外国子会社から受ける剰余金の配当等の益金不算入額（別表八（二）「26」）	15			※
	受贈益の益金不算入額	16			※
	適格現物分配に係る益金不算入額	17			※
	法人税等の中間納付額及び過誤納に係る還付金額	18			
	所得税額等及び欠損金の繰戻しによる還付金額等	19			※
	通算法人に係る減算額（別表四付表「10」）	20			※
	売上原価認容	21	83,000,000	83,000,000	
	小計	22			外※
仮計　(1)+(11)-(22)		23			外※
対象純支払利子等の損金不算入額（別表十七（二の二）「29」又は「34」）		24			その他
超過利子額の損金算入額（別表十七（二の三）「10」）		25	△		※△
仮計　((23)から(25)までの計)		26			外※
寄附金の損金不算入額（別表十四（二）「24」又は「40」）		27			その他
法人税額から控除される所得税額（別表六（一）「6の③」）		29			その他
税額控除の対象となる外国法人税の額（別表六（二の二）「7」）		30			その他
分配時調整外国税相当額及び外国関係会社等に係る控除対象所得税額等相当額（別表六（五の二）「5の②」）+（別表十七（三の六）「1」）		31			その他
合計　(26)+(27)+(29)+(30)+(31)		34			外※
中間申告における繰戻しによる還付に係る災害損失欠損金額の益金算入額		37			※
非適格合併又は残余財産の全部分配等による移転資産等の譲渡利益額又は譲渡損失額		38			
差引計　(34)+(37)+(38)		39			外※
更生欠損金又は民事再生等評価換えが行われる場合の再生等欠損金の損金算入額（別表七（三）「9」又は「21」）		40	△		※△
通算対象欠損金額の損金算入額又は通算対象所得金額の益金算入額（別表七の二「5」又は「11」）		41			※
差引計　(39)+(40)±(41)		43			外※
欠損金等の当期控除額（別表七（一）「4の計」）+（別表七（四）「10」）		44	△		※△
総計　(43)+(44)		45			外※
残余財産の確定の日の属する事業年度に係る事業税及び特別法人事業税の損金算入額		51	△	△	
所得金額又は欠損金額		52			外※

㊙

第4節　消費税のケーススタディ

記載例 3-41

利益積立金額及び資本金等の額の計算に関する明細書

| 事業年度 | 6・4・1 ～ 7・3・31 | 法人名 | T株式会社 |

別表五(一)　令六・四・一以後終了事業年度分

I　利益積立金額の計算に関する明細書

区　分		期首現在利益積立金額 ①	当期の減 ②	当期の増 ③	差引翌期首現在利益積立金額 ①-②+③ ④
利　益　準　備　金	1	円	円	円	円
積　立　金	2				
売掛金	3			132,000,000	132,000,000
棚卸商品	4			△80,000,000	△80,000,000
未払消費税	5			△11,700,000	△11,700,000
	6				
	7				
	8				
	9				
	10				
	11				
	12				
	13				
	14				
	15				
	16				
	17				
	18				
	19				
	20				
	21				
	22				
	23				
	24				
繰越損益金（損は赤）	25				
納　税　充　当　金	26				
未納法人税等	未納法人税及び未納地方法人税（附帯税を除く。）	27	△	△	中間 △ 確定 △	△
	未払通算税効果額（附帯税の額に係る部分の金額を除く。）	28			中間 確定	
	未納道府県民税（均等割を含む。）	29	△	△	中間 △ 確定 △	△
	未納市町村民税（均等割を含む。）	30	△	△	中間 △ 確定 △	△
差　引　合　計　額	31				

II　資本金等の額の計算に関する明細書

区　分		期首現在資本金等の額 ①	当期の減 ②	当期の増 ③	差引翌期首現在資本金等の額 ①-②+③ ④
資本金又は出資金	32	円	円	円	円
資　本　準　備　金	33				
	34				
	35				
差　引　合　計　額	36				

御注意　この表は、通常の場合には次の式により検算ができます。
（期首現在利益積立金額合計「31」①）＋（別表四留保所得金額又は欠損金額「52」）－（中間分・確定分の法人税等、道府県民税及び市町村民税の合計額）＝（差引翌期首現在利益積立金額合計「31」④）

記載例 3-42

第3-(1)号様式　法人用

GK0306

納税地　T株式会社

自 令和 06年04月01日
至 令和 07年03月31日

課税期間分の消費税及び地方消費税の（修正確定）申告書

この申告書による消費税の税額の計算

課税標準額 ①	228,000,000
消費税額 ②	17,784,000
控除過大調整税額 ③	
控除対象仕入税額 ④	13,259,200
返還等対価に係る税額 ⑤	
貸倒れに係る税額 ⑥	
控除税額小計 ⑦（④+⑤+⑥）	13,259,200
控除不足還付税額 ⑧（⑦−②−③）	
差引税額 ⑨（②+③−⑦）	4,524,700
中間納付税額 ⑩	2,200,000
納付税額 ⑪（⑨−⑩）	2,324,700
中間納付還付税額 ⑫（⑩−⑨）	00
この申告書が修正申告である場合 既確定税額 ⑬	1,412,100
差引納付税額 ⑭	912,600
課税売上割合 課税資産の譲渡等の対価の額 ⑮	
資産の譲渡等の対価の額 ⑯	

付記事項・参考事項
- 割賦基準の適用　有・無 31
- 延払基準等の適用　有・無 32
- 工事進行基準の適用　有・無 33
- 現金主義会計の適用　有・無 34
- 課税標準額に対する消費税額の計算の特例の適用　有・無 35
- 控除税額の計算の方法：課税売上高5億円超又は課税売上割合95%未満 個別対応方式／一括比例配分方式／上記以外 全額控除 41
- 基準期間の課税売上高　千円
- 税額控除に係る経過措置の適用（2割特例）42

令和五年十月一日以後終了課税期間分（一般用）

この申告書による地方消費税の税額の計算

地方消費税の課税標準となる消費税額 控除不足還付税額 ⑰	51
差引税額 ⑱	4,524,700 52
譲渡割額 還付額 ⑲	53
納税額 ⑳	1,276,200 54
中間納付譲渡割額 ㉑	620,000 55
納付譲渡割額 ㉒（⑳−㉑）	656,100 56
中間納付還付譲渡割額 ㉓（㉑−⑳）	57
この申告書が修正申告である場合 既確定譲渡割額 ㉔	398,300 58
差引納付譲渡割額 ㉕	257,400 59
消費税及び地方消費税の合計（納付又は還付）税額 ㉖	1,170,000 60

㉖＝（⑪+㉒）−（⑧+⑲+⑳+㉑）・修正申告の場合㉖＝⑭+㉕
⑫が還付税額となる場合はマイナス「−」を付してください。

※ 2割特例による申告の場合、⑬欄に⑩欄の数字を記載し、⑬欄×22/78から算出された金額を㉔欄に記載してください。

第4節　消費税のケーススタディ

記載例3-43

第4-(10)号様式
付表2-3　課税売上割合・控除対象仕入税額等の計算表　　　　　　　　　　　　一般

課税期間	6・4・1～7・3・31	氏名又は名称	T株式会社

項目		税率6.24%適用分 A	税率7.8%適用分 B	合計 C (A+B)
課税売上額（税抜き）	①		2,280,000,000 円	2,280,000,000 円
免税売上額	②			0
非課税資産の輸出等の金額、海外支店等へ移送した資産の価額	③			0
課税資産の譲渡等の対価の額（①+②+③）	④			2,280,000,000
課税資産の譲渡等の対価の額（④の金額）	⑤			2,280,000,000
非課税売上額	⑥			136,000
資産の譲渡等の対価の額（⑤+⑥）	⑦			2,280,136,000
課税売上割合（④／⑦）	⑧			〔99.9%〕
課税仕入れに係る支払対価の額（税込み）	⑨		1,870,000,000	1,870,000,000
課税仕入れに係る消費税額	⑩		132,600,000	132,600,000
適格請求書発行事業者以外の者から行った課税仕入れに係る経過措置の適用を受ける課税仕入れに係る支払対価の額（税込み）	⑪			
適格請求書発行事業者以外の者から行った課税仕入れに係る経過措置により課税仕入れに係る消費税額とみなされる額	⑫			
特定課税仕入れに係る支払対価の額	⑬			
特定課税仕入れに係る消費税額	⑭			
課税貨物に係る消費税額	⑮		0	0
納税義務の免除を受けない（受けることとなった）場合における消費税額の調整（加算又は減算）額	⑯		0	0
課税仕入れ等の税額の合計額（⑩+⑫+⑭+⑮±⑯）	⑰		132,600,000	132,600,000
課税売上高が5億円以下、かつ、課税売上割合が95%以上の場合（⑰の金額）	⑱			
⑰のうち、課税売上げにのみ要するもの	⑲			
⑰のうち、課税売上げと非課税売上げに共通して要するもの	⑳			
個別対応方式により控除する課税仕入れ等の税額〔⑲+（⑳×④／⑦）〕	㉑			
一括比例配分方式により控除する課税仕入れ等の税額（⑰×④／⑦）	㉒		132,592,090	132,592,090
課税売上割合変動時の調整対象固定資産に係る消費税額の調整（加算又は減算）額	㉓			
調整対象固定資産を課税業務用（非課税業務用）に転用した場合の調整（加算又は減算）額	㉔			
居住用賃貸建物を課税賃貸用に供した（譲渡した）場合の加算額	㉕			
控除対象仕入税額〔（⑱、㉑又は㉒の金額）±㉓±㉔+㉕〕がプラスの時	㉖		132,592,090	132,592,090
控除過大調整税額〔（⑱、㉑又は㉒の金額）±㉓±㉔+㉕〕がマイナスの時	㉗			
貸倒回収に係る消費税額	㉘			

第4章

更正の請求の実務

第1節 更正処分と更正の請求

1 更正の意義

　更正とは、納税者により申告された課税標準等または税額等の計算が税法の規定に従っていなかったときに、課税庁がその調査により課税標準等または税額等を是正する措置をいう（通法24）[1]。更正は以下のカテゴリーに分類できる。

① 増額更正

② 減額更正

増額更正は税額を増額させる更正、減額更正は税額を減少させる更正である。

③ 更正処分

④ 更正の請求に基づく処分

③は課税庁（税務署長）が独自の判断で行う処分であり、④は納税者による減額すべきとの求めに応じて行う処分である。

　課税庁は税額の増減額いずれも行うことができるが、納税者は既に提出した申告書につき税額の減額が必要なときは、④により課税庁の判断を仰ぐことが必須となる。無論、増額については修正申告により自発的に行うことができる。

---

[1] 金子前掲第1章注16書976頁。

また、課税庁が更正（または決定）処分を行った後、さらに調査したところ課税標準または税額等に誤りがあった（過大または過少である）ことが判明した場合には、これを是正する処分（再更正処分）を行うことができる（通法26）。
　なお、法人が粉飾決算により過大な申告を行った場合には、税務署長は、当該法人がその後の事業年度の確定した決算において修正の経理をし、当該決算に基づく確定申告書を提出するまで、減額更正を行う必要がない（法法129②）。

2 更正および決定の手続

　更正または決定は、税務署長が更正通知書または決定通知書を送達して行う（通法28①）。更正通知書には以下の事項を記載する必要がある（通法28②）。

① 更正前の課税標準等および税額等
② 更正後の課税標準等および税額等
③ それにより増加または減少する税額または還付金の額

　更正が国税庁または国税局の職員の調査に基づくものであるときは、その旨を付記しなければならない（通法28②）。
　更正（決定）通知書の様式（法人税）は次頁 記載例4-1 、 記載例4-2 の通りである。
　また、決定通知書には、以下の事項を記載する必要がある（通法28③）。

④ その決定に係る課税標準等および税額等

　さらに、決定通知書には、その決定が国税庁または国税局の職員の調査に基づくものであるときは、その旨を付記しなければならない（通法28③）。なお、決定通知書の様式は上記更正通知書の様式と同じである。

記載例4-1

納税地	豊島区東池袋　×-×-×
法人名	池袋商事　株式会社
代表者氏名	代表取締役　鈴木　一郎　殿

第○○○○号
令和6年　10月　1日

税務署長
財務事務官
佐藤　二郎　㊞

法人税額等の　更正　通知書及び加算税の賦課決定通知書

自令和5年　4月　1日
至令和6年　3月31日　事業年度分（　　）の法人税について下記のとおり法人税額等の　更正　及び
~~加算税の賦課決定~~をしたから通知します。

記

区分		①恒久的施設帰属所得に係る所得の金額に係る法人税額		②その他の国内源泉所得に係る所得の金額に係る法人税額	
		申告又は更正前の金額	更正又は決定の金額	申告又は更正前の金額	更正又は決定の金額
所得金額又は欠損金額	1	円	円	1,000,000 円	0 円
法人税額	2			180,000	0
法人税額等の特別控除額	3				
リース特別控除取戻税額等	4				
使途秘匿金に対する税額	5				
法人税額計	6			180,000	
控除税額	7				
差引所得に対する法人税額等	8			180,000	
翌期へ繰り越す欠損金又は災害損失金	9				

区分		申告又は更正前の金額	更正又は決定の金額
①で控除しきれなかった金額のうち、②の法人税額から控除できる金額	10	円	円
②で控除しきれなかった金額のうち、①の法人税額から控除できる金額	11		
法人税額合計（8①-11）+（8②-10）	12		
還付所得税額等	13		
欠損繰戻し　還付金額	14		
減少する還付加算金	15		
差引合計税額	16	180,000	0
既に納付の確定した本税額	17		
差引納付すべき又は減少(-印)する法人税額	18	180,000	0

この通知により納付すべき又は減少(-印)する税額	
本税の額	-180,000 円
無申告加算税	
過少申告加算税	
重加算税	

賦課した加算税の額の計算明細				
区分			加算税の基礎となる税額	加算税の額
申告加算税		賦課決定額	円	円
		変更決定後の賦課決定額		
重加算税		賦課決定額		
		変更決定後の賦課決定額		

この通知書に係る処分は、　　　　　　　　　　の職員の調査に基づいて行いました。

記載例4-2

1 納付すべき税額は、同封の納付書により　　　年　　月　　日までに金融機関等（郵便局を含む。）又は当税務署へ納付(注)してください。
　　(注) 納付書表面にバーコードが表示されている場合は、コンビニエンスストアに納付を委託できます。
　　　　 利用可能なコンビニエンスストアについては、バーコードが表示されている納付書の裏面でご確認ください。
2 本税等と併せて納付すべき延滞税は、次の「延滞税の額の計算方法」により計算して納付してください。
3 延滞税の額の計算方法（国税通則法第60条、第61条、第118条及び第119条）

(注) 1 本税の額が10,000円未満の場合には、延滞税を納付する必要はありません。
　　　　 本税の額に10,000円未満の端数があるときは、これを切り捨てて計算してください。
　　2 平成12年1月1日以後の延滞税の割合は、年単位（1/1～12/31）で、以下のとおり適用することになります。
　　　① 平成12年1月1日から平成25年12月31日までの期間に対応する延滞税の割合
　　　　・納期限の翌日から2月を経過する日まで・・・年「前年の11月30日の日本銀行が定める基準割引率＋4％」
　　　　・納期限の翌日から2月を経過した日以後・・・年「14.6％」
　　　② 平成26年1月1日以後の期間に対応する延滞税の割合
　　　　・納期限の翌日から2月を経過する日まで・・・年「7.3％」と「特例基準割合（※1）＋1％」のいずれか低い割合
　　　　・納期限の翌日から2月を経過した日以後・・・年「14.6％」と「特例基準割合（※1）＋7.3％」のいずれか低い割合
　　　（※1）各年の前々年の10月から前年の9月までの各月における銀行の新規の短期貸出約定平均金利の合計を12で除して得た割合として
　　　　　 各年の前年の12月15日までに財務大臣が告示する割合に、年1％の割合を加算した割合
　　　③ 令和3年1月1日以後の期間に対応する延滞税の割合
　　　　・納期限の翌日から2月を経過する日まで・・・年「7.3％」と「延滞税特例基準割合（※2）＋1％」のいずれか低い割合
　　　　・納期限の翌日から2月を経過した日以後・・・年「14.6％」と「延滞税特例基準割合（※2）＋7.3％」のいずれか低い割合
　　　（※2）各年の前々年の9月から前年の8月までの各月における銀行の新規の短期貸出約定平均金利の合計を12で除して得た割合として
　　　　　 各年の前年の11月30日までに財務大臣が告示する割合に、年1％の割合を加算した割合
　　3 次の場合には、延滞税の額の計算の基礎となる「期間（日数）」に特例が設けられていますからご注意ください。
　　　① 期限内申告書を提出している場合で確定申告期限から1年を経過した日以降に更正等があったとき又は期限後申告書を提出している場合でその提出した日の翌日から起算して1年を経過した日以後に更正等があったとき（偽りその他不正の行為により税金を免れ、又は還付を受けた法人に対する更正については、この特例の適用はありません。）（国税通則法第61条第1項）
　　　② 期限内申告書又は期限後申告書を提出した後に減額更正がされ、その後更に増額更正等があった場合（当該期限内申告書又は期限後申告書に係る税額に達するまでの部分に限ります。）（国税通則法第61条第2項）
　　　　 ただし、平成29年1月1日以後に法定納期限が到来する国税について適用します。
　　　③ 欠損金の繰戻しに係る還付金の額が減少する場合（国税通則法施行令第25条第1号）
　　　④ 期限後申告書に係る還付金の額が減少する場合（国税通則法施行令第25条第3号）
　　4 延滞税の額が1,000円未満の場合は、納付する必要はありません。
　　　 延滞税の額に100円未満の端数があるときは、これを切り捨ててください。
4 さきに、法人税法第144条の7又は同法第144条の8の規定により、申告書の提出期限の延長を受けている場合には、その延長期間中は利子税がかかりますので、本税等と併せて納付してください。
5 この更正又は決定が、申告期限から1年を経過してされた場合で、その国税を一時に納付することができないと認められるときは、原則として納期限内にされた申請により、1年以内の期間、納税の猶予が認められます。
6 内容にご不明な点がありましたら遠慮なく当税務署にお問い合わせください。
7 翌期首現在の利益積立金額について
　この更正又は決定により、税務計算上の翌期首現在の利益積立金額は、次のとおりとなります。

科　　　　目	翌期首現在利益積立金額	科　　　　目	翌期首現在利益積立金額
利 益 準 備 金			
積　立　金			
		繰 越 損 益 金	
		納 税 充 当 金	
		未納法人税、未納地方法人税及び未納復興特別法人税	△
		未 納 都 道 府 県 民 税	△
		未 納 市 町 村 民 税	△
		差 引 合 計 額	

第4章　更正の請求の実務

❸ 青色申告に対する更正

　青色申告（blue return）制度は、申告納税制度の定着を図るため、シャウプ勧告に基づいて導入された制度である（所法143、法法121）。シャウプ勧告当時（1949年）、帳簿書類を備えて申告している事業者は個人・法人とも非常に限られていた。しかし、シャウプ勧告の精神を示す制度の一つである申告納税制度をわが国において定着させるためには、事業の実績が正確に記録された帳簿書類に基づく申告書の作成が不可欠であった。そこで、事業者に対して帳簿書類の作成を促すような仕組みないし施策が必要となった。これが青色申告制度であり、当該制度の下では、一定の帳簿書類を作成し備え付けている者に限って各種の恩典が与えられることとなった。

　ただし、青色申告制度は所得税（不動産、事業および山林所得のみ）と法人税のみであり、消費税や相続税には青色申告制度はない。

　青色申告者に対する更正処分は、その帳簿書類を調査し、その調査によって申告による所得金額や純損失等の金額に誤りがあると認められる場合に限定される（所法155①、法法130①）。したがって、青色申告者に対する推計課税は認められない（所法156、法法131）。

❹ 青色申告に対する更正の理由付記

　さらに、当該更正処分時には、更正通知書に更正の理由を付記することが義務付けられている（所法155②、法法130②）。これは訓示規定ではなく強行規定であり、当該規定に違反してその記載を欠いた処分は取り消されるべきもの[2]（ないし無効[3]）とされる（最高裁昭和38年5月31日判決・民集17

巻4号617頁)。青色申告者に対する更正通知書に理由を付記することが要求・義務付けられているのは、一般に、税務署長の判断の慎重性や合理性を担保しその恣意的な運用を抑制するという「処分適正化機能」とともに、処分の理由を相手方に知らせて不服申立てに便宜を与えるという「争点明確化機能」のためと解されている[4]。

更正処分に関し、更正通知書に記載する必要がある「理由付記」を欠いている場合や、その理由付記の程度が不十分である場合には、不服申立ての段階で、異議決定書または審査裁決書に十分な理由が付記されたとしても、処分時の違法は治癒されないとするのが判例・通説である[5]（最高裁昭和47年3月31日判決・民集26巻2号319頁、最高裁昭和47年12月5日判決・民集26巻10号1795頁）。

更正の理由については、一般に以下の3つを含むと解されている[6]。

① 更正の原因となる事実
② 当該事実への法の適用
③ 結論

上記②については、従来、法の解釈の問題や収入・支出の法的評価・判断の問題について、結論のみを示せばよく、結論に到達した理由ないし根拠を示す必要はないと解されていた[7]。しかし、平成23年度の国税通則法の改正で、租税法上の不利益処分についても一般的に理由の付記が要求されるようになったにもかかわらず、青色申告に対する更正の理由付記の規定がそのまま残っていることに鑑み、現在では、結論のみではなく、結論に達した理由ないし根拠を納税者が理解し得る程度に示す必要がある、と

---

[2] 松沢智『新版租税争訟法』（中央経済社・2001年）53頁。
[3] 金子前掲第1章注16書979頁。
[4] 金子前掲第1章注16書977-978頁。
[5] 金子前掲第1章注16書979頁。
[6] 金子前掲第1章注16書978頁。
[7] 平成23年度国税通則法改正前の解説として、金子宏『租税法（第十七版）』（弘文堂・2012年）751頁参照。

解する説が有力である[8]。

上記の考え方に沿うものとして、裁決事例では、更正通知書に記載された「更正の理由の『加算』欄に記載された文言からは、原処分庁が当初修正申告書に係る寄付金の損金不算入額の計算が正当であるとの結論に至った判断過程、すなわち、なぜ本件超過支給金額が寄付金に当たると判断したのか具体的な理由の記載が認められず、その理由を知ることはできないので、本件理由付記は、法人税法第130条第2項に規定する要件を満たさない不適法なものといわざるを得ない。」として、更正処分が取り消された事例がある（国税不服審判所平成11年6月4日裁決・裁事57集371頁）。また、大阪高裁平成25年1月18日判決・判時2203号25頁では、「本件各付記理由は、上記のとおり、収益事業の収入に該当すると認定した収入の金額については、各契約書に基づきその算定過程について具体的に記載するものであるが、法適用に関しては、『法人税法2条13号に規定する収益事業の収入に該当する』との結論を記載するにとどまり、なぜ収益事業の収入に該当するのかについての法令等の適用関係や、何故そのように解釈するのかの判断過程についての記載が一切ない。」として、法人税法130条の求める理由付記として不備があると結論付けている。

5 更正の理由付記と説明

従来、更正処分に関して理由付記がなされるのは青色申告者に対するもののみであった。そのため、青色申告である個人事業者や法人に対する所得税・法人税と消費税の同時調査で、いずれの税目からも非違事項が把握され、更正処分を受ける場合であっても、所得税や法人税については理由

---

[8] 金子前掲第1章注16書978-979頁。

付記がなされても、消費税については理由付記がなされないという奇妙な課税実務がまかり通っていた。

　課税に関する手続を適正化し納税者の権利を保障しようという観点から、更正の理由付記を拡張しようとしたのが平成23年度の税制改正であった。すなわち、前述の通り国税通則法に調査終了の際の手続が新たに定められ、更正決定処分等の場合には、調査結果の内容、税額およびその理由を説明することとなった（通法74の11②）。また、その説明の際、課税庁の職員は納税者に対し修正申告または期限後申告を勧奨することができるが、その場合、課税庁の職員は、当該勧奨に応じて納税申告書を提出した場合には不服申立てはできないが更正の請求をすることはできる旨を説明するとともに、その旨を記した書面を交付することが義務付けられた（通法74の11③）。

　しかし、当該更正理由の「説明[9]」は、青色申告者に対する更正の理由付記とは異なり、「書面で」理由を開示するものではないため、「更正の理由付記」とは別の措置（似て非なるもの）であることに留意すべきである[10]。

　なお、平成23年12月の税制改正で、消費税を含む青色申告以外の更正処分についても行政手続法の規定に基づき[11]理由付記が実施されることとなった[12]。すなわち、行政手続法第14条第1項において、不利益処分をする場合に同時にその理由を名宛人に示さなければならないとしているの

---

[9] 金子前掲注7書772頁では、「調査結果の内容を簡潔に記載した書面を交付しなければならない（同2項）。」とあるが、これは当初の法案の国税通則法第74条の11第2項の規定ぶりであり、修正後の条文は「調査結果の内容（中略）を説明するものとする。」となっている。次の版以降では当該記述について修正されている（第二十四版では、1003頁参照）。
[10] なお、法的には「説明」で十分であるとしても、執行上は何らかの文書（メモ書きに過ぎないものでもないよりはましであろう）が提示されることが期待できる国会での安住財務大臣の答弁がある（平成23年11月29日の参議院財政金融委員会の民主党水戸将司委員に対するもの）。これについては、拙書『[第三版]税務調査と質問検査権の法知識Q&A』（清文社・2017年）112-113頁参照。
[11] 財務省担当者等による解説では、一般的な理由付記については、処分の適正化および不服申立ての便宜という、理由付記の趣旨目的を充足する程度に処分の理由を付記する必要があるとしている。志場喜徳郎他編『国税通則法精解（平成31年改訂）』（大蔵財務協会・平成31年）1001頁参照。

は、名宛人に直接に義務を課し又はその権利を制限するという不利益処分の性質に鑑み、行政庁の判断の慎重と合理性を担保してその恣意を抑制するとともに、処分の理由を名宛人に知らせて不服の申立てに便宜を与える趣旨に出たものと解されるためであり、その観点から、白色申告についても適法な「理由の提示」が必要となるのである。

ところで、国税庁は、記帳・帳簿等の保存が十分ではない白色申告者に対しては、例えば、勘定科目ごとに申告漏れ総額を根拠とともに示すというように、記帳や帳簿等の保存の程度に応じて、納税者がその記載内容を理解できる程度の理由付記を行うこととしている[13]。

6 更正の請求の意義

前述の通り、更正の請求は既に行った申告によって確定した課税標準等または税額等を減額してもらうため、納税者が税務署長に依頼する手続である。更正の請求には、次の2つの類型がある[14]。

1 通常の更正の請求

既に提出した申告書に記載した課税標準等または税額等に誤りがあることが判明したため、それらを減額してもらうため、法定申告期限から5年以内（原則）に税務署長に対して行う手続をいう（通法23①一、地法20の9の3①）。これは納税者が有利になるような是正を求める措置であるため、

---

[12] 金子名誉教授は、白色申告者に対する更正の理由付記の適否については、その記帳水準が一般的に低く、また推計課税がされる場合が多いことに鑑みると、個別の事案ごとにその記帳水準や申告水準との関係で相対的に考えるほかないとしている。金子前掲第1章注16書980頁参照。

[13] 国税庁「税務調査手続に関するFAQ（一般納税者向け）」問31参照。

[14] 金子前掲第1章注16書968-975頁。

当初申告において以下のような状況にある場合も更正の請求の対象となる（通法23①二三）。

① 純損失等の金額が過少であった場合
② 純損失等の金額があるにもかかわらず記載漏れがあった場合
③ 還付金の額が過少であった場合
④ 還付金の額があるにもかかわらず記載漏れがあった場合

2 後発的理由による更正の請求

納税者は以下のような事実が生じた場合（課税要件事実に変更が生じた場合）には、一定の期間のうちに、更正の請求をすることができるが、これを一般に後発的理由による更正の請求という。

① 申告、更正または決定に係る課税標準等または税額等の計算の基礎となった事実に関する訴えについての判決により、その事実が当該計算の基礎としたところと異なることが確定したとき（通法23②一）
② 申告、更正または決定に係る課税標準等または税額等の計算にあたって、申告をした者または決定を受けた者に帰属するものとされていた所得等が他の者に帰属するという更正または決定があったとき（通法23②二）
③ その他国税の法定申告期限後に生じた上記①または②に類する政令所定の「やむを得ない理由」があるとき（通法23②三）
④ 各税法に定めのあるもの（例えば、前課税期間の消費税額等の更正等に伴う更正の請求の特例、消法56）

なお、当該後発的理由による更正の請求については、**第4章第3節**で詳述する。

7 更正の請求期間の延長

　更正の請求制度は、昭和21年に申告納税制度の導入とともに採用された。当時の請求期間は申告期限からわずか1か月に過ぎなかった。その後昭和41年に法定申告期限から2か月へと延長され、さらに昭和45年には税制調査会の提言に基づき原則として1年に延長された。

　その後長らく更正の請求期間は1年のまま据え置かれていたが、平成23年度の税制改正大綱で「法定外の手続により非公式に課税庁に対して税額の減額変更を求める『嘆願』という実務慣行を解消するとともに、納税者の救済と課税の適正化とのバランス、制度の簡素化を図る観点から」納税者が更正の請求を行うことができる期間が原則5年間に延長されることとなった。

　例年であれば前年末に公表された税制改正大綱に従い翌年初に法案が国会に提出され、年度末である3月末に成立・施行されるはずであるが、この年はねじれ国会および東日本大震災の影響で国会審議が空転し、更正の請求の部分を含む国税通則法の改正は平成23年11月30日にようやく成立、翌月2日に公布・施行となった。

　なお、本件に関する議論の中で、課税庁の増額更正の期間は3年間で据え置きの一方、納税者の更正の請求期間は5年間に延長するという意見もあったようである。これは、納税者側の更正の請求期間を5年に延ばしながら、一方で課税庁の増額更正の権限も3年から5年に延長するのでは、納税者の権利を擁護するための改正の意義が薄れるのではないかという懸念から出された疑問であった。ただ、もしそのようにすると、納税者が法定申告期限から4年目・5年目に更正の請求を行った場合、課税庁側はそれを認めて減額することはできても、調査の結果非違があり増額更正すべき場合であってもそれができないため不合理であるという意見により否定

されたという経緯がある[15]。

なお、改正後の更正の請求期間は前述第1章第1節1の**図表**1-1の通りである。

8 更正の請求期間の延長と実務への影響

更正の請求期間の延長に伴う実務への影響については、第1章第1節❷や第1章第2節❸で既に説明した事項以外では、以下の点に留意すべきであろう。

1 過去の申告内容の見直し

更正の請求期間が延長されたということは、過去に行った申告を是正する機会が広がったということを意味する。そのため、過去の申告内容を見直した結果、仮に誤りを見つけた場合には、税額が増える場合には修正申告書を提出し、税額が減額する場合には更正の請求を行うこととなろう。特に、申告時に知識不足で本来計上可能な経費を計上しなかったり、土地等の評価につき減額可能な事項について減額しなかったものなどについては、積極的に更正の請求を活用すべきであろう。

ただ、中には、更正の請求により調査を受けることで、請求した事項と別の項目につき非違を把握され、かえって損をする（やぶ蛇？）可能性があるので、更正の請求を躊躇する向き[16]もあると聞くところである。確かに、更正の請求を行った場合、課税庁は調査によりその是非を判断するので、場合によってはその過程で別の非違を把握される可能性がないともい

---

[15] 平成22年7月9日政府税制調査会第7回専門家委員会議事録6・7頁参照。
[16] 特に税理士が後ろ向きというケースが多いようである。

えない。しかし、更正の請求による調査は通常の調査と比較して一般にその範囲が限定されるため、それほど神経質になることはないのではないかと考えるところである。最終的には各納税者の判断となるが、調査を極度に恐れるあまり税額減額のチャンスをみすみす逃すことのないよう、慎重に検討すべきであろう。

2 セカンドオピニオンの活用

　更正の請求の期間が延長され申告内容の是正の機会が広がったことで、納税者はこれまで以上に過去の申告が果たして適正だったのかシビアに考えることとなるだろう。すなわち、これまでであれば納税者は通常、税理士に申告書作成を依頼して提出した後であれば、専門家である税理士を（一応）信頼して、わざわざ過去の申告を見直そうとはしなかったであろうし、仮に誤りが見つかったとしても、わざわざ法的に保障されていない非正規のルートである嘆願書を提出してまでそれを是正しようともしなかったであろう。しかし、更正の請求の期間が延長され、誤りの是正が法的に保障されることとなった以上、納税者は自らの権利の行使に敏感になるのではないだろうか。

　もちろん、そうはいっても、専門的な知識が乏しい納税者が、専門家が作成に関与した申告書の内容の誤りに気付くのはそれほど容易ではないだろう。そこで活用されるのが、別の専門家によるセカンドオピニオンである。医療の分野では広く活用されているセカンドオピニオンであるが、最近では法律や税務の世界でも、自分の顧問弁護士・税理士等が専門としていない分野につきその分野の専門家の意見を聞くということが行われるなど、実務において浸透しつつある。

　平成23年度の税制改正前においても、例えば相続税の申告書を提出した相続人をターゲットに、土地や非上場株式の評価を見直し減額可能な項目をピックアップすることで、嘆願書の提出により職権減額更正につなげる

税理士がみられた[17]。今後は、更正の請求期間の延長を追い風として、納税者に対して既に提出した申告書の内容の見直しを喚起するような「セカンドオピニオン」を売りにする税理士等の税務の専門家が増加することが想定される。

　顧問先がセカンドオピニオンを求めるというケースの中には、残念ながら顧問税理士が納税者に信頼されていない場合がある。また、税務の専門家としての技量に乏しいがゆえに誤った申告書を作成している場合には、その税理士は大いに反省すべきであろう。できれば、誤りは作成した税理士自らが気付き、更正の請求期間内に是正できるように努めるべきである。

　税理士にとって更正の請求期間の延長は、業務のより一層の高度化を求められる契機ともなるだろう。

---

[17] 筆者はこのような手法を「ハゲタカビジネス」と呼んでいるが、専門家としての職業倫理上問題ないのか、懸念がないとはいえないところである。

第2節 嘆願書による申告の是正

1 嘆願書の意義

　嘆願書とは、当初申告に誤りがあるため税額が過大となってしまった場合に、課税庁による職権の減額更正を求める目的で、納税者が提出するものである。嘆願書の提出は法令に定められた手続ではなく、単なる実務慣行である。このような実務慣行が生じた理由は、従来、課税庁の更正・決定の期間が原則5年間であったのに対し、納税者による更正の請求の期間が原則1年間に制限されていたためであった。すなわち、更正の請求期間の1年間を徒過した場合、嘆願書を提出し課税庁による職権減額更正にす・がるしか、誤りを是正する術がなかったのである。

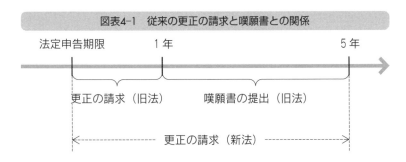

図表4-1　従来の更正の請求と嘆願書との関係

　これについては、「それしか方法がなければ仕方がない」とクールにとらえ、粛々と嘆願書を提出する納税者・税理士がいた反面、「課税庁にひれ伏してお願いする」嘆願書の提出を「屈辱的」ととらえ[18]、法改正を画

策する向きもあった。平成23年度の税制改正では、後者の声にも配慮し、課税庁と納税者の立場をイコールにするという観点から、更正の請求期間が延長され、嘆願書を提出すべき場面が大幅に縮小されることとなった。

❷ 法改正後の嘆願書の位置づけ

　国税通則法の改正により更正の請求期間が延長され、職権による減額更正の期間と原則として統一されたことにより、嘆願書の存在意義は大幅に減殺された。とはいえ、嘆願書の存在意義が全くなくなったわけではない。すなわち、法改正後も、後発的理由による更正の請求の場合には、嘆願書による救済を求める必要性があるのである。以下の例を見てみよう。

　未分割財産につき法定相続分で相続税の申告をしていた場合で、その後分割協議が整い法定相続分と異なる割合で分割がなされたため、分割後の課税価格が法定相続分を下回った相続人が更正の請求を行うことがある。この場合、その事由があったことを知った日の翌日から４か月以内に更正の請求を行うことができる（相法32①一）。しかし、このような事由が生じた場合、課税庁は、納付すべき税額を減少させる更正については、当該理由が生じた日から３年間について職権で減額更正をすることができる（通法71①二）。したがって、分割協議後４か月を経過した日から３年までの間については、引き続き嘆願書が介在する余地が残っているのである。

　次項第**4**章第**2**節❸で示される税理士の責任とも関連してくるので、当該事実については十分留意すべきであろう。

---

[18] 例えば三木名誉教授は、「……あたかも江戸時代のお代官様に民百姓が嘆願するのと同等であるかの如き悪弊がまかりとおっていた。」と評している。三木義一「納税者権利保護のための国税通則法の改正」『税務事例』2012年2月号2頁参照。

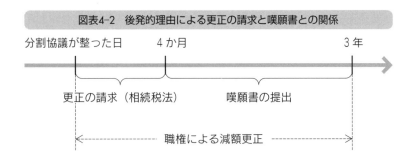

なお、更正の申出書による申告是正の手続については、前述第1章第1節❸参照。

❸ 嘆願書をめぐる裁判例

　法改正前の嘆願書の法的意義について、裁判所は次のように判示している（神戸地裁昭和62年11月30日判決・税資160号6014頁）。「……嘆願書はいわば納税者の税務署長に対する単なる要望ないしは陳情を述べた書面ともいうべきものにすぎず、更正請求の法定期限経過後においても税務署長が嘆願書の内容とおりの更正処分をしたりあるいは更正処分のための審査を行うべき義務を負うものではないことはもちろん、嘆願書に対する応答の義務もないものというべきである。」。

　更正の請求に期間制限が設けられている趣旨を勘案すれば、上記は課税実務における請願書の法的位置づけとしては妥当な解釈であろうが、納税者の権利を保障する観点からは、課税庁の裁量権を広く認める、課税庁に好都合な制度であるといわざるを得ないであろう。

　また、嘆願書の提出をめぐる税理士の責任が争われた事案（税賠事件）で、裁判所は以下の通り税理士の責任、すなわち税の専門家である税理士には税金の還付を受けるための手段として嘆願書の提出という方法がある

ことを納税者に教示・指導する責任があるという厳しい見方を示している（東京高裁平成15年2月27日判決・TAINS Z999－0068）。

「控訴人（筆者注：被告税理士）は、昭和電工ワラント債の売却を確認したのは平成8年6月24日であるから、直ちに嘆願書を提出したとしても、同月30日の更正期限までに税務当局が更正の決定をすることは客観的に不可能であった旨主張する。しかしながら、控訴人が本件ワラント債の売却損の存在を知ったのが平成8年6月15日ころであることは原審（筆者注：一審の前橋地裁平成14年6月14日判決）の認定する通りであり、また、証拠（原審証人加藤）および弁論の全趣旨によれば、本件の場合、本件ワラント債の売却損の認定およびそれに伴う税額の更正の決定（還付金額の決定）は比較的容易であって、上記の認定判断はそれほど時日を要するものではないことが認められるから、控訴人が被控訴人の経理担当者に説明し、証券会社に照会をさせるなどして早急に資料を整えた上、税務当局に嘆願書を提出するなど所要の措置を講じていれば、税務当局が上記期限までに更正の決定をすることは不可能ではなかったというべきである。」。

「また、控訴人は、被控訴人は当時資金繰りに窮し、本件ワラント債の売却損を損金として計上しない場合に増加する税額を納付することはできなかったから、嘆願をするのは無益であったと主張する。しかしながら、仮に本件ワラント債の売却損を計上しなかった場合に納付することになる税額（増加分）が1455万0900円であったとしても、前記説示の通り、控訴人が適正な申告をし、所要の措置を講じていれば、被控訴人は1456万9600円の還付を受けることができた蓋然性があり、過少申告加算税等を課されることもなかったのであるから、利害得失はおのずから明らかであって、上記主張は失当というほかない。」。

当該判決により、税理士の債務不履行（顧問契約上の税務相談業務の履行義務違反）による損害賠償責任が認められている。

平成23年度の税制改正で更正の請求の期間が原則5年間に延長されたた

め、嘆願書によるべき事案は大幅に減少することが予想されるが、それでも前述の第4章第2節❷のような事案については引き続き嘆願書による是正を求めていくこととなろう[19]。また何よりも、納め過ぎの税金がある場合には是正措置があることを納税者に教示することを、税理士が失念することがあってはならないだろう。

---

[19] 「更正の申出書（第1章第1節❸参照）」による是正の方法も考えられるが、国税庁によれば更正の申出書は平成23年12月2日より前に法定申告期限が到来する国税で、更正の請求期限が徒過した課税期間のものが対象となるのであり、法定申告期限が平成23年12月2日以後となる後発的理由による更正の請求事案については、当該申出書の対象とはならないものと考えられる。ただし、私見では、「更正の申出書」と「嘆願書」が混在している状況は正常とは言い難いことから、「嘆願書」は「更正の申出書」に統合すべきと考える。

第3節
後発的理由による更正の請求

1 後発的理由による更正の請求の意義

　申告、更正または決定により既に確定した課税標準等または税額等について、法に定める一定の後発的な事由が発生した場合には、納税者は一定の期間内において更正の請求を行うことができるが、これを一般に「後発的理由による更正の請求」という。当該更正の請求は、後発的に課税要件事実に変動が生じた場合に、既に確定済の租税法律関係も変動後の状況に適合させるために認められた救済手続であると解されている[20]。

　後発的理由による更正の請求は、国税通則法に定めのあるもののほかに、各税法に定めのあるものもあるので、注意を要する。

　通常の更正の請求（第4章第1節❻参照）と後発的理由による更正の請求のいずれによることもできる場合には、法律上、通常の更正の請求によることが強制されている（通法23②カッコ書）。そのため、後発的理由による更正の請求期限が徒過した場合であっても、通常の更正の請求期限が到来していない場合には、当然に通常の更正の請求によることができる。通常の更正の請求が原則5年に延長されたため、今後当該規定の意義は大きくなるものと考えられる。

　なお、この場合も前述のいわゆる「更正の請求の原則的排他性」の考え

---

[20] 金子前掲第1章注16書970頁。

方が妥当し、他の救済手段によることはできず、納税者は更正の請求によることを強いられることとなる[21]。

2 後発的理由その1〜判決

　国税通則法に定めのある、後発的理由による更正の請求の態様とその期限を表で示すと、以下のようになる。

図表4-3　後発的理由による更正の請求の態様とその期限（国税通則法）

	態　様	期　限
①	申告、更正または決定に係る課税標準等または税額等の計算の基礎となった事実に関する訴えについての判決（判決と同一の効力を有する和解その他の行為を含む）により、その事実が当該計算の基礎としたところと異なることが確定した場合（通法23②一）	確定した日の翌日から2月以内
②	申告、更正または決定に係る課税標準等または税額等の計算にあたって、申告をした者または決定を受けた者に帰属するものとされていた所得等が他の者に帰属するという更正または決定があったとき（通法23②二）	更正または決定があった日の翌日から2月以内
③	その他国税の法定申告期限後に生じた上記①または②に類する政令所定の「やむを得ない理由」があるとき（通法23②三）	理由が生じた日の翌日から2月以内

　後発的理由による更正の請求で最も適用数が多いと考えられるのが、上記①の、申告、更正または決定に係る課税標準等または税額等の計算の基礎となった事実に関する訴えについての判決（判決と同一の効力を有する和解[22]その他の行為を含む）により、その事実が当該計算の基礎としたところと異なることが確定した場合（通法23②一）である。

---

[21] 金子前掲第1章注16書970頁。

判例は当該規定の要件をやや拡張気味に解釈する傾向にある。例えば、「課税標準等または税額等の計算の基礎となった事実」については、課税要件事実のみではなく、青色申告の承認の取消のような課税標準等または税額等の計算に関連する事実をも含むと解されている（最高裁昭和57年2月23日判決・民集36巻2号215頁）。また、最高裁は「判決と同一の効力を有する和解その他の行為」について、青色申告の承認取消処分の税務署長による職権取消をも含まれると解し、その結果更正の請求が可能であるとして、納税者の更正処分が無効であるという主張を斥けた（最高裁昭和57年2月23日判決・民集36巻2号215頁）。

　一方、当初の遺産分割協議が通謀虚偽表示であり無効である旨の判決は、ここでいう「申告、更正または決定に係る課税標準等または税額等の計算の基礎となった事実に関する訴えについての判決」には該当しないと解されている[23]（最高裁平成15年4月25日判決・訟月50巻7号2221頁）。

　なお、国税通則法に規定された後発的理由による更正の請求の期間は、その原因となる事象が生じたときから2か月以内となっている。これは平成23年度の税制改正でも変更がなかったが、果たして2か月で十分といえるのかやや疑問である。課税庁サイドについては、平成23年度の税制改正で、更正の除斥期間（通常5年）の終了する間際になされた更正の請求に対して、更正の除斥期間の終了する日前6月以内に更正の請求があった場

---

[22] 判例では、判決と同一の効力を有する裁判所の関与によりなされる和解であっても、租税を免れる目的で「馴れ合いで」なされたものについては、当該規定の趣旨に反することから、ここでいう「和解」には含まれないと解している。仙台地裁昭和51年10月18日判決・訟月22巻12号2870頁、名古屋地裁平成2年2月28日判決・訟月36巻8号1554頁参照。また、高松高裁平成23年3月4日判決・訟月58巻1号216頁は、国税通則法23条1項所定の期間経過後に判決の取得を目的として訴えを提起し、本件売買契約の無効確認判決を取得し、その判決が確定したとしても、納税者側が同条1項所定の期間内に更正請求をしなかったことにつきやむを得ない理由があったものとは認められない以上、本件各更正請求は、同条2項1号によって行うことが許されないものと解するのが相当として、納税者の主張が斥けられている。
[23] なお、本判決を国税通則法第23条第2項三号の「やむを得ない理由があるとき」に関する判示であると解する向きもあるが、金子前掲第1章注16書971頁注8のように、同法第2項一号の「判決」に関するものと解するのが妥当であろう。

合には、課税庁はその更正の請求があった日から6月を経過する日まで更正することができることとなった（通法70③）。平成23年度の税制改正が納税者と課税庁とのイコールフッティングを目指すものであったことを勘案すると、この規定との兼ね合いで、せめて6か月まで延長すべきではないかと考えられる。

3 後発的理由その2～他の者への帰属

　申告、更正または決定に係る課税標準等または税額等の計算にあたって、申告をした者または決定を受けた者に帰属するものとされていた所得等が他の者に帰属するという更正または決定があったとき（通法23②二）にも、後発的理由による更正の請求が認められている。

　これは例えば、親子会社間の取引について、申告段階ではある経費について親会社が負担していたものの、税務調査で子会社が負担すべきという更正処分がなされた場合に問題になる。課税庁による更正は親会社の経費否認（増額更正）のみであり、その跳ね返りとしての子会社の経費認容（減額更正）は職権では行われない。したがって、税務調査の結果負担することとなる子会社における経費につき損金算入を認めてもらうため、子会社が更正の請求を行う必要があるわけである。

4 後発的理由その3～その他の場合

　第4章第3節❷および第4章第3節❸のほかに、その他国税の法定申告期限後に生じた政令所定の「やむを得ない理由」があるとき（通法23②三）にも、後発的理由による更正の請求が認められている。政令では、ここ

でいう「やむを得ない理由」につき以下の5つのケースを挙げている（通令6①）。

① いったん確定した課税標準等または税額等の計算の基礎となった事実のうちに含まれていた行為の効力に係る官公署の許可その他の処分が取り消されたこと（通令6①一）

② 課税標準等または税額等の計算の基礎となった事実に係る契約が、解除権の行使によって解除され、もしくは当該契約の成立後生じたやむを得ない事情によって解除され、または取り消されたこと（通令6①二）

　例えば、法人が資産を譲渡して対価（未収）につき益金に計上したが、その後対価の支払いがないことを理由に契約を解除し、判決を通じて資産の所有権を回復した場合などがこれに該当するであろう。

　なお、裁決事例では、不動産の賃貸借契約につきなされた合意解除が「やむを得ない事情」があってなされたものかについて争われた事例で、その事例については契約の効力を維持したとしても不当とはいえず、また、他に契約を合意解除せざるを得ない客観的な理由があったとは認められないため、合意解除の事情は「当該契約の成立後生じたやむを得ない事情」には該当しないとされたものがある（国税不服審判所平成8年10月31日裁決・裁事52号1頁）。

③ 帳簿書類の押収その他やむを得ない事情により、帳簿書類その他の記録に基づいて国税の課税標準等または税額等を計算することができなかった場合において、その後当該事情が消滅したこと（通令6①三）

　ここでいう「帳簿書類の押収その他やむを得ない事情」とは、裁判例では、法定申告期限内に帳簿書類等の押収があったため、適正な納税申告書を提出できなかった場合を意味すると解されている（大阪地裁平成3年12月18日・訟月38巻7号1312頁）。

④ 租税条約に規定する権限ある当局間の協議により、課税標準等または税額等に関し、申告、更正または決定の内容と異なる内容の合意が行わ

れたこと（通令6①四）

　移転価格税制の適用に係る相互協議がなされた場合で、相手国の見解を認める合意がなされたときには、所轄税務署長は、納税者からの更正の請求に基づき、当初の更正処分の全部または一部の取消をその内容とする減額更正処分を行うこととなる（実特法7①）。この場合、還付金には還付加算金が付されない場合がある（実特法7⑤）。

⑤　申告、更正または決定に係る課税標準等または税額等の計算の基礎となった事実に係る国税庁長官の法令の解釈が、その更正または決定に係る審査請求もしくは訴えについての裁決もしくは判決に伴って変更され、その変更後の解釈が国税庁長官により公表されたことにより、その課税標準等または税額等が異なることとなる取扱いを受けることとなったことを知ったこと（通令6①五）

　これは平成18年度の税制改正で導入された規定であるが[24]、近年時折みられる事象である。最近のもので有名なのは、遺族が年金形式で受ける生命保険金に対する所得税の課税が取り消された最高裁判決（最高裁平成22年7月6日判決・判タ1324号78頁）を受けての通達の発遣（平成22年10月20日付所得税基本通達の一部改正）に基づく更正の請求であろう。

5　後発的理由その4〜各税法に定めのあるもの

　第4章第3節❷〜❹で述べたような国税通則法に規定のある後発的理

---

[24] 従来の裁判例は、判決により法令解釈通達が納税者有利に改正された場合に、前述第4章第3節❷の更正の請求の適用があるかについて消極的に解してきたが（京都地裁昭和56年11月20日判決・訟月28巻4号860頁）、ゴルフ会員権の名義書換料が譲渡所得の計算上取得費に該当するとした最高裁判決（最高裁平成17年2月1日判決・判時1893号17頁）を受け、国税庁長官の法令解釈の変更により過去に遡る取扱いの変更を受ける場合が生じたため、採られた措置とされる。財務省編『平成18年度　改正税法のすべて』679頁参照。

由による更正の請求以外にも、さかのぼって課税標準等または税額等を計算しなおすため、個別税法で後発的理由による更正の請求が定められているケースがある。その主たるものを以下でみていく。

❶ 事業を廃止した場合の必要経費の特例

事業を廃止した後に当該事業に係る費用または損失が生じた場合には、当該事実が生じた日の翌日から2月以内に限り、更正の請求をすることができる（所法63、152）。

❷ 資産の譲渡代金が回収不能となった場合等の所得計算の特例

いったん収入金額または総収入金額に算入した債権が回収不能となった場合には、当該事実が生じた日の翌日から2月以内に限り、更正の請求をすることができる（所法64①、152）。

❸ 無効な行為により生じた経済的効果が失われた場合

各種所得の計算の基礎となった事実のうちに含まれていた無効な行為により生じた経済的成果が、その行為の無効であることに基因して失われた場合、当該事実が生じた日の翌日から2月以内に限り、更正の請求をすることができる（所法152、所令274一）。

❹ 取り消すことのできる行為が取り消された場合

各種所得の計算の基礎となった事実のうちに含まれていた取り消すことのできる行為が取り消された場合、当該事実が生じた日の翌日から2月以内に限り、更正の請求をすることができる（所法152、所令274二）。

❺ 前事業年度の法人税額等の更正等に伴う更正の請求の特例

前事業年度の法人税額等の更正等（修正申告の提出、課税庁による更正・

決定を受けた場合)に伴い税額が過大となった場合には、その更正等の通知を受けた日の翌日から2月以内に限り、更正の請求をすることができる(法法80の2一)。

6 未分割遺産がその後分割された場合

未分割遺産につき法定相続分に従って課税価格を計算して申告した場合において、その後遺産分割が行われ、その取得財産の課税価格が当初申告に係る課税価格と異なる場合、その事由が生じたことを知った日の翌日から4月以内に限り、更正の請求をすることができる(相法30①一、相法32①一)。

7 前課税期間に係る消費税額等の更正等に伴う更正の請求の特例

前課税期間に係る消費税額等の更正等に伴い税額が過大となった場合には、その更正等の通知を受けた日の翌日から2月以内に限り、更正の請求をすることができる(消法56①一)。

第4節 適用範囲の拡大

1 当初申告要件の廃止

これまで、当初申告時点で選択することが要件（当初申告要件）となっていたため、誤り等があっても事後的に適用することが認められず、更正の請求の対象とならなかった事案や対象となるかが争われた事案がいくつもあった。以下で近年の重要な裁判例について確認する。

1 所得税額控除に係る簡便法の計算誤り

例えば、法人税に関する所得税額控除に関し、配当に係る控除対象所得税額の計算方法については、原則法（法令140の2②）と簡便法（法令140の2③）とがあるが、仮に簡便法を選択した納税者がその計算を誤ったことから控除対象の源泉税額を過少に記載したため、更正の請求を行ったとしても、税務署長は確定申告書に記載した金額が限度となるため、「更正すべき理由がない旨」の通知を出すのが通例であった。

しかし、これを不服とした納税者が訴訟を提起した事案で、最高裁は、「……本件更正請求は、所得税額控除制度の適用を受ける範囲を追加的に拡張する趣旨のものではないから、これが法人税法68条3項の趣旨に反するということはできず、上告人（原告・納税者）が本件確定申告において控除を受ける所得税額を過少に記載したため法人税額を過大に申告したことが、国税通則法23条1項1号所定の要件に該当することも明らかであ

る。」と判示し、更正の請求を認めた（最高裁平成21年7月10日判決・民集63巻6号1092頁）。本件は選択可能な計算方法のうち簡便法を適用したものを原則法に変更することを認めた事案ではないが[25]、いったん選択した計算方法である簡便法による計算に誤りがある場合には、更正の請求によりその誤りを正すことが認められるということが明らかになった事案である。

2 外国税額控除制度の適用

　別の事案で、タイ法人からの受取配当に係る間接税額控除の計算に際し、配当明細書に記載されたタイ語の意味を誤認したため受取配当金額を過少に計上したことから、納付すべき法人税額が過大となったものがある。そこで納税者が更正の請求により間接税額控除対象額を増額し納付税額を減少させることを求めたが、税務署長は控除税額につき「当該金額として記載された金額（旧法法69⑬）」を限度とするとして納税者の主張を認めなかった。そのため納税者は訴訟を提起した（タイバーツ事件）。

　一審の大分地裁平成18年2月13日判決・税資256号－52（順号10312）では「法69条13項前段が、外国税額控除の適用を受けようとする法人に対して、確定申告の段階において、『控除を受けるべき金額及びその計算に関する明細の記載』と控除対象外国法人税の存在を証明する書類の添付を要求し、さらに同条項後段が、控除をされるべき金額を、確定申告書に『記載された金額を限度とする。』と定めた趣旨は、その選択内容および控除金額の計算過程の透明性と適法性を、確定申告における申告記載を通じて当該内国法人に担保させるとともに、いったん選択して申告した以上は、後日更正の請求を利用して、改めてその選択内容を見直してその範囲を拡

---

[25] その意味で、社会保険診療報酬に係る必要経費の計算に関し、当初措置法規定の概算経費控除を選択したものの、その後更正の請求により（控除額が増加する）実額控除によることを求めた事案（最高裁昭和62年11月10日判決・判時1261号54頁・納税者敗訴）とは前提が異なるといえる。

第4節　適用範囲の拡大

大し、追加的な控除が主張されるようなことが生じないようにすることにより、制度の適正な運用を図ることにあると解される。」として課税庁の主張を認めた。

しかし二審の福岡高裁平成19年5月9日判決・税資257号－99（順号10718）は「……本件は、『当該申告書に記載した課税標準等若しくは税額等の計算が国税に関する法律の規定に従っていなかったことまたは当該計算に誤りがあったこと』により納付すべき税額が過大であるときに該当し、控訴人（原告・納税者）は国税通則法23条1項1号により更正の請求をすることができるものというべきである。」と判示し、納税者の主張を認めた。その後課税庁は上告したが、最高裁は当該上告を受理していない（納税者勝訴が確定・最高裁平成21年3月23日決定・税資259号－52（順号11165））。

❸ 判例からいえること

上記❶❷から、選択可能な制度、すなわち❶の場合は原則法と簡便法、❷の場合は間接税額控除の適用の有無については、当初申告で納税者がその選択内容につき意思表示したものを、変更した方が納税者が有利であるからといってその後の更正の請求で変更することは認められないものの、仮に当初申告で選択したものに関して計算誤りがある場合には、更正の請求により是正することが認められるということがわかる（前掲注25参照）。

要するに、これらの判決は、当初申告要件を課税庁のように過度に厳格に解することにより、更正の請求の趣旨に反するような異常な事態が招来することを裁判所が戒めたものであると解するのが相当であろう。

❹ 当初申告要件の廃止

これまで見た裁判例などを契機に、当初申告要件の見直しの機運が高まり、平成23年度の税制改正により、各種要件の適用を確定申告書に記載することのみに限定するのではなく、「確定申告書、修正申告書または更正

請求書」の提出の際にまでその範囲が広がることとなった。

当初申告の際、申告書に適用金額を記載した場合に限り適用が可能とされていた措置（当初申告要件がある措置）のうち、次の**図表4-4**に掲げる一定の措置については、更正の請求により事後的に適用が受けられることとなった。

図表4-4　当初申告要件が廃止された措置一覧[26]

所得税関係（平成23年12月2日帰属年分以後の所得税から適用）
① 給与所得者の特定支出控除の特例（所法57の2）
② 保証債務を履行するために資産を譲渡した場合の所得計算の特例（所法64）
③ 純損失の繰越控除（所法70）
④ 雑損失の繰越控除（所法71）
⑤ 変動所得及び臨時所得の平均課税（所法90）
⑥ 外国税額控除（所法95）
⑦ 資産に係る控除対象外消費税額等の必要経費算入（所令182の2）

法人税関係（平成23年12月2日以後に確定申告書の提出期限が到来する法人税から適用）
① 受取配当等の益金不算入（法法23）
② 外国子会社から受ける配当等の益金不算入（法法23の2）
③ 国等に対する寄附金、指定寄附金及び特定公益増進法人に対する寄附金の損金算入（法法37）
④ 会社更生等による債務免除等があった場合の欠損金の損金算入（法法59）
⑤ 協同組合等の事業分量配当等の損金算入（法法60の2）
⑥ 所得税額控除（法法68）
⑦ 外国税額控除（法法69）
⑧ 公益社団法人又は公益財団法人の寄附金の損金算入限度額の特例（法令73の2）
⑨ 引継対象外未処理欠損金額の計算に係る特例（法令113）
⑩ 特定株主等によって支配された欠損等法人の欠損金の繰越しの不適用（法令113の3）
⑪ 特定資産に係る譲渡等損失額の損金不算入の対象外となる資産の特例（法令123の8）
⑫ 特定資産に係る譲渡等損失額の計算の特例（法令123の9）

相続税・贈与税関係
（平成23年12月2日以後に申告書の提出期限が到来する相続税及び贈与税から適用）
① 配偶者に対する相続税額の軽減（相法19の2）
② 贈与税の配偶者控除（相法21の6）
③ 相続税における特定贈与財産の控除（相令4）

---

[26] 国税庁「平成23年度更正の請求の改正のあらまし」より作成。

なお、平成23年度税制改正大綱では、①インセンティブ措置（例：設備投資に係る特別償却）、②利用するかしないかで、有利にも不利にもなる操作可能な措置（例：各種引当金）は当初申告要件の廃止の対象外とすることが謳われており、今回の改正にも含まれていない。

5 当初申告要件の廃止と修正申告

当初申告要件の廃止は修正申告の実務にも影響を及ぼすこととなる。すなわち、当初申告で適用していなかった**4**の**図表4-4**の各措置を、修正申告において適用するということが可能になるのである。例えば、相続税の申告に関し、当初申告では配偶者に対する相続税額の軽減の適用を受けていない場合、その後の税務調査で非違事項が把握され修正申告の勧奨を受けた際、新たに配偶者に対する相続税額の軽減の適用を受けることが可能になったというわけである。

これは、税務調査を受ける際に切れるカードの1つとして覚えておくと有益だろう。

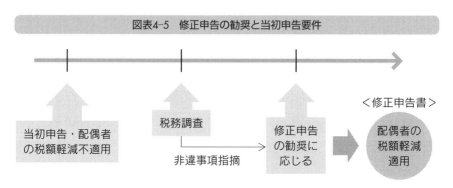

図表4-5 修正申告の勧奨と当初申告要件

2 控除額の制限の見直し

　同様に、当初申告要件を課していた措置には、控除額について当初記載額に限定される旨の規定を有していたものが少なくなかった。これについても当初申告要件の廃止と併せて見直され、例えば所得税額控除については、以下の通り改正されている。なお、当該規定については、当初申告要件および控除額の制限の見直しがされたため、宥恕規定が廃止されている（旧法法68④）。

改正前（旧法法68③）	改正後（法法68④）
第一項の規定は、確定申告書に同項の規定による控除を受けるべき金額及びその計算に関する明細の記載がある場合に限り、適用する。この場合において、同項の規定による控除をされるべき金額は、当該金額として記載された金額を限度とする。	第一項の規定は、確定申告書、修正申告書または更正請求書に同項の規定による控除を受けるべき金額及びその計算に関する明細を記載した書類の添付がある場合に限り、適用する。この場合において、同項の規定による控除をされるべき金額は、当該金額として記載された金額を限度とする。

　今回控除額の制限の見直しがなされた措置は、次の**図表4-6**の通りである。

図表4-6　控除額の制限の見直された措置一覧[27]

所得税関係（平成23年12月2日帰属年分以後の所得税から適用）

① 外国税額控除（所法95）
② 試験研究を行った場合の所得税額の特別控除（措法10）
③ 中小企業者が機械等を取得した場合の所得税額の特別控除（措法10の3）
④ 地域経済牽引事業の促進区域内において特定事業用機械等を取得した場合の特別償却又は所得税額の特別控除（措法10の4※）

---

[27] 国税庁「平成23年度更正の請求の改正のあらまし」より作成。なお、改正後に新たに導入された措置（※）も含まれている。

⑤ 地域活力向上地域等において特定建物等を取得した場合の特別償却又は所得税額の特別控除（措法10の4の2※）
⑥ 地域活力向上地域等において雇用者の数が増加した場合の所得税額の特別控除（措法10の5）
⑦ 特定中小事業者が特定経営力向上設備等を取得した場合の特別償却又は所得税額の特別控除（措法10の5の3※）
⑧ 給与等の支給額が増加した場合の所得税額の特別控除（措法10の5の4※）
⑨ 認定特定高度情報通信技術活用設備を取得した場合の特別償却又は所得税額の特別控除（措法10の5の5※）
⑩ 事業適応設備を取得した場合等の特別償却又は所得税額の特別控除（措法10の5の6※）
⑪ 所得税の額から控除される特別控除額の特例（措法10の6）
⑫ 青色申告特別控除（最高65万円）（措法25の2）

法人税関係
（平成23年12月2日以後に確定申告書の提出期限が到来する法人税から適用）

① 受取配当等の益金不算入（法法23）
② 外国子会社から受ける配当等の益金不算入（法法23の2）
③ 国等に対する寄附金、指定寄附金及び特定公益増進法人に対する寄附金の損金算入（法法37）
④ 所得税額控除（法法68）
⑤ 外国税額控除（法法69）
⑥ 試験研究を行った場合の法人税額の特別控除（措法42の4）
⑦ 中小企業者が機械等を取得した場合の法人税額の特別控除（措法42の6）
⑧ 沖縄の特定地域において工業用機械等を取得した場合の法人税額の特別控除（措法42の9）
⑨ 国際戦略総合特別区域において機械等を取得した場合の法人税額の特別控除（措法42の10）
⑩ 国際戦略総合特別区域において機械等を取得した場合の特別償却又は法人税額の特別控除（措法42の11※）
⑪ 地域経済牽引事業の促進区域内において特定事業用機械等を取得した場合の特別償却又は法人税額の特別控除（措法42の11の2※）
⑫ 地域活力向上地域等において特定建物等を取得した場合の特別償却又は法人税額の特別控除（措法41の11の3※）
⑬ 地方活力向上地域等において雇用者の数が増加した場合の法人税額の特別控除（措法42の12）
⑭ 認定地方公共団体の寄附活用事業に関連する寄附をした場合の法人税額の特別控除（措法42の12の2※）
⑮ 中小事業者が特定経営力向上設備等を取得した場合の特別償却又は法人税額の特別控除（措法42の12の4※）
⑯ 給与等の支給額が増加した場合の所得税額の特別控除（措法42の12の5※）
⑰ 認定特定高度情報通信技術活用設備を取得した場合の特別償却又は法人税額の

特別控除（措法42の12の6※）
⑱　事業適応設備を取得した場合等の特別償却又は法人税額の特別控除（措法42の12の7※）
⑲　法人税額から控除される特別控除額の特例（措法42の13）

　所得税、法人税とも、租税特別措置法に規定された特別控除額について制限が解除されるようになった。
　これに関しなじみの深い措置としては、青色申告特別控除（最高65万円控除、措法25の2）がある。従来は、課税庁の調査の結果提出する修正申告により所得が増加しても、青色申告特別控除額は当然に増加するわけではなかったのであるが、今回の改正により、青色申告特別控除額も増加することとなるのである（措通25の2－4）。

第5節 更正の請求と立証責任

1 立証責任とは

　立証責任（挙証責任ないし証明責任）とは、一般に、訴訟において裁判所がある事実の存否につきそのいずれとも確定できない（真偽不明の）場合に、その結果として、判決において、その事実を要件とする自己に有利な法律効果の発生または不発生が認められないことになるという不利益を被る当事者が負うべき、事実の存否を解明する責任ないし負担のことをいう[28]。

　課税訴訟、すなわち抗告訴訟[29]のうち課税庁の行った更正・決定等処分の取消を納税者が求める訴訟において、事実（課税要件事実）について納税者と課税庁とのいずれが立証責任を負うか（立証責任の分配）については、対立する2つの見解がある[30]。

1 原告が負うという見解

　租税訴訟を含む行政訴訟においては、行政行為の公定力を根拠として、処分が違法であることについては原告、すなわち処分の取消を求める納税者側に立証責任があるという説である。しかし、行政行為の公定力と立証

---

[28] 中野貞一郎・松浦馨・鈴木正裕編『新民事訴訟法講義（第3版）』（有斐閣・2018年）395－396頁。
[29] 行政事件訴訟法第3条第1項に基づき、行政庁による公権力の行使について争う訴訟類型をいう。
[30] 金子前掲第1章注16書1135－1136頁。

責任との間には論理的関連はないという反論が有力であり[31]、当該見解は実務において採用しがたいであろう。

2 法律要件説に従うという見解

法律要件説（法律要件分類説）は民事訴訟法の学説で、一般に、各当事者は自己に有利な法律効果の発生を定める法条の要件事実について証明責任を負う（証明責任が配分される）という考え方である[32]。この見解に従えば、立証責任は以下のようになる[33]。

① 権利根拠規定に係るもの

権利の発生を定める規定（権利根拠規定）の要件事実は、その権利を主張する者が証明責任を負う。すなわち、課税要件事実の発生の有無について争われている事案（課税訴訟全般）については、租税債権者である課税庁が立証責任を負うこととなる。

② 権利消滅規定に係るもの

いったん発生した権利関係の消滅を定める規定（権利消滅規定）の要件事実については、権利を否認する者に証明責任がある。

③ 権利障害規定に係るもの

上記①の権利根拠規定に基づく法律効果の発生の障害を定める規定（権利障害規定）の要件事実は、その法律効果の発生を争う者に証明責任がある。具体的には、過少申告加算税の免除要件である「正当な理由（通法65④）」の存在や、租税特別措置法規定の優遇措置の適用要件の存在などが

---

[31] 金子前掲第1章注16書1136頁。
[32] 中野他前掲注28書400頁。なお、法律要件分類説をさらに推し進めて、立証責任の負担の面での公平・妥当性の確保をも考慮すべきという「（初期の古典的な法律要件分類説に対する）修正法律要件分類説」が妥当するという見解もある。司法研修所編『民事訴訟における要件事実第1巻増補版』（法曹会・昭和61年）10-11頁参照。ただし、法律要件分類説には既にそのような見解が取り込まれていると考えられるため、あえて分ける必要性は乏しいとも考えられる。
[33] 中野他前掲注28書400頁。

これに該当する。

課税訴訟においても、②および③に関しては、租税債務者である納税者が立証責任を負うこととなる。

判例・学説では、課税処分の適法性が争われる課税処分の取消を求める訴訟においては、課税庁が確定処分を行うためには、課税要件事実の認定が必要となるため、上記のうち❷の法律要件説に従うという見解が妥当であるとされる[34]。

❷ 更正の請求における立証責任

納税者が課税庁から更正処分を受けた場合、上記法律要件（分類）説に従えば、立証責任は租税債権の発生要件である更正処分を行った課税庁が負うこととなり、実際の課税訴訟においてもそのように審理が進められている。

それでは、納税者が当初行った申告内容に基づく課税標準および税額を再計算したところ過大であることが判明したため、更正の請求を行った場合には、立証責任を負うのは納税者と課税庁のいずれであろうか。

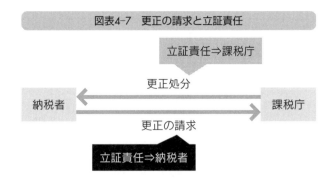

図表4-7　更正の請求と立証責任

---

[34] 金子前掲第1章注16書1136頁、最高裁昭和38年3月3日判決・訟月9巻5号668頁。ただし、金子教授は、「民事訴訟の理論をそのまま租税訴訟に適用できるかどうかについて、慎重な検討が必要である。」と説くところである。

前述の法律要件説のうち①「権利根拠規定に係るもの」の見解に従うと、更正の請求により当初申告の課税標準・税額ではなく減額後の請求額の方が正当であるとその権利を主張するのは納税者であることから、権利を主張する納税者が立証責任を負うと考えることになるだろう。

　すなわち、増額更正処分のように課税庁に有利な変更（納税者にとっては不利な変更）を行った場合には、課税庁に立証責任があり、更正の請求のように納税者に有利な変更（課税庁にとっては不利な変更）を求める場合には、納税者に立証責任があるということになる。判例もそのように解している[35]。

　そう考えると、更正の請求の期間延長は単に納税者の権利が拡大するとのみとらえるのは不十分であり、同時に納税者の負うべき立証責任もそれに付随して広がっていると理解すべきであろう。これは、先に第1章第1節❶で説明した「事実を証明する書類」の添付義務化、すなわち納税者による立証責任の明確化とも関係してくるのである。

---

[35] 更正の請求に係る立証責任については、東京高裁令和2年12月2日判決・税資270号−131順号13491、所得税の必要経費に係る立証責任については、名古屋高裁平成16年9月28日判決・税資254号−252順号9759など。

第6節

還付金と還付加算金

1 還付金の意義

　租税法律関係においては、通常、課税庁（国または地方公共団体）が納税者に対する租税債権の債権者として対峙することとなるが、例外的に、納税者が課税庁に対し還付金および過誤納金の還付請求権を有する場合、納税者が課税庁に対する当該債権の債権者となる[36]。すなわち、国税通則法では、「国税局長、税務署長又は税関長は、還付金又は国税に係る過誤納金（還付金等）があるときは、遅滞なく、金銭で還付しなければならない。」と規定しており（通法56①）、また地方税法でも、「地方団体の長は、過誤納に係る地方団体の徴収金（過誤納金）があるときは、政令で定めるところにより、遅滞なく還付しなければならない。」と規定されている（地法17）。

　還付金とは、いったんは適法に納付または徴収が行われたものの、のちに租税法規の計算規定の適用によって課税庁が保有する正当な理由がなくなったため、納税者に還付されるべき税額のことをいい、一種の不当利得である[37]。具体的には、次の**図表4-8**に掲げるような税額が該当する。

---

[36] 金子前掲第1章注16書918頁。
[37] 金子前掲第1章注16書918頁。

図表4-8　還付金の例示

所得税の源泉徴収税額または予定納税額が確定申告税額を超過している場合の超過額	所法138①、139①
法人税法における所得税額の控除及び外国税額の控除の控除不足額	法法78、81の29、133①
中間納付額または中間連結納付額の控除不足額	法法79、81の30、134①②
純損失または欠損金の繰戻しにより還付すべきこととなった税額	所法142、法法80、措法66の12、法法81の31、81の18①五
消費税における仕入税額の控除不足額	消法45①五七、52～55、地法72の88②③

　上記還付金には、当然に還付することとなっている場合と、納税者からの還付の請求に基づいて還付することとされている場合とがある。前者は所得税の源泉徴収税額または予定納税額が確定申告税額を超過している場合の超過額（所法138①、139①）や法人税法における所得税額の控除および外国税額控除の控除不足額（法法78、79、81の29、81の30）などであり、後者は純損失または欠損金の繰戻しにより還付すべきこととなった税額（所法140、141①、142①、法法80①⑥、81の31①⑥）などである。

　なお、還付金および過誤納金（第4章第6節❷参照）がある場合に、その還付を受けるべき者に納付すべきこととなっている租税[38]があるときは、課税庁は還付に代えて還付金および過誤納金の金額を租税に充当することが求められている（通法57①、地法17の2①）。

---

[38]　「納付すべきこととなっている租税」とは、その内容が確定し法定納期限等が到来して充当するのに適当な状態（充当適状）になっている租税のことをいう。金子前掲第1章注16書924頁参照。

2 過誤納金の意義

　還付請求権のもう一つの類型である過誤納金は、各税法上は納付または徴収の時から課税庁がこれを保有する正当の理由のない利得のことで、過納金と誤納金からなる[39]。

　過納金は（一応有効な）申告・更正・決定などによって確定された税額が過大であるため減額更正がなされた場合に、それにより減少し納め過ぎとなった税額のことである[40]。そのため、過納金の場合、基礎となっている有効な確定処分が取り消され、公定力が排除されない限り[41]、不当利得である税額の返還を求めることができないため、厄介である。被相続人の所得税の課税処分が相続開始後に取り消された場合、当該取消に伴って還付される過納金が相続財産を構成するかについて争われた最高裁平成22年10月15日判決・民集64巻7号1764頁では、当該過納金の還付請求権は被相続人の相続財産を構成すると判示されている[42]。

　これに対し誤納金とは、無効な申告・更正・決定などに基づいて納付・徴収された租税などのように、納付または徴収の時点において既に法律上の原因を欠いていた税額（課税庁側から見れば利得）のことをいう[43]。したがって、納税者は直ちに不当利得の返還を求めることができる（最高裁昭和52年3月31日判決・訟月23巻4号802頁参照）。

---

[39] 金子前掲第1章注16書920頁。
[40] 金子前掲第1章注16書920頁。
[41] 金子宏『租税法』の第二十版（2015年）までは公定力に関する当該記述があった。
[42] なお、当該判決は、還付請求権は被相続人が納付した時点で既に発生していたため、相続人の固有財産ではなく被相続人の財産（＝相続税の課税財産）としたが、相続税の申告時点で未確定の還付請求額をどう評価するかについては判示していないことに留意すべきであろう。基本的には相続税申告時に還付請求権を名目的な金額で評価して課税価格に含め、確定時に再評価を行うということになるであろう。長戸貴之「過納金の還付と相続税」『租税判例百選（第7版）』（有斐閣・2021年）203頁参照。
[43] 金子前掲第1章注16書920頁。

3 還付加算金の意義と計算

　納税者が法定納期限までに国税の全部または一部を納付しない場合、附帯税としての延滞税が課される（通法60①）。延滞税は遅延利息に相当するもので、納付の遅れた納税者に対する民事罰の機能を有し、併せて期限内に納付した納税者との公平を図ることで期限内納付を促すことを期待しての措置であると考えられる[44]。

　これに対し還付加算金は、還付金および過誤納金がある場合に、課税庁がそれを保有していた期間に応じ加算される金額で、これも（延滞税の場合とはベクトルが逆ではあるが）課税庁から納税者に対する遅延利息に相当するものといえるだろう。

　還付加算金は、還付金ないし過誤納金が還付されまたは充当される場合に、課税庁が保有していた期間に応じ、原則としてその金額に年7.3％の割合で計算することとなる（通法58、地法17の4）。ただし、平均貸付割合[45]（財務大臣が告示、令和6年分は0.4％）に0.5％を加算した割合が7.3％に満たない場合には、「還付加算金特例基準割合」により計算することとなる（措法95）。還付加算金特例基準割合は以下の算式により計算する。

$$還付加算金特例基準割合 = 平均貸付割合 + 0.5\%$$

　なお、令和7年1月1日から令和7年12月31日までの期間の還付加算金特例基準割合は年0.9％である。

---

[44] 金子前掲第1章注16書898頁。
[45] 日本銀行が公表する前前年9月～前年8月における「国内銀行の貸出約定平均金利（新規・短期）」の平均による。

国税通則法に定める還付加算金の起算日は**図表4-9**の通りである。

図表4-9　国税通則法に定める還付加算金の起算日

還付金等の区分	起算日
還付金	納付の日（この日が法定納期限前である場合には法定納期限）の翌日（通法58①一イ）
納税義務の成立と同時に特別の手続を要しないで税額が確定する国税で納税の告知があったものに係る過納金	同上（通法58①一ロ）
予定納税に係る所得税に係る過納金	同上（通法58①一ハ、通令24①一）
更正の請求に基づく更正に係る過納金	更正の請求があった日の翌日から起算して3か月を経過する日とその更正があった日の翌日から起算して1か月を経過する日のいずれか早い日の翌日（通法58①二）
職権減額更正により生じた過納金	更正通知書を発した日の翌日から起算して1か月を経過する日の翌日（通法58①三、通令24②一）
源泉徴収による国税で納税の告知がされていないものの過誤納金	過誤納の事実を確認した日の翌日から起算して1か月を経過する日の翌日（通法58①三、通令24②二）
上記以外の過誤納金	納付した日（その日が法定納期限前である場合には法定納期限）の翌日から起算して1か月を経過する日の翌日（通法58①三、通令24②五）

なお、各税法に上記と異なる規定がある場合があるが（所法138③、139③、法法78②、79③、実特法7④[46]など）、そのときは各税法の規定が適用されることとなる（通法4）。

---

[46] 租税条約に基づく相互協議により相手国政府と合意した場合、その内容に基づく減額更正を行い税額の還付を行うが、その計算の基礎となる期間で財務大臣が相手国等の権限ある当局との間で合意した期間に対応する部分については、還付加算金を付さないことができる。

❹ 還付加算金の計算期間の改正

　ところで、従来は法人税および消費税の中間納付額や所得税の予定納税額に係る還付金には、①確定申告により還付される場合にはその納付の日の翌日から支払決定または充当の日までの間につき還付加算金が付され、また、②確定申告後になされた更正の請求などに基づいて減額更正が行われる場合には、中間納付額等の納付の日の翌日から支払決定・充当の日までの間につき還付加算金が付されることとなっていた。

　ところが、会計検査院の財務大臣あて指摘（平成22年10月20日付「法人税および消費税の更正に基づく還付金に係る還付加算金について」）で、「……確定申告後の更正に基づく中間納付額等の還付金に係る還付加算金の計算期間については、申告納税額の過誤納金と同様に、税務当局が還付金の発生を認識できないなどの期間を含めないことが公平性の観点から適切であると認められ、ひいては還付加算金を節減することが可能であると認められる。（傍点筆者）」とされた。これを受けた平成23年度の税制改正で、更正に基づく法人税等の中間納付額等の還付に還付加算金の計算期間について、「確定申告書の提出期限の翌日」から「その更正の日の翌日以後1か月を経過する日」までの日数は、還付加算金を付す期間に算入しないこととされた。当該改正では同時に、所得税における源泉徴収税額等、法人税における所得税額等、相続時精算課税における贈与税相当額および消費税における仕入税控除税額の還付金に係る還付加算金についても同様の措置がなされている（所法159④、160④、法法133②、134④、相法33の2⑦、消法54②、55④）。

　これを図で示すと次頁**図表4-10**の通りとなる。

　なお、当該改正は平成24年1月1日以後に支払決定等をする還付金に係る還付加算金について適用される。

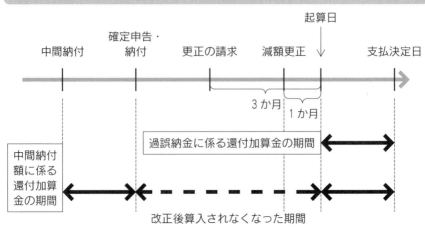

図表4-10　還付加算金の計算期間

5 還付金・還付加算金と更正の請求

　更正の請求により税額の減額が認められると、納め過ぎの税額（還付金）に加え、その税額に係る利息相当額が還付加算金として戻ってくることとなる。還付加算金の計算期間は**図表4-10**の通りであり、支払決定日が起算日より遅れるほど還付加算金の金額が膨らんでいくこととなる。

　記憶に新しいところでは、最高裁で納税者の勝訴が確定したいわゆる「武富士事件（最高裁平成23年2月18日判決・判時2111号3頁）」で、原告は贈与税本税（約1,330億円）および延滞税等につき合計で約1,600億円を納めていたが、当該判決により還付加算金として約400億円支払われたと報じられている[47]。課税庁の処分に不服の場合、延滞税の発生を抑えるため（銀行借入れなどしつつ）いったん納税しつつ提訴することにより、勝訴の暁

---

[47] 2011年2月18日付日本経済新聞

には多額の還付加算金を得ることができるというわけである。もっとも、訴訟に係る弁護士費用や借入利息などを考慮すれば決してペイするわけではないと思われるが。

ただし、還付加算金は益金（法人の場合）ないし雑所得（個人の場合）として課税されることとなるので、申告漏れには十分留意しなければならない[48]。

---

[48] 当然のことながら、課税庁は還付加算金の申告漏れがないか必ずチェックすると考えた方がよいであろう。なお余談であるが、武富士事件のように個人が還付加算金を雑所得として計上したとき、弁護士費用等を必要経費とすることはできないというのが現在の実務上の考え方であるが、本当にそれでよいのか検討する時期に来ているように思われる。

第5章

更正の請求を行う場面のケーススタディと記載例

第1節
所得税のケーススタディ

ケース1
予定納税額の控除を失念していたケース

　衣料品の販売業を営む個人事業主であるA氏は青色申告者であるが、令和6年分の所得税（事業所得）の申告書作成の際、第1期分および第2期分の予定納税の金額（合計68万円）の控除を行わなかったため、申告納税額（申告書第一表51欄）の金額110万9,000円をそのまま納める税金（申告書第一表53欄）として税務署に提出し、納付した。

　ところが、確定申告期限から3か月ほど過ぎた令和7年6月に税務署から「予定納税額の通知書」が送付され、そこで初めて前年度の申告書で予定納税の金額の控除を行っていなかったことが判明した。そこで、A氏は令和6年分の申告をやり直したいと考えている。

対応策

　予定納税とは、前年分の所得税の確定申告に基づき計算した予定納税基準額が15万円以上である場合に、原則としてその3分の1相当額をそれぞれ7月（第1期分）と11月（第2期分）に納付することをいう（所法104①）。また、確定申告時には、当該予定納税の金額を控除して納付することとなる（所法128）。したがって、A氏の納付額は過大ということになるため、更正の請求により還付を求めることとなる。

記載例 5-1

令和 06 年分の所得税及び復興特別所得税の確定申告書

FA2204 第一表（令和六年分用）

氏名：A

収入金額等

事業 営業等	㋐	47 000 000
事業 農業	㋑	
不動産	㋒	
配当	㋓	
給与	㋔	
雑 公的年金等	㋕	
雑 業務	㋖	
雑 その他	㋗	
総合譲渡 短期	㋘	
総合譲渡 長期	㋙	
一時	㋚	

所得金額等

事業 営業等	①	8 718 000
事業 農業	②	
不動産	③	
利子	④	
配当	⑤	
給与	⑥	
雑 公的年金等	⑦	
雑 業務	⑧	
雑 その他	⑨	
⑦から⑨までの計	⑩	
総合譲渡・一時	⑪	
合計	⑫	8 718 000

所得から差し引かれる金額

社会保険料控除	⑬	700 000
小規模企業共済等掛金控除	⑭	
生命保険料控除	⑮	50 000
地震保険料控除	⑯	
寡婦、ひとり親控除	⑰〜⑱	0 000
勤労学生、障害者控除	⑲〜⑳	0 000
配偶者(特別)控除	㉑〜㉒	0 000
扶養控除	㉓	0 000
基礎控除	㉔	480 000
⑬から㉔までの計	㉕	1 230 000
雑損控除	㉖	
医療費控除	㉗	
寄附金控除	㉘	
合計（㉕＋㉖＋㉗＋㉘）	㉙	1 230 000

税金の計算

課税される所得金額（⑫−㉙）又は第三表	㉚	7 488 000
上の㉚に対する税額又は第三表の㊾	㉛	1 086 240
配当控除	㉜	
（区分）	㉝	
（区分）	㉞	00
政党等寄附金等特別控除	㉟〜㊲	00
住宅耐震改修特別控除等	㊳〜㊵	
差引所得税額（㉛−㉜−…−㊵）	㊶	
災害減免額	㊷	
再差引所得税額（㊶−㊷）	㊸	1 086 240
令和6年分特別税額控除（3万円×人数）	㊹	0 000
再差引所得税額（基準所得税額）（㊸−㊹）（赤字のときは0）	㊺	1 086 240
復興特別所得税額（㊺×2.1％）	㊻	22 811
所得税及び復興特別所得税の額（㊺＋㊻）	㊼	1 109 051
外国税額控除等	㊽〜㊾	
源泉徴収税額	㊿	
申告納税額（㊼−㊽−…−㊿）	51	1 109 051
予定納税額（第1期分・第2期分）	52	
第3期分の税額 納める税金	53	1 109 000
第3期分の税額 還付される税金	54	
修正前の第3期分の税額	55	
第3期分の税額の増加額	56	00

その他

公的年金等以外の合計所得金額	57	
配偶者の合計所得金額	58	
専従者給与（控除）額の合計額	59	
青色申告特別控除額	60	
雑所得・一時所得等の源泉徴収税額の合計額	61	
未納付の源泉徴収税額	62	
本年分で差し引く繰越損失額	63	
平均課税対象金額	64	
変動・臨時所得金額	65	
申告期限までに納付する金額	66	00
延納届出額	67	0 00

定額減税実施済額は、㊸と㊹のいずれか少ない方の金額です。

記載例 5-2

令和6年分所得税及び復興特別所得税の更正の請求書

（令和6年分用）

税務署長　　　　　　　　　　年　　月　　日提出

納税地（住所等）：（〒　－　　）
個人番号（マイナンバー）：
フリガナ：
氏名：A
職業：
電話番号：

令和6年分所得税及び復興特別所得税について次のとおり更正の請求をします。

| 請求の目的となった申告又は処分の種類 | 令和6年分所得税確定申告書 | 申告書を提出した日、処分の通知を受けた日又は請求の目的となった事実が生じた日 | 令和7年 3月 10日 |

| 更正の請求をする理由、請求をするに至った事情の詳細等 | 当初申告において第1期分・第2期分の予定納税額にかかる控除を行わなかったため。 |

| 添付した書類 | |

請求額の計算書（記載に当たっては、所得税及び復興特別所得税の確定申告の手引きなどを参照してください。）

			請求額			請求額
総合課税の所得金額	営業等		8,718,000 円	税額	⑭ に対する金額	1,086,240 円
					⑮ に対する金額	
					⑯ に対する金額	
					計	1,086,240
	合　計	①	8,718,000		配当控除	
					投資税額等の控除	
※		②			（特定増改築等）住宅借入金等特別控除	
※		③			政党等寄附金等特別控除	
					住宅耐震改修特別控除等	
所得から差し引かれる金額	社会保険料控除 小規模企業共済等掛金控除	④	700,000		差引所得税額	
	生命保険料控除 地震保険料控除	⑤	50,000		災害減免額	
	寡婦・ひとり親控除 勤労学生、障害者控除	⑥			再差引所得税額	
	配偶者（特別）控除	⑦			令和6年分特別税額控除	人
	扶養控除	⑧	人		再々差引所得税額（基準所得税額）	1,086,240
	基礎控除	⑨	480,000		復興特別所得税額	22,811
	④から⑨までの計	⑩			所得税及び復興特別所得税の額	1,109,051
	雑損控除 医療費（特例）控除	⑪			外国税額控除等	
	寄附金控除	⑫			源泉徴収税額	
	合　計	⑬	1,230,000		申告納税額	1,109,000
課税される所得金額	①に対する金額	⑭	7,488,000		予定納税額（第1期分・第2期分）	680,000
	②に対する金額	⑮	,000	第3期分の税額	納める税金　A	429,000
	③に対する金額	⑯	,000		還付される税金　B	
				この請求前の第3期分の税額（還付の場合は頭に△を記載）　C		
				第3期分の税額の差額（減少額）（C－A＋B）		

※ ②、③の各欄は、「分離短期譲渡所得」、「分離長期譲渡所得」、「一般株式等の譲渡所得等」、「上場株式等の譲渡所得等」、「上場株式等の分離配当所得等」、「先物取引の分離雑所得等」、「山林所得」、「退職所得」を記載してください。

赤字の場合は0と書いてください。
黒字の場合、百円未満の端数は切り捨ててください。

還付される税金の受取場所：
（銀行等の預金口座に振込みを希望する場合）
銀行：三菱UFJ　金庫・組合　農協・漁協
本店・支店：池袋　出張所　本所・支所
普通　預金　口座番号　1234×××

（ゆうちょ銀行の口座に振込みを希望する場合）
貯金口座の記号番号　－

公金受取口座：
登録に同意する　□
登録済みの口座を利用する　□

税理士署名（電話番号）

税務署整理欄	通信日付印の年月日	確認	整理番号	番号確認	身元確認	確認書類 個人番号カード／通知カード・運転免許証 その他（　　　）	一連番号
	年　月　日				□ 済 □ 未済		

06.12

第1節　所得税のケーススタディ　187

まず、記載例5-1が当初申告の所得税申告書（第一表）である。予定納税額の記載を失念しているため、申告書第一表52欄がブランクとなっている。

　一方記載例5-2が所得税の更正の請求書である。「請求額」の欄の予定納税額（第1期分・第2期分）に68万円を記入することで、同額が還付されることとなるだろう。

ケース2
特定扶養親族につき通常の扶養親族として扶養控除を適用していたケース

　サラリーマンのB氏は給与所得者であるが、これまで年末調整で課税関係が完了しており、自らの税金について特段関心を抱いていなかった。ところが、令和6年12月に同年分の年末調整のため、給与所得者の扶養控除等（異動）申告書を記入して提出したところ、人事部から連絡があり、長女（平成15年12月7日生）について令和4年・5年分につき特定扶養親族に該当するにもかかわらず通常の扶養親族として扶養控除を適用していたため、所得税を払い過ぎていたことが判明した。

対応策

　扶養控除については、民主党政権の目玉政策の1つであったいわゆる「子ども手当」の導入および高校無償化により、平成22年度の税制改正で図表5-1のように変更されており、平成23年分の所得税から適用されている（所法84①）。

図表5-1　平成22年度税制改正による扶養控除額の変動（23歳未満の扶養親族に係るもの）

改正前	改正後
年少扶養親族（16歳未満）⇒38万円	廃止
16歳以上19歳未満の扶養親族⇒63万円	38万円（控除対象扶養親族）
特定扶養親族[1]（19歳以上23歳未満）⇒63万円	63万円

　事例ではB氏の長女の年齢が問題となるが、令和6年分は21歳、令和5年分は20歳、令和4年分は19歳であることから、各年とも特定扶養親族に該当し63万円の控除が受けられる。したがって、令和5年分・令和4年分については更正の請求により扶養控除の増額を行い、税額の還付を受けることができる。当初申告に係る「令和6年分給与所得者の扶養控除等（異動）申告書」は 記載例5-3 の通りである。また、令和5年分・令和4年分に係る所得税の更正の請求書は 記載例5-4 、 記載例5-5 である。

　なお、令和6年度の税制改正大綱で、令和6年10月から児童手当の支給が高校生にまで拡大されることに伴い、現行の控除対象扶養親族（16歳以上19歳未満）に対する扶養控除額（国税38万円・地方税33万円）が国税25万円・地方税12万円に縮小される旨が謳われたが、令和7年度の税制改正大綱では現状維持とされた。

ケース3
純損失の繰越控除の適用を受けるケース

　青色申告の事業者であるC氏は個人で文房具店を営んでいたが、令和6年中にある台風の影響で店舗が大きな被害を受け、営業再開まで2か月ほど休業することを余儀なくされた。そのため、令和6年分は赤字となっ

---

[1] 平成22年度の税制改正前は、16歳以上23歳未満のより年齢幅の広い扶養親族が特定扶養親族に該当していた。

記載例5-3

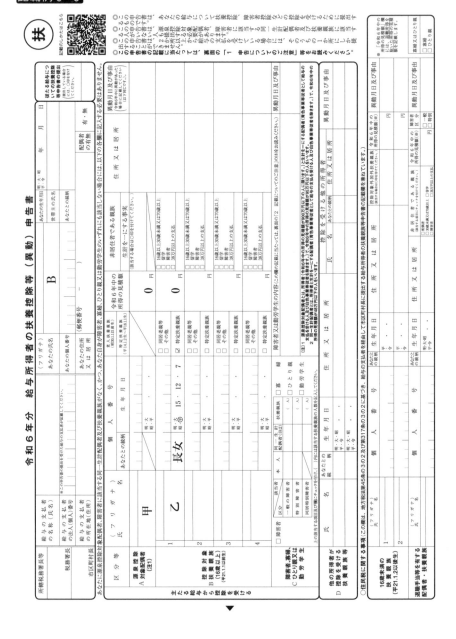

190　第5章　更正の請求を行う場面のケーススタディと記載例

記載例 5-4

令和 _5_ 年分所得税及び復興特別所得税の更正の請求書

（令和四年分以降用）

税務署受付印

_____税務署長
___年___月___日提出

納税地（住所等）（〒　－　）
フリガナ
氏名　B
個人番号（マイナンバー）
職業
電話番号

_____年分所得税及び復興特別所得税について次のとおり更正の請求をします。

請求の目的となった申告又は処分の種類	令和5年分年末調整	申告書を提出した日、処分の通知を受けた日又は請求の目的となった事実が生じた日	6年 1月 20日
更正の請求をする理由、請求をするに至った事情の詳細等	長女を特定扶養親族とせず、控除対象扶養家族としていたため		
添付した書類			

請求額の計算書（記載に当たっては、所得税及び復興特別所得税の確定申告の手引きなどを参照してください。）

		請求額			請求額
総合課税の所得金額	合計 ①	円 省略	税額	⑭ に対する金額	円 省略
	②			⑮ に対する金額	
	③			⑯ に対する金額	
所得から差し引かれる金額	社会保険料控除/小規模企業共済等掛金 ④			計	
	生命保険料控除/地震保険料 ⑤			配当控除	
	寡婦・ひとり親控除/勤労学生、障害者 ⑥			投資税額等の控除（特定増改築等）/住宅借入金等特別控除	
	配偶者（特別）控除 ⑦			政党等寄附金等特別控除	
	扶養控除 ⑧	1人 630,000		住宅耐震改修特別控除等	
	基礎控除 ⑨			差引所得税額	
	④から⑨までの計 ⑩			災害減免額	
	雑損控除 ⑪			再差引所得税額（基準所得税額）	
	医療費（特例）控除 ⑫			復興特別所得税額	
	寄附金控除 ⑬			所得税及び復興特別所得税の額	
	合計 ⑬			外国税額控除等	
課税される所得金額	①に対する金額 ⑭	,000		源泉徴収税額	
	②に対する金額 ⑮	,000		申告納税額	
	③に対する金額 ⑯	,000		予定納税額（第1期分・第2期分）	
			第3期分の税額	納める税金 A	
				還付される税金 B	25,000
			この請求前の第3期分の税額（還付の場合は頭に△を記載）C		
			第3期分の税額の差額（減少額）（C－A＋B）		

※ ②、③の各欄は、「分離短期譲渡所得」、「分離長期譲渡所得」、「一般株式等の譲渡所得等」、「上場株式等の譲渡所得等」、「上場株式等の分離配当所得等」、「先物取引の分離譲渡所得等」、「山林所得」、「退職所得」を記載してください。

還付される税金の受取場所	（銀行等の預金口座に振込みを希望する場合）三井住友　銀行　池袋　本店・支店普通　口座番号 1234××	（ゆうちょ銀行の口座に振込みを希望する場合）貯金口座の記号番号（郵便局等の窓口受取りを希望する場合）（公金受取口座への振込みを希望する場合）公金受取口座を利用する □
	公金受取口座への登録に同意する □	

※ 個人番号（マイナンバー）の記載がない場合は、公金受取口座を登録・利用することができません。

税務署整理欄	通信日付印の年月日	確認	整理番号	番号確認	身元確認	確認書類 個人番号カード／通知カード・運転免許証 その他（　　）	一連番号
	年　月　日		0		済／未済		

04.03

記載例 5-5

令和 _4_ 年分所得税及び復興特別所得税の更正の請求書

請求の目的となった申告又は処分の種類	令和4年分年末調整
申告書を提出した日、処分の通知を受けた日又は請求の目的となった事実が生じた日	5年 1月 9日
更正の請求をする理由、請求をするに至った事情の詳細等	長女を特定扶養親族とせず、控除対象扶養親族としていたため
添付した書類	

氏名：B

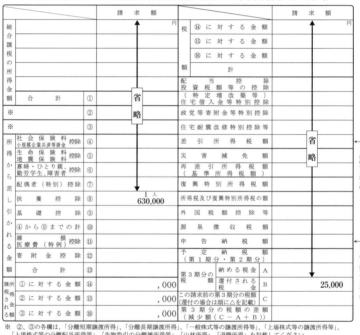

請求額 ⑧扶養控除：1人 630,000

⑭に対する金額：,000
⑮に対する金額：,000
⑯に対する金額：,000

B 還付される金：25,000

還付される税金の受取場所：三井住友　池袋　普通　1234×××

たものの、損失申告は行わなかった。翌令和7年分は営業再開後懸命に営業努力をしたため業績が回復し、なんとか黒字決算となり、確定申告を行って税額を納付した。

ところが、令和6年中に行った改修工事で多額の出費があり、消費税の納税資金の確保が困難であるためC氏が困っていたところ、同業者から、「純損失の繰越控除制度を利用すればよいと思うが、ただし、それは確定申告書にその旨の記載を行っている場合に限られるはずだから、税理士に相談した方がよい」とのアドバイスを得た。実は令和6年分については改修工事費の計上漏れがあり赤字幅はさらに広がっているのであるが、C氏は税理士に依頼して申告内容を是正してもらうべきか思案しているところである。

対応策

所得税においては、不動産所得、事業所得、山林所得または譲渡所得（分離課税となるものを除く）の金額の計算上損失が生じたときは、その損失を他の所得と損益通算が可能である（所法69）。その結果なお控除できない部分の金額を純損失の金額といい、翌年以後3年間にわたり繰越控除することができる（所法70）。次頁の**図表5-2**が純損失の繰越控除に関する概念図である。

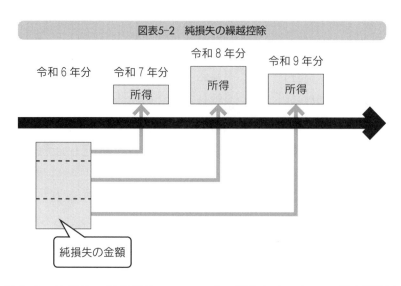

図表5-2　純損失の繰越控除

　従来は、純損失の繰越控除については、損失年度において提出期限までに確定申告書第四表に損失の金額を記載することが求められていたが、平成23年度の税制改正により、当初申告要件が廃止された（前述第**4**章第**4**節❶参照）。そのため、本件のようなケースにおいても、事後的に損失申告を含めた更正の請求を行い、純損失の繰越控除の適用が受けられるものと考えられる。なお、更正の請求期限も5年間に延長されたため、令和6年分の申告に係る更正の請求期限は以下の**図表5-3**のように令和12年3月15日となる。

図表5-3　所得税の更正の請求期限[2]

年　分	法定申告期限	更正の請求期限
令和6（2024）年分	令和7年3月17日	令和12年3月15日
令和7（2025）年分	令和8年3月16日	令和13年3月17日
令和8（2026）年分	令和9年3月15日	令和14年3月15日
令和9（2027）年分	令和10年3月15日	令和15年3月15日
令和10（2028）年分	令和11年3月15日	令和16年3月15日

まず令和6年分であるが、更正の請求により純損失の繰越控除の適用を受けるとともに、純損失の金額を増額させることとなろう。令和6年分の更正の請求書および確定申告書第四表（一）（二）の記載例は 記載例5-6 〜 記載例5-8 である。

　次に、繰越控除を受ける令和7年分についても、確定申告において純損失の金額の繰越控除の適用を行っていないため、更正の請求を行う必要がある。当該更正の請求は、令和6年分の更正の請求が認められその通知を受けての、後発的理由による更正の請求となる（所法153）。令和7年分の更正の請求書の記載例は 記載例5-9 の通りである。なお、記載例の「処分の通知を受けた日」は令和6年分の更正の通知を受けた日（令和8年6月10日とする）である。

ケース4
相続に係る生命保険契約に基づく年金受給に関し更正の請求を行うケース

　Dさんの夫E氏は平成15年5月に死亡したが、E氏が生前契約していた生命保険の中に死亡保険金を年金形式で受け取るものがあった。Dさんは当該年金について保険会社の説明通り平成23年分まで毎年所得税の確定申告を行ってきた。その後平成22年に最高裁判決を受け保険会社から還付の可能性に関する通知があったが、特にDさんは何のアクションも起こさなかった。平成24年4月になってようやく知り合いから所得税の還付を受けられる旨を教えられ、自分もその対象者であることに気付いたが、高齢のDさんはどうすればよいのか皆目見当がつかないところである。

---

[2] 期限が土曜日、日曜日等に当たるときはその翌日を期限とみなす規定（通法10②、通令2②）を反映して、3月16日以降に期限が到来する年分がある。

記載例 5-6

令和 6 年分所得税及び復興特別所得税の更正の請求書

（令和6年分用）

税務署長
____年___月___日提出

納税地（住所等）（〒   －   ）
個人番号（マイナンバー）
フリガナ
氏名　C
職業　文具店経営
電話番号

令和 6 年分所得税及び復興特別所得税について次のとおり更正の請求をします。

請求の目的となった申告又は処分の種類	令和6年分所得税の確定申告	申告書を提出した日、処分の通知を受けた日又は請求の目的となった事実が生じた日	7 年 3 月 12 日
更正の請求をする理由、請求をするに至った事情の詳細等	事業所得において、必要経費の計上もれがあり、かつ、損失申告を行っていなかったため。		
添付した書類	修繕費の領収書、申告書第四表（一）（二）		

請求額の計算書（記載に当たっては、所得税及び復興特別所得税の確定申告の手引きなどを参照してください。）

総合課税の所得金額	事業所得		請求額 △1,100,000 円	税額	⑭ に対する金額	請求額 0 円
					⑮ に対する金額	
					⑯ に対する金額	
					計	0
	合　計	①			配　当　控　除	
					投資税額等の控除（特定増改築等）住宅借入金等特別控除	
※		②			政党等寄附金等特別控除	
※		③			住宅耐震改修特別控除等	
所得から差し引かれる金額	社会保険料控除 小規模企業共済等掛金	④			差引所得税額	0
	生命保険料控除 地震保険料	⑤			災害減免額	
	寡婦・ひとり親控除 勤労学生、障害者	⑥			再差引所得税額	
	配偶者（特別）控除	⑦			令和6年分特別税額控除	人
	扶養控除	⑧	人		再々差引所得税額（基準所得税額）	
	基礎控除	⑨	480,000		復興特別所得税額	
	④から⑨までの計	⑩			所得税及び復興特別所得税の額	0
	雑損 医療費（特例）控除	⑪			外国税額控除等	
	寄附金控除	⑫			源泉徴収税額	
	合　計	⑬	480,000		申告納税額	0
課税される所得金額	①に対する金額	⑭	,000	第3期分の税額	予定納税額（第1期分・第2期分）	
	②に対する金額	⑮	,000		納める税金	A
	③に対する金額	⑯	,000		還付される税金	B

※ ②、③の各欄は、「分離短期譲渡所得」、「分離長期譲渡所得」、「一般株式等の譲渡所得等」、「上場株式等の譲渡所得等」、「上場株式等の配当所得等」、「先物取引の雑所得等」、「山林所得」、「退職所得」を記載してください。

この請求前の第3期分の税額（還付の場合は頭に△を記載） C
第3期分の税額の差額（減少額 C－A＋B）

赤字の場合は0と書いてください。
黒字の場合、百円未満の端数は切り捨ててください。

還付される税金の受取場所	（銀行等の預金口座に振込みを希望する場合） 銀　　行　　　　　　本店・支店 金庫・組合　　　　　　出張所 農協・漁協　　　　　　本所・支所 預金　口座番号	（ゆうちょ銀行の口座に振込みを希望する場合） 貯金口座の記号番号　　－ （郵便局等の窓口受取りを希望する場合）	公金受取口座	登録に同意する □ 登録済みの口座を利用する □

税理士署名（電話番号）

税整理署欄	通信日付印の年月日 年　月　日	確認	整理番号 0	番号確認	身元確認 □済 □未済	確認書類 個人番号カード／通知カード・運転免許証 その他（　　　）	一連番号

06.12

記載例 5−7

令和 06 年分の 所得税及び復興特別所得税 の 確定 申告書（損失申告用）　FA0054

氏名：C

第四表（一）（令和六年分以降用）

1 損失額又は所得金額

	所得の種類		区分等	所得の生ずる場所等	Ⓐ 収入金額	Ⓑ 必要経費等	Ⓒ 差引金額 (Ⓐ－Ⓑ)	Ⓓ 特別控除額	Ⓔ 損失額又は所得金額
A	経常所得（申告書第一表の①から⑥までの計＋⑩の合計額）							⑱	△1,100,000
B	譲渡	短期	分離譲渡		円	円	② 円		⑲ 円
			総合譲渡				㋐		⑳ 円
		長期	分離譲渡		円	円	㋑		㉑
			総合譲渡				㋒		㉒ 円
	一 時								㉓
C	山 林				円				㉔
D	退職	一般							
		短期							㉕
		特定役員							
E	一般株式等の譲渡								㉖
	上場株式等の譲渡								㉗
	上場株式等の配当等				円	円			㉘
F	先物取引								㉙

| ㉚ 分離課税の譲渡所得の特別控除額の合計額 | 円 | ㉛ 上場株式等の譲渡所得等の源泉徴収税額の合計額 | 円 | 特例適用条文 | |

2 損益の通算

所得の種類			Ⓐ 通算前	Ⓑ 第1次通算後	Ⓒ 第2次通算後	Ⓓ 第3次通算後	Ⓔ 損失額又は所得金額
A	経常所得	⑱	△1,100,000	△1,100,000 円	△1,100,000 円	△1,100,000 円	△1,100,000 円
B	譲渡	短期 総合譲渡 ⑳		第	第	第	
		長期 分離譲渡（特定損失額） ㉑ △		1	2	3	
		長期 総合譲渡 ㉒		次	次	次	
	一 時 ㉓			通	通	通	
C	山 林 ㉔			算	算	算	㋓
D	退 職 ㉕						
損失額又は所得金額の合計額						㉜	△1,100,000

第1節 所得税のケーススタディ

記載例5－8

令和 06 年分の所得税及び復興特別所得税の 確定 申告書（損失申告用）

FA0059

第四表(二)（令和六年分以降用）

整理番号 | 一連番号

3 翌年以後に繰り越す損失額

青色申告者の損失の金額							(83)	△1,100,000 円
居住用財産に係る通算後譲渡損失の金額							(84)	
変動所得の損失額							(85)	
被災事業用資産の損失額	所得の種類	被災事業用資産の種類など	損害の原因	損害年月日	Ⓐ損害金額	Ⓑ保険金などで補塡される金額		Ⓒ差引損失額（Ⓐ－Ⓑ）
	山林以外 営業等・農業			. .	円	円	(86)	円
	山林以外 不動産			. .			(87)	
	山林			. .			(88)	
山林所得に係る被災事業用資産の損失額							(89)	円
山林以外の所得に係る被災事業用資産の損失額							(90)	

4 繰越損失を差し引く計算

年分	損失の種類			Ⓐ前年分までに引ききれなかった損失額	Ⓑ本年分で差し引く損失額	Ⓒ翌年分以後に繰り越して差し引かれる損失額（Ⓐ－Ⓑ）
A ___年（3年前）	純損失	___年が青色の場合	山林以外の所得の損失	円	円	
			山林所得の損失			
		___年が白色の場合	変動所得の損失			
			被災事業用資産の損失 山林以外			
			被災事業用資産の損失 山林			
		居住用財産に係る通算後譲渡損失の金額				
	雑損失					
B ___年（2年前）	純損失	___年が青色の場合	山林以外の所得の損失			円
			山林所得の損失			
		___年が白色の場合	変動所得の損失			
			被災事業用資産の損失 山林以外			
			被災事業用資産の損失 山林			
		居住用財産に係る通算後譲渡損失の金額				
	雑損失					
C ___年（前年）	純損失	___年が青色の場合	山林以外の所得の損失			
			山林所得の損失			
		___年が白色の場合	変動所得の損失			
			被災事業用資産の損失 山林以外			
			被災事業用資産の損失 山林			
		居住用財産に係る通算後譲渡損失の金額				
	雑損失					

本年分の一般株式等及び上場株式等に係る譲渡所得等から差し引く損失額	(91)	円
本年分の上場株式等に係る配当所得等から差し引く損失額	(92)	円
本年分の先物取引に係る雑所得等から差し引く損失額	(93)	円

雑損控除、医療費控除及び寄附金控除の計算で使用する所得金額の合計額	(94)	0 円

5 翌年以後に繰り越される本年分の雑損失の金額

(95) △1,100,000 円

6 翌年以後に繰り越される株式等に係る譲渡損失の金額

(96) 円

7 翌年以後に繰り越される先物取引に係る損失の金額

(97) 円

資産 | 整理欄

○第四表は、申告書の第一表・第二表と一緒に提出してください。

記載例 5-9

令和 _7_ 年分所得税及び復興特別所得税の更正の請求書

（令和四年分以降用）

_____ 税務署長　　納税地（住所等）（〒　－　）　　個人番号（マイナンバー）

_____ 年 _____ 月 _____ 日提出　　フリガナ　氏名　**C**　　職業 **文具店経営**　電話番号

令和 _7_ 年分所得税及び復興特別所得税について次のとおり更正の請求をします。

請求の目的となった申告又は処分の種類	令和7年分所得税の確定申告	申告書を提出した日、処分の通知を受けた日又は請求の目的となった事実が生じた日	8 年 6 月 10 日

更正の請求をする理由、請求をするに至った事情の詳細等	令和6年分所得税の更正に伴う令和7年分所得税の純損失の繰越控除

添付した書類	令和6年分所得税の更正の通知書（写し）

請求額の計算書（記載に当たっては、所得税及び復興特別所得税の確定申告の手引きなどを参照してください。）

総合課税の所得金額

		請求額			請求額
事業所得		2,700,000 円	⑭に対する金額		16,000 円
			⑮に対する金額		
			⑯に対する金額		
			税額計		16,000
繰越損失		△1,100,000	配当控除		
			投資税額等の控除		
合計	①	1,600,000	（特定増改築等）住宅借入金等特別控除		
※	②		政党等寄附金等特別控除		
※	③		住宅耐震改修特別控除等		

所得から差し引かれる金額

社会保険料（小規模企業共済等掛金）控除	④	370,000	差引所得税額		16,000
生命保険料・地震保険料控除	⑤	50,000	災害減免額		
寡婦・ひとり親、勤労学生、障害者	⑥		再差引所得税額（基準所得税額）		16,000
配偶者（特別）控除	⑦		復興特別所得税額		336
扶養控除	⑧	1人 380,000	所得税及び復興特別所得税の額		16,336
基礎控除	⑨	480,000	外国税額控除等		
④から⑨までの計	⑩		源泉徴収税額		
雑損控除 医療費（特例）控除	⑪		申告納税額		
寄附金控除	⑫		予定納税額（第1期分・第2期分）		
合計	⑬	1,280,000	第3期分の税額 納める税金	A	16,336

課税される所得金額

①に対する金額	⑭	320,000	還付される税金	B	
②に対する金額	⑮	,000	この請求前の第3期分の税額（還付の場合は頭に△を記載）	C	
③に対する金額	⑯	,000	第3期分の税額の差額（減少額 C－A＋B）		

※ ②、③の各欄は、「分離短期譲渡所得」、「分離長期譲渡所得」、「一般株式等の譲渡所得等」、「上場株式等の譲渡所得等」、「上場株式等の分離配当所得等」、「先物取引の分離雑所得等」、「山林所得」、「退職所得」を記載してください。

赤字の場合は0と書いてください。
黒字の場合、百円未満の端数は切り捨ててください。

（署名税理士 電話番号）

還付される税金の受取場所

（銀行等の預金口座に振込みを希望する場合）
みずほ 銀行・金庫・組合・農協・漁協　**池袋** 本店・支店・出張所・本所・支所
普通　預金　口座番号 1234×××

（ゆうちょ銀行の口座に振込みを希望する場合）
貯金口座の記号番号 _____

（郵便局等の窓口受取りを希望する場合）_____

公金受取口座への登録に同意する □
公金受取口座を利用する □

※ 個人番号（マイナンバー）の記載がない場合は、公金受取口座を登録・利用することができません。

税務署整理欄	通信日付印の年月日	確認	整理番号	番号確認	身元確認	確認書類 個人番号カード／通知カード・運転免許証 その他（　）	一連番号
	年 月 日		0		□済 □未済		

04.03

（注）執筆時点において、令和7年分の様式は公表されていないため、令和4年分以降用の様式を使用している。

対応策

1 生保年金に関する最高裁判決

　従来、相続により生命保険契約等に基づく年金受給権を獲得した相続人は、それにより支払いを受ける年金について、その所得金額全額を所得税の課税対象とするものと取り扱われており、保険会社もそのように契約者・受給者に通知していたところである。

　ところが、平成22年7月に最高裁が年金の各支給額のうち相続税の課税対象となった部分については、所得税の課税対象とはならないという判決を下したため[3]、課税庁は取扱いの変更を余儀なくされたところである。本件は当該判決を受けての設問であり、日付が令和ではなく平成であるのはそのためである。

　当該判決を受けて課税庁は、平成22年10月、平成17年分から平成21年分までの各年分について当該年金に関し所得税を納め過ぎとなっている納税者に対して、その金額を還付することとした（平成22年10月1日付財務省・国税庁公表文書「相続又は贈与等に係る生命保険契約等に基づく年金の税務上の取扱いの変更等の方向性について」、所令185・186）。

　また、平成16年分以前については、所得税の還付請求権（5年間）が消滅時効にかかっており、救済のためには税制改正を要したため、平成23年度の税制改正で救済措置が講じられ、平成12年分以降[4]平成17年分以前の保険年金について、所得税が課されない部分の金額に対応する所得税に相当する給付金（特別還付金）の支給制度が設けられた（旧措法97の2）。

---

[3] 最高裁平成22年7月6日判決・判時2079号20頁。
[4] 平成12年分以降とされたのは、財務省編「平成23年度改正税法のすべて」162頁によれば、税務署における確定申告書等の保存期間や民法の債権の消滅時効の期間等を踏まえてのものとされる。

2 適用対象者

相続、遺贈または個人からの贈与により取得したものとみなされる生命保険契約や損害保険契約等に基づく年金を受給している者が対象となる。具体的には、以下のいずれかに該当する者で、その保険契約等に係る保険料の負担をしていない者である。

① 死亡保険金を年金形式で受給している者
② 学資保険の保険契約者が死亡したことに伴い養育年金を受給している者
③ 個人年金保険契約に基づく年金を受給している者

なお、基礎控除等の適用により相続税や贈与税の納税額が生じていない場合であっても、相続税・贈与税の課税対象となった部分については適用があるので、留意すべきであろう。

3 課税所得の計算

上記最高裁判決が出される前は、各年の保険金額に係る所得金額(年金収入額から支払保険料を控除した金額)全額を雑所得として課税していた。当該最高裁判決後は、各年の保険金額を所得税の課税部分と非課税部分とに振り分け、課税部分の所得金額、すなわち課税部分の年金収入額から課税部分の支払保険料を控除した金額について所得税が課税されることとなった。

国税庁が示した情報(平成22年10月29日国税庁個人課税課情報第3号5頁)によれば、保険年金の課税所得の計算イメージは次頁**図表5-4**のようになる。

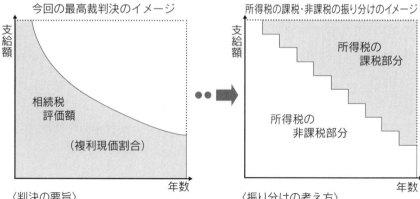

図表5-4 課税所得の計算（イメージ図）

〈判決の要旨〉
- 相続税評価額は年金受給権の取得時の時価、すなわち、現在価値
  …一般的には複利で計算
- 支給初年は全額が現在価値

〈参考〉
・旧相続税法の有期定期金の評価額
  評価割合　給付総額の6割（残存期間10年の場合）

〈振り分けの考え方〉
- 非課税部分が同額ずつ階段状に減少（単利計算）
- 「保険年金」支給の初年は全額非課税
  ⇓
  簡易な振り分け方法

（特徴）
・確定年金から保証期間付有期年金まで対応
・定額型だけでなく、逓増型や逓減型にも対応

　上記に基づく具体的な計算は、国税庁ホームページに掲載されていた「保険年金の所得金額の計算のためのシステム」を利用すると、「相続等に係る生命保険契約等に基づく年金の雑所得の金額の計算書（本表）」が作成されるため便利である（なお、現在はホームページから削除されている）。

4　還付手続の期限

　本件は平成23年分までが対象となるので、それを前提に説明する。
　①　平成19年分以後の年分
　確定申告をしている年分は更正の請求[5]により、確定申告を行っていない年分は還付申告により行う。
　②　平成12年分から平成18年分まで

還付金請求権の消滅時効（5年間）が既に到来している平成18年分以前については、上記①の手続によることができないため、前述の通り立法措置により特別還付金請求書を平成23年6月30日から平成24年6月29日の間に提出することにより、特別還付金の支給が受けられる。

　なお、特別還付金には通常の還付加算金に相当する一定の加算金が付されるが（旧措法97の2⑩）、特別還付金およびその加算金には所得税および住民税が課されない（旧措法97の2⑲）。還付金本体はともかく加算金も非課税とする措置はかなり思い切ったものである（還付加算金の課税については、前述第4章第6節❺参照）。さらに、特別還付金の支給を受ける権利は、2年間行使しないことによって時効により消滅する（旧措法97の2㉓）。

❺　具体的手続例

　本件に即して手続方法を以下でみていく。まず計算の前提となる条件である。

---

[5] 平成19年から21年分の確定申告に係る所得税については、取扱いの変更を知った日から2月以内に更正の請求を行うのが原則であるが（通法23②三）、平成23年度の税制改正により、平成24年6月30日まで更正の請求を行うことができる（措法41の20の2）。

＜条件＞

年金開始年：平成15年
年金残存期間：10年
年金総支給額：10,000,000円（各年1,000,000円×10年）
支払保険料の割合（必要経費率）：60%
相続税の課税対象：60%
所得税の課税対象：40%
マスの数：（1年＋9年）×9年÷2＝45マス
1マスの金額：10,000,000円×40%÷45＝88,888円

図表5-5　課税対象額のイメージ図

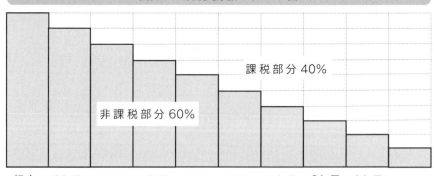

図表5-6　各年分の所得金額

年　分	収入金額	必要経費	所得金額
平成15年分	－	－	－
平成16年分	88,888円×1	88,888円×1×60%	35,556円
平成17年分	88,888円×2	88,888円×2×60%	71,111円
平成18年分	88,888円×3	88,888円×3×60%	106,666円
平成19年分	88,888円×4	88,888円×4×60%	142,221円
平成20年分	88,888円×5	88,888円×5×60%	177,776円
平成21年分	88,888円×6	88,888円×6×60%	213,332円
平成22年分	88,888円×7	88,888円×7×60%	248,887円
平成23年分	88,888円×8	88,888円×8×60%	284,442円
平成24年分	88,888円×9	88,888円×9×60%	319,997円

「相続等に係る生命保険契約等に基づく年金の雑所得の金額の計算書（本表）」およびその別表の記載例は 記載例5-10、記載例5-11 の通りである。

ケース5
措置法26条の特例の適用をやめ実額により経費を計算するために更正の請求を行うケース

　個人立の診療所を経営しているF氏は毎年の確定申告で、措置法26条の社会保険診療報酬に係る概算経費の特例の適用を受けて申告している。令和6年分については社会保険診療報酬が5,000万円を超えていたため、当該特例の適用を受けず必要経費については実額で計算して申告を行った。ところが、令和6年12月時点で社会保険診療について査定減の金額20万円があり、これを含めないと結果として社会保険診療報酬の金額は5,000万円未満となった。当該査定減の金額は令和7年1月に再請求を行ったも

記載例 5-10

相続等に係る生命保険契約等に基づく年金の雑所得の金額の計算書（本表）

住所		フリガナ 氏名	D

1 保険契約等に関する事項

年金の支払開始年	①	平成・昭和 15 年	年金の残存期間等（別表1により求めた年数）	②	10 年
年金の支払総額（見込額）（別表1により計算した金額）	③	10,000,000 円	年金の支払総額（見込額）に占める保険料又は掛金の総額の割合	④	60 %

2 所得金額の計算の基礎となる事項

年金の残存期間等に応じた割合（右表により求めた割合）	⑤	40 %
(③×⑤)	⑥	4,000,000 円
年金の残存期間等に応じた単位数（別表4により計算した単位数）	⑦	45 単位
1単位当たりの金額（⑥÷⑦）	⑧	88,888 円

（表）年金の残存期間等に応じた割合

②の年数	⑤の割合
5 年以下	30%
6 年以上 10 年以下	40%
11 年以上	100%

3 各年分の雑所得の金額の計算

		平成 23 年分	平成 22 年分	平成 21 年分	平成 20 年分	平成 19 年分
申告又は更正の請求を行う年分	⑨					
（⑨－①＋1）（注1）	⑩	9	8	7	6	5
単位数（⑩－1）（注2）	⑪	8 単位	7 単位	6 単位	5 単位	4 単位
支払年金対応額（⑧×⑪）	⑫	711,104 円	622,216 円	533,328 円	444,440 円	355,552 円
年金が月払等の場合	⑬					
剰余金等の金額	⑭					
総収入金額（（⑫又は⑬）＋⑭）	⑮	711,104	622,216	533,328	444,440	355,552
必要経費の額（（⑫又は⑬）×④）（注3）	⑯	426,662	373,329	319,996	266,664	213,331
雑所得の金額（⑮－⑯）	⑰	284,442	248,887	213,332	177,776	142,221

（注1） ①の年号が「昭和」の場合は、「⑨＋64－①」を書きます。
また、「⑨－①＋1」（又は、「⑨＋64－①」）が、②の年数を超える場合は、②の年数を書きます。

（注2） 「⑩－1」が、②の年数に応じた次の上限を超える場合は、その上限を書きます。

②の年数	上限	②の年数	上限	②の年数	上限
11 年から 15 年	②－2	26 年から 35 年	②－14	56 年から 80 年	26
16 年から 25 年	②－6	36 年から 55 年	②－29	—	—

（注3） 「⑨－①＋1」（又は、「⑨＋64－①」）が、②の年数を超える場合は、「0」と書きます。
また、⑬の金額の記載がある場合には、別紙の書き方を参照してください。

記載例 5-11

【別表1】 本表②及び本表③の年数等

		年数
年金の残存期間	a	**10** 年
相続等の時(年金の支払開始日)の年齢に応じた別表2により求めた年数	b	(　　歳)⇒　　年
保証残存期間	c	年

○ 上のaからcの記載の状況に応じ、下記の表に当てはめて本表②及び③に記載する年数等を求めます。

		本表②に記載する年数	本表③に記載する金額
aのみ記載がある場合		aの年数	
bのみ記載がある場合		bの年数	年金の支払総額（見込額）
aとbに記載がある場合		aとbのいずれか短い年数	
a・b・cのいずれにも記載がある場合		bとcのいずれか長い年数 ※ ただし、bとcの年数が別表3に掲げる組合せに該当するときは、bとcのいずれか短い年数	年金の支払総額（見込額） ※ ただし書に該当するときは、以下の算式で計算した金額
	bがaより短いとき		
	bがaより長いとき	aの年数	年金の支払総額（見込額）

〔算式〕

年金の支払総額（見込額） ÷ bとcのいずれか長い年数 × 短い年数 ＝ 本表③に記載する金額　（小数点以下切捨て）

□ ÷ □ × □ ＝ □

【別表2】 bの年数

bの年齢	bの年齢に応じた年数		bの年齢	bの年齢に応じた年数		bの年齢	bの年齢に応じた年数	
	男	女		男	女		男	女
36	40	45	51	26	31	66	14	18
37	39	44	52	25	30	67	14	17
38	38	43	53	25	29	68	13	16
39	37	42	54	24	28	69	12	15
40	36	41	55	23	27	70	12	14
41	35	40	56	22	26	71	11	14
42	34	39	57	21	25	72	10	13
43	33	38	58	20	25	73	10	12
44	32	37	59	20	24	74	9	11
45	32	36	60	19	23	75	8	11
46	31	36	61	18	22	76	8	10
47	30	35	62	17	21	77	7	9
48	29	34	63	17	20	78	7	9
49	28	33	64	16	19	79	6	8
50	27	32	65	15	18	80	6	8

【別表3】 bとcの組合せ

bとcのいずれか一方がイの年数で他方がロの年数のとき
（イの年数を本表②に記載します。）

イ	ロ
10年	11年
13年	16年
14年	16・17年
15年	16～18年
20年	26・36～38年
21年	26・27・36～39年
22年	26～28・36～41年
23年	26～30・36～42年
24年	26～31・36～44年
25年	26～32・36～45年
26年	36年
27年	36～38年
28年	36～40年
29年	36～41年
30年	36～42年

【別表4】 本表⑦の単位数

○ 本表②の年数が10年以下の場合

本表②の年数	単位数（本表⑦に記載）	本表②の年数	単位数（本表⑦に記載）
1年	0	6年	15
2年	1	7年	21
3年	3	8年	28
4年	6	9年	36
5年	10	10年	45

○ 本表②の年数が11年以上の場合

②の年数 × （ ②の年数 年 － 調整年数 年 ） ＝ 単位数

【調整年数】

本表②の年数	調整年数	本表②の年数	調整年数
11年から15年	1年	26年から35年	13年
16年から25年	5年	36年から55年	28年

【別表5】 本表⑫の金額（申告又は更正の請求を行う年分ごとに計算します。）

各年の年金支払額	1単位当たりの金額（本表⑧の金額）	単位数（A÷B）（注）	本表⑫に記載する金額（B×C）
A	B	C	円

（注）小数点以下切捨て。
　　小数点以下の端数が生じないときは、「A÷B－1」を記載します。

のの、確定申告後支払基金から認められない旨通知があった。

そのため、F氏は令和7年4月に令和6年分の確定申告のやり直しを税理士に依頼したところ、「診療報酬の減額はともかく必要経費につき措置法26条の適用を受けることは難しいのではないか」と言ってきたが、F氏は納得がいかない様子である。

対応策

　個人立の診療所に係る社会保険診療報酬については、その額が5,000万円以下の場合、必要経費に関し原則通り実額によるか、または概算経費率により控除額を算定するか、のいずれかを選択することができる（措法26、法人についても同様の特例がある（措法67））。当該特例の適用があるかどうかの基準は社会保険診療報酬が5,000万円以下であることであるが、本件の場合その金額の判定において査定減の金額を含めるかどうかが問題となっている。

　査定減とは、社会保険診療を行った医療機関がレセプトにより社会保険診療支払基金（支払基金、国民健康保険の場合は国民健康保険団体連合会）に報酬の支払いを請求したものの、審査の結果請求内容に誤り等があって支払いがなされないことをいう。社会保険診療報酬の請求から審査・支払いまで通常2か月程度かかるので、期末において請求した部分の金額については、医業未収金として計上されることとなる。当該医業未収金として計上された部分につき査定減があった場合、その金額が再請求を行っても支払われないことが確定した年度の売上（医業収益）のマイナスとして計上すべきこととなる。

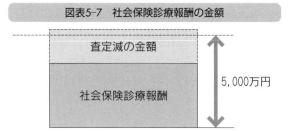

図表5-7 社会保険診療報酬の金額

　そのため、本件については、令和6年分については査定減の部分を含めて診療報酬の金額を計上すべきとなるため、社会保険診療報酬の金額は5,000万円を超えることから、措置法26条の適用はないこととなり、更正の請求も認められないものと考えられる。仮に令和7年分について当該査定減金額を考慮すると社会保険診療報酬の金額が5,000万円以下となる場合には、措置法26条の適用が受けられるものと考えられる。

　なお、措置法26条については会計検査院の指摘[6]等もあり平成25年度の税制改正で一部修正が加えられたが、医業・歯科医業の収入金額（社会保険診療報酬を含む）が7,000万円を超える個人・法人への当該措置の適用がなくなった程度であり、基本的に上記取り扱いには影響がない。

---

[6] 平成23年10月28日付会計検査院長から財務大臣あて文書「社会保険診療報酬の所得計算の特例に係る租税特別措置について」参照。

第2節

法人税のケーススタディ

ケース1
売上金額の計上誤りに伴う更正の請求

　自動車部品製造業を営むE社（資本金5億円）は、経営不振に陥り金融機関の緊急融資を受けたが、その条件として令和7年6月に金融機関から人員を経理部長として受け入れた。その新任の経理部長が過年度の法人税の申告内容を精査したところ、令和6年3月期において、自動車メーカー向け部品の売上につき、3,400,000円とすべきものを誤って4,300,000円と入力したものがあることが判明した。そのため、E社は令和7年9月に更正の請求を行うことを検討しているところである。

対応策

　売上について会計処理のミスで前期の決算において900,000円過大に計上したため、法人税の納め過ぎが生じた事案である。典型的な更正の請求対象事案であるが、平成23年12月2日以降に法定申告期限が到来する国税については、原則として更正の請求期限は5年に延長されている（通法23①）。したがって、本件についても、法定申告期限から5年以内であるので、更正の請求が可能となる。

　更正の請求に際しては、更正の請求を行う根拠が明らかになるような「事実を証明する書類」の添付が義務化された（通令6②、第1章第1節❶❷

参照)。これは課税庁が更正の請求の内容を審査する際に必要となる書類であり、本件の場合、請求書控、出荷票、売上伝票といった証憑書類の写しを添付することとなろう。

本件について、当初申告の別表一および更正の請求書の記載例を示すと、記載例5-12、記載例5-13のようになる。なお、調査課所管法人の場合、更正の請求書は2通提出する。

ケース2
交際費の計上誤りに伴う更正の請求および更正の申出

前述ケース1のE社が新任の経理部長の下で更に過去の申告内容の精査を行ったところ、平成23年3月期の確定申告において交際費として自己否認した金額のうち、3,200,000円が福利厚生費に該当することが判明した。その結果E社は法人税額を960,000円過大に納付していた。そこでE社は平成25年9月に、ケース1と同様に更正の請求を行うことを検討しているところである。

対応策

国税通則法の改正で、平成23年12月2日以降に法定申告期限が到来する国税については、原則として更正の請求期限は5年に延長されている(通法23①)。しかし、本問の場合は平成23年3月期の法人税の申告であり、法定申告期限は平成23年12月2日より前に到来していることから、更正の請求期限は改正前の1年ということになる。そのため既に更正の請求期限は徒過しており、課税庁による職権減額更正を求めるよりほかないこととなる。

従来であれば、このような場合、嘆願書を提出して課税庁による職権減

記載例 5-12

法人税申告書（E株式会社）

項目	金額
法人名	E株式会社
事業種目	自動車部品製造業
期末現在の資本金の額又は出資金の額	500,000,000円

事業年度分の法人税 確定申告書：令和05年04月01日～令和06年03月31日
課税事業年度分の地方法人税 申告書

№	項目	金額
1	所得金額又は欠損金額	138,000,000
2	法人税額 (48)+(49)+(50)	32,016,000
3	法人税額の特別控除額	
4	税額控除超過額相当額等の加算額	
5	課税土地譲渡利益金額	
6	同上に対する税額 (62)+(63)+(64)	
7	課税留保金額	
8	同上に対する税額	0
9	法人税額計 (2)-(3)+(4)+(6)+(8)	32,016,000
10	分配時調整外国税相当額及び外国関係会社等に係る控除対象所得税額等相当額の控除額	
11	仮装経理に基づく過大申告の更正に伴う控除法人税額	
12	控除税額	40,000
13	差引所得に対する法人税額 (9)-(10)-(11)-(12)	31,976,000
14	中間申告分の法人税額	
15	差引確定法人税額 (13)-(14)	31,976,000
28	所得の金額に対する法人税額	32,016,000
29	課税留保金額に対する法人税額	
30	課税標準法人税額 (28)+(29)	32,016,000
31	地方法人税額 (53)	3,297,648
32	税額控除超過額相当額の加算額	
33	課税留保金額に係る地方法人税額	
34	所得地方法人税額 (31)+(32)+(33)	3,297,648
35	分配時調整外国税相当額及び外国関係会社等に係る控除対象所得税額等相当額の控除額	
36	仮装経理に基づく過大申告の更正に伴う控除地方法人税額	
37	外国税額の控除額	
38	差引地方法人税額 (34)-(35)-(36)-(37)	3,297,600
39	中間申告分の地方法人税額	0 0
40	差引確定地方法人税額 (38)-(39)	3,297,600

№	控除税額の計算	金額
16	所得税の額	40,000
17	外国税額	
18	計 (16)+(17)	40,000
19	控除した金額 (12)	40,000
20	控除しきれなかった金額 (18)-(19)	
21	所得税額等の還付金額	
22	中間納付額 (14)-(13)	
23	欠損金の繰戻しによる還付請求税額	
24	計 (21)+(22)+(23)	
25	この申告が修正申告である場合のこの申告により納付すべき法人税額減少する還付請求税額 (57)	0 0
26	欠損金等の当期控除額	
27	翌期へ繰り越す欠損金	
41	外国税額 (67)	
42	中間納付額 (39)-(38)	
43	計 (41)+(42)	
44	この申告が修正申告である場合のこの申告により納付すべき地方法人税額	0 0

剰余金・利益の配当（剰余金の分配）の金額
決算確定の日：令和06年05月16日

212　第5章　更正の請求を行う場面のケーススタディと記載例

記載例5-13

更 正 の 請 求 書

※整理番号

納税地	〒　　電話（　）－
（フリガナ）法人名等	E株式会社
法人番号	
（フリガナ）代表者氏名	
代表者住所	〒
事業種目	自動車部品製造　業

令和7年9月10日

税務署長殿

国税通則法第23条
法人税法第81条
地方法人税法第24条
租税特別措置法第66条の4

の規定に基づき、自 平成・令和 5年4月1日 事業年度
　　　　　　　　　至 平成・令和 6年3月31日 課税事業年度 の確定申告に係る課税標準等について下記のとおり更正の請求をします。

記

区　　　　分				この請求前の金額	更正の請求金額
所得	所得金額又は欠損金額		1	円	137,100,000 円
	同上の内訳	軽減税率適用所得金額	2		0
		その他の金額（1－2）	3		137,100,000
法人税額	法　人　税　額		4		31,807,200
	法人税額の特別控除額		5		
	差引法人税額（4－5）		6		31,807,200
	税額控除超過額相当額等の加算額		7		
	土地譲渡利益金	課税土地譲渡利益金額	8	000	000
		同上に対する税額	9		
	留保金	課税留保金額	10	000	000
		同上に対する税額	11		
	使途秘匿金	使途秘匿金額	12	000	000
		同上に対する税額	13		
	法人税額計（6＋7＋9＋11＋13）		14		31,807,200
	分配時調整外国税相当額及び外国関係会社等に係る控除対象所得税額等相当額の控除額		15		
	仮装経理に基づく過大申告の更正に伴う控除法人税額		16		
	控　除　税　額		17		40,000
	差引所得に対する法人税額（14－15－16－17）		18	00	31,767,200
	中間申告分の法人税額		19	00	00
	差引	納付すべき法人税額	20	00	31,767,200
		還　付　金　額	21		
	翌期へ繰り越す欠損金又は災害損失金		22		
地方法人税額	課税標準法人税額の計算	所得の金額に対する法人税額	23		31,807,200
		課税留保金額に対する法人税額	24		
		課税標準法人税額（23＋24）	25	000	31,807,000
	（23）に係る地方法人税額		26		3,276,121
	税額控除超過額相当額等の加算額		27		
	（24）に係る地方法人税額		28		
	所得地方法人税額（26＋27＋28）		29		3,276,121
	分配時調整外国税相当額及び外国関係会社等に係る控除対象所得税額等相当額の控除額		30		
	仮装経理に基づく過大申告の更正に伴う控除地方法人税額		31		
	外国税額の控除額		32		
	差引地方法人税額（29－30－31－32）		33	00	3,276,100
	中間申告分の地方法人税額		34	00	
	差引	納付すべき地方法人税額	35	00	3,276,100
		還　付　金　額	36		

（更正の請求をする理由等）	令和6年3月期において売上高を900,000円過大に計上していたため。
修正申告書提出年月日	令和　年　月　日
更正決定通知書受理年月日	令和　年　月　日
添付書類	請求書控、出荷票、売上伝票の写し

還付を受けようとする金融機関等
1 銀行等の預金口座に振込みを希望する場合
　三菱　銀行　本店・支店
　UFJ　金庫・組合　池袋　出張所
　　　　漁協・農協　　　　本所・支所
　普通　預金　口座番号　1234×××

2 ゆうちょ銀行の貯金口座に振込みを希望する場合
　貯金口座の記号番号　－　　－

3 郵便局等の窓口での受取を希望する場合
　郵便局名等

税理士署名	

※税務署処理欄	部門	決算期	業種番号	番号	整理簿	備考	通信日付印	年月日	確認

（令和4年4月1日以後開始令和5年4月1日前終了事業年度分）

額更正を求めていたのであるが、平成23年度の税制改正大綱を受けて、国税庁は更正の請求期間を過ぎた年分に係る納税者からの減額更正の申出についても、更正の請求の手続に準じた「更正の申出書」により対応することとなった（前述第1章第1節❸参照）。ただし、仮に更正の申出書の内容通りに（減額）更正されない場合であっても、不服申立て（現行の「再調査の請求」）をすることはできない点が更正の請求とは大きく異なる（国税庁ホームページ「更正の請求期間の延長等について」参照）。現在当該制度の適用はないが、当時の状況を知る参考資料として掲載する。

なお、更正の申出に際しては、更正の請求の場合と同様に、その根拠が明らかになるような「事実を証明する書類」の添付が必要となる。本件の場合、総勘定元帳（交際費および福利厚生費の項目）、福利厚生費とすべき顛末を説明した書類、法人税申告書別表一（一）、四、十五が必要になるものと考えられる。

本件について、当初申告の別表一（一）、四、十五および更正の申出書の記載例を示すと、記載例5-14～記載例5-17のようになる。

ケース3
減価償却費の過少計上に伴う更正の請求の可否

印刷業を営むF社はコロナ禍以降の業績の低迷から抜け出せず、赤字決算に陥りそうな状態が続いている。しかし、設備投資資金につき信用金庫から融資を受けるため、赤字決算にするわけにはいかず、減価償却費の計上を調整することでなんとか少額の黒字を計上していた。

ところが先日信用金庫に追加融資を依頼したところ、減価償却費を税法通り計上すれば赤字なので、融資には応じられないと通告された。融資対策で行ってきた減価償却費の計上見送りであったが、融資が断られるのであれば全く意味をなさないことになる。そこでF社は、過年度の減価償

記載例5-14

確定申告書 — E株式会社

- 事業種目: 自動車部品製造業
- 期末現在の資本金の額又は出資金の額: 500,000,000円
- 事業年度: 平成22年04月01日 ～ 平成23年03月31日

項目	番号	金額(円)
所得金額又は欠損金額（別表四「46の①」）	1	863,000,000
法人税額（36）又は（37）	2	258,900,000
法人税額の特別控除額	3	
差引法人税額（2）-（3）	4	258,900,000
リース特別控除取戻税額	5	
課税土地譲渡利益金額	6	0 0 0
同上に対する税額（38）+（39）+（40）+（41）	7	
課税留保金額（別表三（一）「36」）	8	
同上に対する税額（別表三（一）「44」）	9	0 0 0
法人税額計（4）+（5）+（7）+（9）	10	258,900,000
仮装経理に基づく過大申告の更正に伴う控除法人税額	11	
控除税額（（10）-（11））と（18）のうち少ない金額	12	60,000
差引所得に対する法人税額（10）-（11）-（12）	13	258,840,000
中間申告分の法人税額	14	92,000,000
差引確定／中間申告の場合はその法人税額とし、マイナスの場合は、（22）へ記入	15	166,840,000

項目	番号	金額(円)
所得税額等の還付金額（46）	16	
中間納付額（14）-（13）	17	
欠損金の繰戻しによる還付請求税額	18	
計（16）+（17）+（18）	19	
所得金額又は欠損金額	20	
課税土地譲渡利益金額	21	
課税留保金額	22	
法人税額	23	
還付金額	24	
欠損金又は災害損失金等の当期控除額	26	0 0
翌期へ繰り越す欠損金又は災害損失金	27	

項目	番号	金額(円)
（30）の18％相当額	34	
（31）の30％相当額	35	
所得金額（1）	32	
所得金額（33）	33	863,000,000
法人税額	36	
法人税額（33）の30％相当額	37	258,900,000

項目	番号	金額(円)
土地譲渡税額（別表三（二）「27」）	38	
同上（別表三（二の二）「28」）	39	
土地譲渡税額の内訳（別表三（三）「15」）	40	0 0
所得税の額（別表六（一）「6の③」）	42	60,000
外国税額（別表六（二）「21」）	43	
計（42）+（43）	44	60,000
控除した金額（12）	45	60,000
控除しきれなかった金額（44）-（45）	46	
剰余金・利益の配当（剰余金の分配）の金額	47	

第2節　法人税のケーススタディ

記載例 5-15

所得の金額の計算に関する明細書

事業年度: 22・4・1 ～ 23・3・31
法人名: E株式会社

別表四 平二十二・四・一以後終了事業年度分

区　分		総　額①	処　分	
			留保②	社外流出③
当期利益又は当期欠損の額	1	省略 円	省略 円	配当 　　円 その他 省略
加算	損金の額に算入した法人税（附帯税を除く。）	2			
	損金の額に算入した道府県民税（利子割額を除く。）及び市町村民税	3			
	損金の額に算入した道府県民税利子割額	4			
	損金の額に算入した納税充当金	5			
	損金の額に算入した附帯税（利子税を除く。）、加算金、延滞金（延納分を除く。）及び過怠税	6			その他
	減価償却の償却超過額	7			
	役員給与の損金不算入額	8			その他
	交際費等の損金不算入額	9	16,500,000		その他 16,500,000
		10			
		11			
		12			
	小　計	13			
減算	減価償却超過額の当期認容額	14			
	納税充当金から支出した事業税等の金額	15			
	受取配当等の益金不算入額（別表八(一)「14」又は「29」）	16			※
	外国子会社から受ける剰余金の配当等の益金不算入額（別表八(二)「13」）	17			※
	受贈益の益金不算入額	18			※
	適格現物分配に係る益金不算入額	19			※
	法人税等の中間納付額及び過誤納に係る還付金額	20			
	所得税額及び欠損金の繰戻しによる還付金額等	21			※
		22			
		23			
		24			
	小　計	25			外※
仮　計 (1)+(13)-(25)		26	862,940,000		外※
寄附金の損金不算入額（別表十四(二)「24」又は「40」）		27			その他
沖縄の認定法人の所得の特別控除額（別表十(一)「9」又は「12」）		28	△		※ △
法人税額から控除される所得税額（別表六(一)「6の③」）		29	60,000		その他 60,000
税額控除の対象となる外国法人税の額等（別表六(二)「10」・別表十七(二の二)「39の計」）		30			その他
組合等損失額の損金不算入額又は組合等超過損失額の損金算入額（別表九(二)「10」）		31			
合　計 （26）から（31）までの計		32	863,000,000		外※
新鉱床探鉱費又は海外新鉱床探鉱費の特別控除額（別表十(三)「42」）		33	△		※ △
対内投資法人等の国外支配株主等に係る負債の利子等の損金不算入額（別表十七(二の三)「19」、「20」又は「22」）		34			その他
総　計 （32）+（33）+（34）又は（32）+（33）+（34）		35	863,000,000		外※
契約者配当の益金算入額（別表九(一)「13」）		36			
商工組合等の留保所得の特別控除額（別表十(四)「47」）		37	△		※ △
商工組合等の社外流出による益金算入額（別表十(五)「39」）		38			※
特定目的会社等の支払配当又は特定目的信託に係る受託法人の利益の分配等の損金算入額（別表十(八)「13」若しくは「31」、別表十(九)「9」、「16」若しくは「くく」、別表十(十)「23」）		39	△	△	
非適格合併又は残余財産の全部分配等による移転資産等の譲渡利益額又は譲渡損失額		40			その他
差引　計 （35）から（40）までの計		41	863,000,000		外※
欠損金又は災害損失金等の当期控除額（別表七(一)「2の計」・別表十(二)「11」、「22」又は「31」）		42	△		※ △
残余財産の確定の日の属する事業年度に係る事業税の損金算入額		43	△	△	
所得金額又は欠損金額		44	863,000,000		外※

御注意：「44」の「①」欄の金額は、「②」欄の金額に「③」欄の本書の金額を加算し、これから「※」の金額を加減算した額と符合することになりますから留意してください。

法 0301-0401

記載例 5-16

① 交際費等の損金算入に関する明細書

事業年度	22・4・1 〜 23・3・31	法人名	E株式会社

			円				円
支出交際費等の額 （7の計）	1		16,500,000	損金算入限度額 ((1)と(2)のうち少ない金額)×$\frac{90}{100}$	3		0
定額控除限度額 （0円又は600万円）×$\frac{}{12}$	2		0	損金不算入額 (1) − (3)	4		16,500,000

支出交際費等の額の明細

科　　　目	支　出　額	交際費等の額から控除される費用の額	差引交際費等の額
	5　　　円	6　　　円	7　　　円
交　際　費	6,000,000	0	6,000,000
福利厚生費	37,000,000	26,500,000	10,500,000
計	43,000,000	26,500,000	16,500,000

別表十五　平二十二・四・一以後終了事業年度分

御注意
1　この明細書は、租税特別措置法第61条の4第3項第2号の飲食等の費用について同号の規定を適用する場合には、租税特別措置法施行規則第21条の18の4に規定する書類を保存する必要がありますので御注意ください。
2　「支出交際費等の額の明細」は科目にとらわれず交際費等に該当するもののすべてを記載してください。
3　(2)欄には、期末の資本金の額又は出資金の額のうち、(1)1億円以下の法人（(2)に該当するものを除きます。）にあっては「六〇〇万円」に当期の月数を乗じてこれを12で除して計算した金額を記載し、(2)資本金の額又は出資金の額が5億円以上である法人による完全支配関係がある法人など法人税法第66条第6項第2号に掲げる法人又は1億円超の法人にあっては「0円」と記載します。

法　0301-1500

第2節　法人税のケーススタディ　　217

記載例 5-17

更正の申出書（単体申告用） ※申出

		この申出前の金額	更正の申出金額
法人名等	E株式会社		
納税地	〒 電話（　）　－		
代表者氏名			
代表者住所	〒		
事業種目	自動車部品製造　業		

自 平成　年　月　日
至 平成　年　月　日

事業年度の確定申告に係る課税標準等について下記のとおり更正の申出をします。

記

区　　　　分		この申出前の金額	更正の申出金額
所得金額又は欠損金額	1	863,000,000 円	859,800,000
所得 同上の内訳 軽減税率適用所得金額	2	0	0
その他の金額（1－2）	3	863,000,000	859,800,000
法　人　税　額	4	258,900,000	257,940,000
法人税額の特別控除額	5		
差引法人税額（4－5）	6	258,900,000	257,940,000
リース特別控除取戻税額	7		
土地譲渡利益金 課税土地譲渡利益金額	8		
同上に対する税額	9		
留保金 課税留保金額	10		
同上に対する税額	11		
使途秘匿金 使途秘匿金額	12		
同上に対する税額	13		
法人税額計（6＋7＋9＋11＋13）	14	258,900,000	257,940,000
仮装経理に基づく過大申告の更正に伴う控除法人税額	15		
控　　除　　税　　額	16	60,000	60,000
差引所得に対する法人税額（14－15－16）	17	258,840,000	257,880,000
中間申告分の法人税額	18	92,000,000	92,000,000
差引納付すべき法人税額	19	166,840,000	165,880,000
還　付　金　額	20		
翌期へ繰り越す欠損金又は災害損失金	21		

（更正の申出をする理由等）
平成23年3月期において誤って福利厚生費とすべきもの（3,200,000円）を交際費として加算調整したため。

修正申告書提出年月日	平成　年　月　日	添付書類	総勘定元帳、福利厚生費とすべき理由の説明書、別表一（一）、四、十五
更正決定通知書受理年月日	平成　年　月　日		

還付を受けようとする金融機関等　1 銀行等の預金口座に振込みを希望する場合
三菱　銀行・金庫・組合　本店・支店
ＵＦＪ　漁協・農協　　　出張所　池袋　本所・支所
普通　預金　口座番号　1234×××

2 ゆうちょ銀行の貯金口座に振込みを希望する場合
貯金口座の記号番号　　－
3 郵便局等の窓口での受け取りを希望する場合
郵便局名等

税理士署名押印　　　　　　　　　　　㊞

※税務署処理欄	部門	決算期	業種番号	整理簿	備考	通信日付印	年　月　日	確認印

（規格Ａ４）

却費の計上漏れ額を更正の請求により是正したいと考えている。

対応策

　所得税（所法49①）とは異なり、法人税については、損金に算入される減価償却費の金額は償却限度額に達するまでの任意の金額である（法法31①）。したがって、償却限度額満額を計上するのも全く計上しないのも法人の任意ということになる。そのため、法人の中には、減価償却費を一種の利益・損失計上額の「調整弁」として利用しているところもあるようである。その一例が本件のようなケースである。

　ところで、更正の請求は原則として、①申告書に記載した課税標準等または税額等の計算が国税に関する法律の規定に従っていなかった場合や、②計算に誤りがあったことにより、納付税額が過大となった場合に行うことができる手続である（通法23①一）。わが国の法人税法は、その課税所得の計算について、減価償却費の計上や貸倒引当金の繰入れなど、法人の内部的な意思決定のみで発生する取引（内部取引）については、法人の確定した決算における意思表示を重視する「確定決算主義」を採用しているが（法法74①）、法人の株主総会で承認された決算書にすでに含まれている内部取引に関する各項目は、更正の請求の対象となる①②のいずれにも該当しないこととなる。そのため、本件については更正の請求により申告内容を是正することは、残念ながらできないものと考えられる。

ケース4
純損失の金額の誤記入に関する更正の請求

　ソフトウェア開発業を営むG社（青色申告法人で資本金3億円）は、令和3年3月期にリストラ費用がかさんだため赤字決算を余儀なくされた。

翌令和4年3月期は黒字化したが利益水準が低かったため、繰越欠損金の一部のみ使用して、残額を翌期に繰り越した。令和5年3月期においては、繰越欠損金の全額を使用した申告書を作成し同年5月に提出した。ところが、令和7年7月になって経理部員の指摘で、令和3年3月期の申告書別表七の記載に誤りがあり純損失の控除額に不足があることが判明した。

G社はこのような単純なミスでも更正の請求により申告内容の是正が可能なのか判断がつきかねている。

対応策

G社における純損失等の金額（欠損金）の発生額およびその使用状況（本来の金額）は**図表5-8**の通りである。

図表5-8　G社の純損失の状況（実際）

	令和3年3月期	令和4年3月期	令和5年3月期
純損失発生額	17,500,000円	—	—
所得金額	—	3,750,000円	18,000,000円
当期控除額	—	3,750,000円	13,750,000円
翌期繰越額	17,500,000円	13,750,000円	—

ところが、G社は令和3年3月期の法人税申告書別表七で、翌事業年度以降に繰り越すこととなる欠損金の金額を7,500,000円と誤記入し、令和5年3月期の法人税額が2,320,000円過大となった。

図表5-9　G社の純損失の状況（申告ベース）

	令和3年3月期	令和4年3月期	令和5年3月期
純損失発生額	7,500,000円	—	—
所得金額	—	3,750,000円	18,000,000円
当期控除額	—	3,750,000円	3,750,000円
翌期繰越額	7,500,000円	3,750,000円	—

　そこでG社は単純なミスに係る申告の是正を行うためのアクションを起こすわけであるが、当該ミス発生に係る事業年度が令和3年3月期であり、平成23年12月2日[7]より後に法定申告期限が到来するが、平成27年度の税制改正で欠損金の繰越控除に係る更正の請求期間は10年に延長されており、幸い、今からでも十分間に合う。そのため、本件の場合、嘆願の代わりである更正の申出ではなく、更正の請求により是正を図ることとなる。

　本件のように繰越欠損金額に誤りがある場合、まず誤りがあった事業年度の欠損金額を是正し、以後順次その後の事業年度の欠損金額を是正する手続を経ることとなる。

　また、更正の請求の際には事実を証明する書類を添付することとなるが、本件の場合、次のような書類が必要となるであろう。

- 令和3年3月期の別表四および七（一）
- 令和4年3月期の別表七（一）
- 令和5年3月期の別表四、五（一）、五（二）および七（一）

　本件について、令和3年3月期の当初申告の別表四および七（一）、令和

---

[7] それ以前はわずか1年間であった。

4年3月期の別表七(一)、令和5年3月期の当初申告別表四、七(一)(いずれも関連事項のみ記載)、および更正の請求書(令和3年3月期・令和4年3月期および令和5年3月期)の記載例を示すと、記載例5-18 ～ 記載例5-25のようになる。

ケース5
特許権の侵害訴訟に伴う和解金の受領と更正の請求

医薬品開発のベンチャー企業であるH社(資本金1,000万円)は、抗がん剤に関する特許を有しているが、国内の製薬メーカーI社が当該特許を侵害していたため、平成31年2月に裁判所に提訴した。H社は自社に理があると考えていたが、裁判の長期化による費用負担が重荷となったため、令和7年1月15日に裁判所の和解勧告に従うこととした。和解内容はI社がH社に特許権不行使の対価として2,000万円支払うというものであった。

なお、H社は平成31年3月期に本来得られると考えていた特許権の使用料5,000万円を未収計上していた。

対応策

更正の請求は、通常、当初申告において記載された税額等が、計算ミス等により過大に計上されていた場合に、それを是正するために行う手続(通常の更正の請求)であるが、例外的に、確定申告書提出時には生じていなかった事実に基づき行われる場合がある。これを一般に後発的理由(事由)に基づく更正の請求といい(通法23②)、確定済みの租税法律関係を後発的理由により変動した状況に適合させるために認められた救済手続であると解されている[8]。

---

[8] 金子前掲第1章注16書970頁。

記載例 5-18

所得の金額の計算に関する明細書（簡易様式）

事業年度：2・4・1 〜 3・3・31
法人名：G株式会社
別表四（簡易様式）令二・四・一以後終了事業年度分

御注意

2 使用例、「48」の「①」欄の金額は、②欄の金額に③欄の金額を加算し、これから「※」の金額を加減算した額と符合することになりますから留意してください。

例、沖縄の認定法人の課税の特例、特定の協同組合等の特例、再投資等準備金の課税の特例、国家戦略特別区域における指定法人の課税の特例、農業経営基盤強化準備金の課税の特例、組合事業等に係る損失がある場合の課税の特例、農用地等を取得した場合の課税の特例、対外船舶運航事業を営む法人の日本船舶による収入金額の課税の特例、中部国際空港の整備に係る準備金の課税の特例の適用を受ける法人にあっては、別途様式による別表四を御整理ください。

区　分		総　額	処　　分		
			留　保	社外流出	
		①	②	③	
当期利益又は当期欠損の額	1	円	円	配当	円
				その他	
加算	損金経理をした法人税及び地方法人税（附帯税を除く。）	2			
	損金経理をした道府県民税及び市町村民税	3			
	損金経理をした納税充当金	4			
	損金経理をした附帯税（利子税を除く。）、加算金、延滞金（延納分を除く。）及び過怠税	5		その他	
	減価償却の償却超過額	6			
	役員給与の損金不算入額	7		その他	
	交際費等の損金不算入額	8		その他	
		9			
		10			
	小　　計	11			
減算	減価償却超過額の当期認容額	12			
	納税充当金から支出した事業税等の金額	13			
	受取配当等の益金不算入額	14		※	
	外国子会社から受ける剰余金の配当等の益金不算入額（別表八（二）「26」）	15		※	
	受贈益の益金不算入額	16		※	
	適格現物分配に係る益金不算入額	17		※	
	法人税等の中間納付額及び過誤納に係る還付金額	18			
	所得税額等及び欠損金の繰戻しによる還付金額等	19		※	
		20			
	小　　計	21		外※	
仮　計 (1)+(11)-(21)		22		外※	
関連者等に係る支払利子等又は対象純支払利子等の損金不算入額（別表十七（二の二）「29」又は（二の三）「10」）		23		その他	
超過利子額の損金算入額（別表十七（二の三）「10」）		24	△		※ △
仮　計 ((22)から(24)までの計)		25		外※	
寄附金の損金不算入額（別表十四（二）「24」又は「40」）		27		その他	
法人税額から控除される所得税額（別表六（一）「6の③」）		29		その他	
税額控除の対象となる外国法人税の額（別表六（二の二）「7」）		30		その他	
分配時調整外国税相当額及び外国関係会社等に係る控除対象所得税額等相当額（別表六（五の二）「5の②」＋別表十七（三の六）「1」）		31		その他	
合　計 (25)+(27)+(29)+(30)+(31)		34		外※	
契約者配当の益金算入額（別表九（一）「13」）		35			
中間申告における繰戻しによる還付に係る災害損失欠損金額の益金算入額		37		※	
非適格合併又は残余財産の全部分配等による移転資産等の譲渡利益額又は譲渡損失額		38		※	
差　引　計 (34)+(35)+(37)+(38)		39		外※	
欠損金又は災害損失金等の当期控除額（別表七（一）「4の計」＋別表七（二）「9」若しくは「21」又は別表七（三）「10」）		40	△		※ △
総　計 (39)+(40)		41		外※	
新鉱床探鉱費又は海外新鉱床探鉱費の特別控除額（別表十（三）「43」）		42	△	△	
残余財産の確定の日の属する事業年度に係る事業税の損金算入額		47	△		
所得金額又は欠損金額		48	△17,500,000	△7,500,000	外※ △10,000,000

㊞ 簡

記載例 5-19

⑤ 欠損金又は災害損失金の損金算入等に関する明細書

| 事業年度 | 2・4・1
3・3・31 | 法人名 | G株式会社 |

別表七(一)　令二・四・一以後終了事業年度分

| 控除前所得金額
(別表四「39の①」)－(別表七(二)「9」又は「21」) | 1 | 円 | 所得金額控除限度額
(1) × $\frac{50又は100}{100}$ | 2 | 円 |

事業年度	区　分	控除未済欠損金額 3	当期控除額 (当該事業年度の(3)と((2)－当該事業年度前の(4)の合計額))のうち少ない金額 4	翌期繰越額 ((3)－(4))又は(別表七(三)「15」) 5
・・	青色欠損・連結みなし欠損・災害損失	円	円	円
・・	青色欠損・連結みなし欠損・災害損失			
・・	青色欠損・連結みなし欠損・災害損失			
・・	青色欠損・連結みなし欠損・災害損失			
・・	青色欠損・連結みなし欠損・災害損失			
・・	青色欠損・連結みなし欠損・災害損失			
・・	青色欠損・連結みなし欠損・災害損失			
・・	青色欠損・連結みなし欠損・災害損失			
・・	青色欠損・連結みなし欠損・災害損失			
・・	青色欠損・連結みなし欠損・災害損失			
	計			

当期分	欠損金額(別表四「48の①」)	7,500,000	欠損金の繰戻し額	
	同上のうち 災害損失金			
	同上のうち 青色欠損金	7,500,000		7,500,000
	合　計			

災害により生じた損失の額の計算

災　害　の　種　類		災害のやんだ日又はやむを得ない事情のやんだ日	・・
災害を受けた資産の別	棚卸資産 ①	固定資産 (固定資産に準ずる繰延資産を含む。) ②	計 ①＋② ③
当期の欠損金額 (別表四「48の①」)	6			円
災害により生じた損失の額	資産の滅失等により生じた損失の額	7	円	円	
	被害資産の原状回復のための費用等に係る損失の額	8			
	被害の拡大又は発生の防止のための費用に係る損失の額	9			
	計 (7)＋(8)＋(9)	10			
保険金又は損害賠償金等の額	11			
差引災害により生じた損失の額 (10)－(11)	12			
同上のうち所得税額の還付又は欠損金の繰戻しの対象となる災害損失金額	13			
中間申告における災害損失欠損金の繰戻し額	14			
繰戻しの対象となる災害損失欠損金額 ((6の③)と((13の③)－(14の③))のうち少ない金額)	15			
繰越控除の対象となる損失の額 ((6の③)と((12の③)－(14の③))のうち少ない金額)	16			

記載例 5-20

欠損金又は災害損失金の損金算入等に関する明細書

事業年度: 3・4・1 ~ 4・3・31
法人名: G株式会社

別表七(一) 令三・四・一以後終了事業年度分

控除前所得金額 (別表四「39の①」)-(別表七(二)「9」又は「21」)	1	円	所得金額控除限度額 (1)× 50又は100/100	2	円

事業年度	区分	控除未済欠損金額 3	当期控除額 (当該事業年度の(3)と((2)-当該事業年度前の(4)の合計額)のうち少ない金額) 4	翌期繰越額 ((3)-(4))又は(別表七(三)「15」) 5
・ ・	青色欠損・連結みなし欠損・災害損失		円	
・ ・	青色欠損・連結みなし欠損・災害損失			円
・ ・	青色欠損・連結みなし欠損・災害損失			
・ ・	青色欠損・連結みなし欠損・災害損失			
・ ・	青色欠損・連結みなし欠損・災害損失			
・ ・	青色欠損・連結みなし欠損・災害損失			
・ ・	青色欠損・連結みなし欠損・災害損失			
・ ・	青色欠損・連結みなし欠損・災害損失			
・ ・	青色欠損・連結みなし欠損・災害損失			
2・4・1 ~ 3・3・31	青色欠損・連結みなし欠損・災害損失	7,500,000	3,750,000	3,750,000
	計	7,500,000	3,750,000	3,750,000

当期分	欠損金額 (別表四「48の①」)		欠損金の繰戻し額	
	同上のうち	災害損失金		
		青色欠損金		
	合計			3,750,000

災害により生じた損失の額の計算

災害の種類		災害のやんだ日又はやむを得ない事情のやんだ日	・ ・

災害を受けた資産の別	棚卸資産 ①	固定資産 (固定資産に準ずる繰延資産を含む。) ②	計 ①+② ③
当期の欠損金額 (別表四「48の①」) 6			円
災害により生じた損失の額 / 資産の滅失等により生じた損失の額 7	円	円	
被害資産の原状回復のための費用等に係る損失の額 8			
被害の拡大又は発生の防止のための費用に係る損失の額 9			
計 (7)+(8)+(9) 10			
保険金又は損害賠償金等の額 11			
差引災害により生じた損失の額 (10)-(11) 12			
同上のうち所得税額の還付又は欠損金の繰戻しの対象となる災害損失金額 13			
中間申告における災害損失欠損金の繰戻し額 14			
繰戻しの対象となる災害損失欠損金額 ((6の③)と((13の③)-(14の③))のうち少ない金額) 15			
繰越控除の対象となる損失の額 ((6の③)と((12の③)-(14の③))のうち少ない金額) 16			

記載例 5-21

所得の金額の計算に関する明細書（簡易様式）

事業年度：4・4・1 ～ 5・3・31
法人名：G株式会社
別表四（簡易様式）　令四・四・一以後終了事業年度分

区分		総額 ①	処分 留保 ②	社外流出 ③	
当期利益又は当期欠損の額	1	円	円	配当	円
				その他	
加算	損金経理をした法人税及び地方法人税（附帯税を除く。）	2			
	損金経理をした道府県民税及び市町村民税	3			
	損金経理をした納税充当金	4			
	損金経理をした附帯税（利子税を除く。）、加算金、延滞金（延納分を除く。）及び過怠税	5			その他
	減価償却の償却超過額	6			
	役員給与の損金不算入額	7			その他
	交際費等の損金不算入額	8			その他
	通算法人に係る加算額（別表四付表「5」）	9			外※
		10			
	小計	11			外※
減算	減価償却超過額の当期認容額	12			
	納税充当金から支出した事業税等の金額	13			
	受取配当等の益金不算入額（別表八（一）「13」又は「26」）	14			※
	外国子会社から受ける剰余金の配当等の益金不算入額（別表八（二）「26」）	15			※
	受贈益の益金不算入額	16			※
	適格現物分配に係る益金不算入額	17			※
	法人税等の中間納付額及び過誤納に係る還付金額	18			
	所得税額等及び欠損金の繰戻しによる還付金額等	19			※
	通算法人に係る減算額（別表四付表「10」）	20			※
		21			
	小計	22			外※
仮計 (1)+(11)-(22)		23			外※
対象純支払利子等の損金不算入額（別表十七（二の二）「29」又は「34」）		24			その他
超過利子額の損金算入額（別表十七（二の三）「10」）		25	△		※ △
仮計 (（23）から（25）までの計)		26			外※
寄附金の損金不算入額（別表十四（二）「24」又は「40」）		27			その他
法人税額から控除される所得税額（別表六（一）「6の③」）		29			その他
税額控除の対象となる外国法人税の額（別表六（二の二）「7」）		30			その他
分配時調整外国税相当額及び外国関係会社等に係る控除対象所得税額等相当額（別表六（五の二）「5の②」＋別表十七（三の六）「1」）		31			その他
合計 (26)+(27)+(29)+(30)+(31)		34			外※
中間申告における繰戻しによる還付に係る災害損失欠損金額の益金算入額		37			※
非適格合併又は残余財産の全部分配等による移転資産等の譲渡利益額又は譲渡損失額		38			
差引計 (34)+(37)+(38)		39			外※
更生欠損金又は民事再生等評価換えが行われる場合の再生等欠損金の損金算入額（別表七（三）「9」又は「21」）		40	△		※ △
通算対象欠損金額の損金算入額又は通算対象所得金額の益金算入額（別表七の二「5」又は「11」）		41			※
差引計 (39)+(40)±(41)		43	18,000,000	12,000,000	外※ 6,000,000
欠損金又は災害損失金等の当期控除額（別表七（一）「4の計」＋別表七（四）「10」）		44	△ 3,750,000		※ △ 3,750,000
総計 (43)+(44)		45	14,250,000	12,000,000	外※ 2,250,000
残余財産の確定の日の属する事業年度に係る事業税及び特別法人事業税の損金算入額		51	△	△	
所得金額又は欠損金額		52	14,250,000	12,000,000	外※ 2,250,000

御注意

1　「52」の①欄の金額は、「②」欄の金額に「③」欄の金額を加減算した額と符合することになります。

2　沖縄の認定法人の課税の特例等の規定の適用を受ける法人にあっては、別様式による別表四を御使用ください。

記載例 5-22

欠損金又は災害損失金の損金算入等に関する明細書

事業年度：4・4・1 ～ 5・3・31
法人名：G株式会社
別表七(一) 令四・四・一以後終了事業年度分

控除前所得金額 (別表四「43の①」)	1	円	損金算入限度額 (1)× 50又は100/100	2	円

事業年度	区分	控除未済欠損金額 3	当期控除額 (当該事業年度の(3)と((2)−当該事業年度前の(4)の合計額))のうち少ない金額 4	翌期繰越額 ((3)−(4))又は(別表七(四)「15」) 5
・・	青色欠損・連結みなし欠損・災害損失	円	円	円
・・	青色欠損・連結みなし欠損・災害損失			
・・	青色欠損・連結みなし欠損・災害損失			
・・	青色欠損・連結みなし欠損・災害損失			
・・	青色欠損・連結みなし欠損・災害損失			
・・	青色欠損・連結みなし欠損・災害損失			
・・	青色欠損・連結みなし欠損・災害損失			
・・	青色欠損・連結みなし欠損・災害損失			
・・	青色欠損・連結みなし欠損・災害損失			
2・4・1 ～ 3・3・31	青色欠損・連結みなし欠損・災害損失	3,750,000	3,750,000	0
	計			

当期分	欠損金額 (別表四「52の①」)		欠損金の繰戻し額	
	同上のうち	災害損失金		
		青色欠損金		
	合　　計			0

災害により生じた損失の額の計算

災害の種類		災害のやんだ日又はやむを得ない事情のやんだ日 ・ ・

災害を受けた資産の別	棚卸資産 ①	固定資産 (固定資産に準ずる繰延資産を含む。) ②	計 ①+② ③

当期の欠損金額 (別表四「52の①」)	6			円
災害により生じた損失の額	資産の滅失等により生じた損失の額	7	円	円
	被害資産の原状回復のための費用等に係る損失の額	8		
	被害の拡大又は発生の防止のための費用に係る損失の額	9		
	計 (7)+(8)+(9)	10		
保険金又は損害賠償金等の額	11			
差引災害により生じた損失の額 (10)−(11)	12			
同上のうち所得税額の還付又は欠損金の繰戻しの対象となる災害損失金額	13			
中間申告における災害損失欠損金の繰戻し額	14			
繰戻しの対象となる災害損失欠損金額 ((6の③)と((13の③)−(14の③))のうち少ない金額)	15			
繰越控除の対象となる損失の額 ((6の③)と((12の③)−(14の③))のうち少ない金額)	16			

記載例 5-23

更正の請求書（単体申告用）

※整理番号

令和7年8月1日

税務署長殿

納税地　〒
電話（　）　－
（フリガナ）
法人名等　G株式会社
法人番号
（フリガナ）
代表者氏名
代表者住所　〒
事業種目　ソフトウェア開発業

|国税通則法第23条|
|旧法人税法第80条の2|
|旧地方法人税法第24条|
|旧租税特別措置法第66条の4|

の規定に基づき、自 平成・令和 2年 4月 1日　事業年度
至 平成・令和 3年 3月31日　課税事業年度　の確定申告に係る課税標準等について下記のとおり更正の請求をします。

記

区分			この請求前の金額	更正の請求金額
法人税額	所得	所得金額又は欠損金額 1	△7,500,000 円	△17,500,000 円
	同上の内訳	軽減税率適用所得金額 2		
		その他の金額（1－2） 3		
	法人税額 4			
	法人税額の特別控除額 5			
	差引法人税額（4－5） 6			
	連結納税の承認を取り消された場合等における既に控除された法人税額の特別控除額等の加算額 7			
	土地譲渡利益金	課税土地譲渡利益金額 8	000	000
		同上に対する税額 9		
	留保金	課税留保金額 10	000	000
		同上に対する税額 11		
	使途秘匿金	使途秘匿金額 12	000	000
		同上に対する税額 13		
	法人税額計（6＋7＋9＋11＋13） 14			
	分配時調整外国税相当額及び外国関係会社等に係る控除対象所得税額等相当額の控除額 15			
	仮装経理に基づく過大申告の更正に伴う控除法人税額 16			
	控除税額 17			
	差引所得に対する法人税額（14－15－16－17） 18		00	00
	中間申告分の法人税額 19		00	00
	差引	納付すべき法人税額 20	00	00
		還付金額 21		
	翌期へ繰り越す欠損金又は災害損失金 22		7,500,000	17,500,000
地方法人税額	課税標準法人税額の計算	基準法人税額に対する法人税額 23		
		課税留保金額に対する法人税額 24		
		課税標準法人税額（23＋24） 25	000	000
	（23）に係る地方法人税額 26			
	（24）に係る地方法人税額 27			
	所得地方法人税額（26＋27） 28			
	分配時調整外国税相当額及び外国関係会社等に係る控除対象所得税額等相当額の控除額 29			
	外国税額の控除額 30			
	仮装経理に基づく過大申告の更正に伴う控除地方法人税額 31			
	差引地方法人税額（28－29－30－31） 32		00	00
	中間申告分の地方法人税額 33		00	00
	差引	納付すべき地方法人税額 34	00	00
		還付金額 35		

（更正の請求をする理由等）令和3年3月期に欠損金額17,500,000円が生じていたが、別表七（一）への記載について誤って7,500,000円としたため、翌期以降への繰越控除額が過少となったため。

修正申告書提出年月日　平成・令和　年　月　日
更正決定通知書受理年月日　平成・令和　年　月　日
添付書類　令和3年3月期別表四、七（一）

還付を受けようとする金融機関等
1　銀行等の預金口座に振込みを希望する場合
　銀行　本店・支店
　金庫・組合　出張所
　漁協・農協　本所・支所
　預金　口座番号
2　ゆうちょ銀行の貯金口座に振込みを希望する場合
　貯金口座の記号番号
3　郵便局等の窓口での受取を希望する場合
　郵便局名等

税理士署名

※税務署処理欄　部門　決算期　業種番号　整理簿　備考　通信日付印　年月日　確認

04.06 改正　（平成31年4月1日以後終了令和4年4月1日前開始事業年度等分）

記載例 5-24

更正の請求書
（単体申告用）

※整理番号

納税地	〒　　電話（　）　－
（フリガナ）法人名等	G株式会社
法人番号	
（フリガナ）代表者氏名	
代表者住所	〒
事業種目	ソフトウェア開発業

税務署受付印

令和7年8月1日

税務署長殿

国税通則法第23条
旧法人税法第80条の2
旧地方法人税法第24条
旧租税特別措置法第66条の4

の規定に基づき、自 平成・令和 3年 4月 1日　事業年度
　　　　　　　　 至 平成・令和 4年 3月31日　課税事業年度

の確定申告に係る課税標準等について下記のとおり更正の請求をします。

記

区　分				この請求前の金額	更正の請求金額
法人税額	所得	所得金額又は欠損金額	1	0円	0円
		内訳 軽減税率適用所得金額	2		
		その他の金額（1－2）	3		
	法　人　税　額		4		
	法人税額の特別控除額		5		
	差引法人税額（4－5）		6		
	連結納税の承認を取り消された場合等における既に控除された法人税額の特別控除額の加算額		7		
	土地譲渡利益金	課税土地譲渡利益金額	8	0 0 0	0 0 0
		同上に対する税額	9		
	留保金	課税留保金額	10	0 0 0	0 0 0
		同上に対する税額	11		
	使途秘匿金	使途秘匿金額	12	0 0 0	0 0 0
		同上に対する税額	13		
	法人税額計（6＋7＋9＋11＋13）		14		
	分配時調整外国税相当額及び外国関係会社等に係る控除対象所得税額等相当額の控除額		15		
	仮装経理に基づく過大申告の更正に伴う控除法人税額		16		
	控除税額		17		
	差引所得に対する法人税額（14－15－16－17）		18	0 0	0 0
	中間申告分の法人税額		19	0 0	0 0
	差引	納付すべき法人税額	20	0 0	0 0
		還付金額	21		
	翌期へ繰り越す欠損金又は災害損失金		22	3,750,000	13,750,000
地方法人税額	課税標準法人税額の計算	基準法人税額 所得の金額に対する法人税額	23		
		課税標準法人税額 課税留保金額に対する法人税額	24		
		課税標準法人税額（23＋24）	25	0 0 0	0 0 0
	（23）に係る地方法人税額		26		
	（24）に係る地方法人税額		27		
	所得地方法人税額（26＋27）		28		
	分配時調整外国税相当額及び外国関係会社等に係る控除対象所得税額等相当額の控除額		29		
	外国税額の控除		30		
	仮装経理に基づく過大申告の更正に伴う控除地方法人税額		31		
	差引地方法人税額（28－29－30－31）		32	0 0	0 0
	中間申告分の地方法人税額		33	0 0	0 0
	差引	納付すべき地方法人税額	34	0 0	0 0
		還付金額	35		

（更正の請求をする理由等）令和3年3月期に計上した欠損金額を10,000,000円過少に計上したため、繰越欠損金額が同額過少となったため。

修正申告書提出年月日	平成・令和　年　月　日	添付書類	令和4年3月期別表七（一）
更正決定通知書受理年月日	平成・令和　年　月　日		

還付を受けようとする金融機関等	1 銀行等の預金口座に振込みを希望する場合　銀行・支店　金庫・組合　本店・支所　漁協・農協　出張所　預金　口座番号　本所・支所	2 ゆうちょ銀行の貯金口座に振込みを希望する場合　貯金口座の記号番号　－
		3 郵便局等の窓口での受取を希望する場合　郵便局名等

税理士署名	

※税務署処理欄	部門	決算期	業種番号	番号	整理簿	備考	通信日付印	年月日	確認

04.06 改正　　　　　（平成31年4月1日以後終了令和4年4月1日前開始事業年度等分）

第2節　法人税のケーススタディ

記載例 5-25

更 正 の 請 求 書

※整理番号

税務署受付印

令和7年8月1日

税務署長殿

納税地	〒　　　電話（　）－
（フリガナ）法人名等	G株式会社
法人番号	
（フリガナ）代表者氏名	
代表者住所	〒
事業種目	ソフトウェア開発　業

国税通則法第23条
法人税法第81条
地方法人税法第24条
租税特別措置法第66条の4

の規定に基づき、自 平成・令和 4年4月1日 事業年度
　　　　　　　　　至 平成・令和 5年3月31日 課税事業年度 の確定申告に係る課税標準等について下記のとおり更正の請求をします。

記

区　分			この請求前の金額	更正の請求金額
法人税額	所得	所得金額又は欠損金額 1	14,250,000 円	4,250,000 円
		同上の内訳 軽減税率適用所得金額 2		
		その他の金額（1－2） 3	14,250,000	4,250,000
	法人税額 4		3,306,000	986,000
	法人税額の特別控除額 5			
	差引法人税額（4－5） 6		3,306,000	986,000
	税額控除超過額相当額等の加算額 7			
	土地譲渡利益金	課税土地譲渡利益金額 8	000	000
		同上に対する税額 9		
	留保金	課税留保金額 10	000	000
		同上に対する税額 11		
	使途秘匿金	使途秘匿金額 12	000	000
		同上に対する税額 13		
	法人税額計（6＋7＋9＋11＋13） 14		3,306,000	986,000
	分配時調整外国税相当額及び外国関係会社等に係る控除対象所得税額等相当額の控除額 15			
	仮装経理に基づく過大申告の更正に伴う控除法人税額 16			
	控除税額 17		35,000	35,000
	差引所得に対する法人税額（14－15－16－17） 18		3,271,000	951,000
	中間申告分の法人税額 19		00	00
	差引	納付すべき法人税額 20	3,271,000	951,000
		還付金額 21		
	翌期へ繰り越す欠損金又は災害損失金 22			
地方法人税額	課税標準法人税額の計算	基準法人税額	所得の金額に対する法人税額 23		
			課税留保金額に対する法人税額 24		
		課税標準法人税額（23＋24） 25	000	000
	（23）に係る地方法人税額 26			
	税額控除超過額相当額等の加算額 27			
	（24）に係る地方法人税額 28			
	所得地方法人税額（26＋27＋28） 29			
	分配時調整外国税相当額及び外国関係会社等に係る控除対象所得税額等相当額の控除額 30			
	仮装経理に基づく過大申告の更正に伴う控除地方法人税額 31			
	外国税額の控除額 32			
	差引地方法人税額（29－30－31－32） 33		00	00
	中間申告分の地方法人税額 34		00	00
	差引	納付すべき地方法人税額 35	00	00
		還付金額 36		

（更正の請求をする理由等）令和3年3月期に計上した欠損金額を10,000,000円過少に計上したため、繰越欠損金額が同額過少となったため。

修正申告書提出年月日	令和　年　月　日	添付書類	令和5年3月期別表四、五（一）、五（二）、七（一）
更正決定通知書受理年月日	令和　年　月　日		

還付を受けようとする金融機関等

1 銀行等の預金口座に振込みを希望する場合
　みずほ　銀行・金庫・組合　池袋　本店・支店
　　　　　　漁協・農協　　　　　　出張所
　　　　　　　　　　　　　　　　　本所・支所
　普通　預金　口座番号 1234×××

2 ゆうちょ銀行の貯金口座に振込みを希望する場合
　貯金口座の記号番号　　－　　－

3 郵便局等の窓口での受取を希望する場合
　郵便局名等

税理士署名

※税務署処理欄　部門　決算期　業種番号　番号　整理簿　備考　通信日付印　年 月 日　確認

（令和4年4月1日以後開始令和5年4月1日前終了事業年度分）

230　第5章　更正の請求を行う場面のケーススタディと記載例

国税通則法に定められた後発的理由による更正の請求は、以下の三類型である。

① 申告、更正または決定に係る課税標準等または税額等の計算の基礎となった事実に関する訴えについての判決（判決と同一の効力を有する和解その他の行為を含む）により、その事実が当該計算の基礎としたところと異なることが確定した場合（通法23②一）
② 申告、更正または決定に係る課税標準等または税額等の計算にあたって、申告をした者または決定を受けた者に帰属するものとされていた所得等が他の者に帰属するという更正または決定があったとき（通法23②二）
③ その他国税の法定申告期限後に生じた上記①または②に類する政令所定の「やむを得ない理由」があるとき（通法23②三）

本件のように、当初申告で計上した特許権の使用料の金額と裁判所による和解（訴訟上の和解（起訴後の和解）、民訴法89）で示されたその金額とが異なり過大となる場合には、上記①に該当するため、その和解の成立した日の翌日から2月以内に更正の請求を行うことができると考えられる。

なお、国税通則法の改正により、平成23年12月2日以後に法定申告期限が到来する場合には、当該申告期限から5年以内（令和6年5月31日）であれば、後発的理由に基づく更正の請求期限を徒過しても更正の請求を行うことができることとなったが、本件の場合その期限は既に途過している。

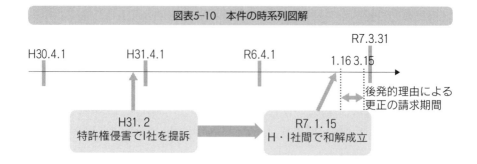

図表5-10　本件の時系列図解

本件について、更正の請求書の記載例を示すと、記載例5-26のようになる。

ケース6
争いがあった不動産の所有権に関する合意に基づく更正の請求

　建設業を営むJ社（資本金5億円）は、令和6年2月に、国道沿いに有する遊休地を駐車場用地としてスーパーに3億円(簿価1.5億円)で売却し、令和6年3月期の確定申告でそれを含めて申告を行った。ところが、同年10月にJ社の代表取締役の親族が突然その土地の一部の所有権を有すると主張して、売却代金の一部（所有面積按分）を引き渡すよう争いとなった。数回の交渉の結果、J社は令和7年7月、親族の所有権(売却地の6分の1)を認め、5,000万円支払うことで合意した。

　本件については当初令和8年3月期の申告で処理する予定であったが、経理部長が後発的理由に基づく更正の請求に該当するのではないかということに気付き、令和7年12月にJ社は顧問税理士にその手続を依頼した。

記載例 5-26

更 正 の 請 求 書

※整理番号

税務署受付印

令和 7 年 3 月 10 日

税務署長殿

納税地	〒　電話（　）　－
（フリガナ）法人名等	H株式会社
法人番号	
（フリガナ）代表者氏名	
代表者住所	〒
事業種目	医薬品製造業

国税通則法第23条
法人税法第81条
地方法人税法第24条
租税特別措置法第66条の4

の規定に基づき、自 ⑰成・令和30年 4 月 1 日 事業年度
至 ⑰成・令和31年 3 月31日 課税事業年度

の確定申告に係る課税標準等について下記のとおり更正の請求をします。

記

	区　　　　分			この請求前の金額	更正の請求金額
法人税額	所得	所得金額又は欠損金額	1		146,000,000 円
		同上の　軽減税率適用所得金額	2		8,000,000
		内 訳　その他の金額（1－2）	3		138,000,000
	法　人　税　額		4		33,216,000
	法人税額の特別控除額		5		
	差引法人税額（4－5）		6		33,216,000
	税額控除超過額相当額等の加算額		7		
	土地譲渡利益金	課税土地譲渡利益金額	8		0 0 0
		同上に対する税額	9		
	留保金	課税留保金額	10		0 0 0
		同上に対する税額	11		
	使途秘匿金	使途秘匿金額	12		0 0 0
		同上に対する税額	13		
	法人税額計（6＋7＋9＋11＋13）		14		33,216,000
	分配時調整外国税相当額及び外国関係会社等に係る控除対象所得税額等相当額の控除額		15		
	仮装経理に基づく過大申告の更正に伴う控除法人税額		16		
	控　除　税　額		17		20,000
	差引所得に対する法人税額（14－15－16－17）		18		33,196,0 0 0
	中間申告分の法人税額		19		16,000,0 0 0
	差引	納付すべき法人税額	20	0 0 円	17,196,0 0 0
		還付金額	21		
	翌期へ繰り越す欠損金又は災害損失金		22		
地方法人税額	課税標準法人税額の計算	基準法人税額　所得の金額に対する法人税額	23		
		課税留保金額に対する法人税額	24		
		課税標準法人税額（23＋24）	25		0 0 0
	（23）に係る地方法人税額		26		
	税額控除超過額相当額等の加算額		27		
	（24）に係る地方法人税額		28		
	所得地方法人税額（26＋27＋28）		29		
	分配時調整外国税相当額及び外国関係会社等に係る控除対象所得税額等相当額の控除額		30		
	仮装経理に基づく過大申告の更正に伴う控除地方法人税額		31		
	外国税額の控除		32		
	差引地方法人税額（29－30－31－32）		33		0 0
	中間申告分の地方法人税額		34		0 0
	差引	納付すべき地方法人税額	35	0 0 円	0 0
		還付金額	36		

（更正の請求をする理由等）令和7年1月15日に特許権をめぐる訴訟で裁判所による和解が成立したため。

修正申告書提出年月日	令和　年　月　日	添付書類	和解調書
更正決定通知書受理年月日	令和　年　月　日		

還付を受けようとする金融機関等	1　銀行等の預金口座に振込みを希望する場合　三井住友　銀行・金庫・組合　池袋　池袋　本店・支店　出張所　本所・支所　普通　預金　口座番号　1234×××	2　ゆうちょ銀行の貯金口座に振込みを希望する場合　貯金口座の記号番号　　3　郵便局等の窓口での受取を希望する場合　郵便局名等

税理士署名

※税務署処理欄	部門	決算期	業種番号	番号	整理簿	備考	通信日付印　年　月　日	確認

（令和5年4月1日以後終了事業年度分）

対応策

　ケース5で見た通り、確定申告書提出時には生じていなかった事実がその提出後に発生したため、納付すべき税額が過大となり、その是正が必要となる場合に対処するため、更正の請求が認められるケースがある。これを一般に後発的理由（事由）に基づく更正の請求という（通法23②）。

　本件の場合、所有権の争いに係る当事者間の合意が**ケース5**で示した①の「判決と同一の効力を有する和解その他の行為を含む」に該当する可能性がある。しかし、国税通則法の条文で示された要件は「判決と同一の効力を有する」ということであり、裁判所による和解（起訴前の和解[9]または起訴後の和解）のように裁判所が関与することが前提となるものと考えられる。したがって、本件のように不動産に関する所有権の争いについて、裁判所の関与なしに当事者間の話し合いにより合意したケースについては、「判決と同一の効力を有する和解その他の行為を含む」に該当しないこととなり、後発的理由による更正の請求は行えないものと考えられる。

　ただし、本件は令和6年3月期の申告内容（納付税額の過大）にかかる是正であるため、通常の更正の請求の期限は改正後の国税通則法の規定である5年が適用される。後発的理由による更正の請求期限が徒過していても、通常の更正の請求の期限が到来していなければ、通常の更正の請求によることができる。したがって、本件は通常の更正の請求により申告内容の是正を求めることができる。

　本件について、更正の請求書の記載例を示すと、**記載例5-27**のようになる。

---

[9] 簡易裁判所で行われる和解であり、訴訟係属を前提としないものをいうと解され、即決和解ともいわれる。中野他前掲第4章注28書434頁参照。

記載例 5-27

更 正 の 請 求 書

※整理番号

税務署受付印

令和 7 年 12 月 1 日

税務署長殿

納税地	〒　　　電話（　）　－
（フリガナ）法人名等	J株式会社
法人番号	
（フリガナ）代表者氏名	
代表者住所	〒
事業種目	建設　　　　　　　業

国税通則法第23条
法人税法第81条
地方法人税法第24条
租税特別措置法第66条の4

の規定に基づき、自 平成・令和 5年 4月 1日　事業年度
　　　　　　　　　至 平成・令和 6年 3月31日　課税事業年度　の確定申告に係る課税標準等について下記のとおり更正の請求をします。

記

区　　　　　　分				この請求前の金額	更正の請求金額
法人税額	所得	所得金額又は欠損金額	1		545,000,000 円
		同上の内訳 軽減税率適用所得金額	2		
		その他の金額（1－2）	3		545,000,000
	法　人　税　額		4		126,440,000
	法人税額の特別控除額		5		
	差引法人税額（4－5）		6		126,440,000
	税額控除超過額相当額等の加算額		7		
	土地讓渡利益金	課税土地讓渡利益金額	8		000
		同上に対する税額	9		
	留保金	課税留保金額	10		000
		同上に対する税額	11		
	使途秘匿金	使途秘匿金額	12		000
		同上に対する税額	13		
	法人税額計（6＋7＋9＋11＋13）		14		126,440,000
	分配時調整外国税相当額及び外国関係会社等に係る控除対象所得税額等相当額の控除額		15		
	仮装経理に基づく過大申告の更正に伴う控除法人税額		16		
	控　除　税　額		17		80,000
	差引所得に対する法人税額（14－15－16－17）		18		126,360,000
	中間申告分の法人税額		19		63,000,000
	差引	納付すべき法人税額	20	0 0 円	63,360,000
		還付金額	21		
	翌期へ繰り越す欠損金又は災害損失金		22		
地方法人税額の計算	課税標準法人税額	基準法人税額 所得の金額に対する法人税額	23		
		課税留保金額に対する法人税額	24		
		課税標準法人税額（23＋24）	25		000
	（23）に係る地方法人税額		26		
	税額控除超過額相当額等の加算額		27		
	（24）に係る地方法人税額		28		
	所得地方法人税額（26＋27＋28）		29		
	分配時調整外国税相当額及び外国関係会社等に係る控除対象所得税額等相当額の控除額		30		
	仮装経理に基づく過大申告の更正に伴う控除地方法人税額		31		
	外国税額の控除額		32		
	差引地方法人税額（29－30－31－32）		33		0 0
	中間申告分の地方法人税額		34		0 0
	差引	納付すべき地方法人税額	35	0 0 円	0 0
		還付金額	36		

（更正の請求をする理由等）令和6年3月期に売却した土地の所有権について争いがあり、合意したため、売却代金が過大に計上されていたことから。

修正申告書提出年月日	令和　年　月　日	添付書類	不動産の所有権に関する合意書
更正決定通知書受理年月日	令和　年　月　日		

還付を受けようとする金融機関等	1 銀行等の預金口座に振込みを希望する場合 　銀行　　　　　　　　本店・支店 　金庫・組合　　　　　　出張所 　漁協・農協　　　　　　本所・支所 　　預金　口座番号	2 ゆうちょ銀行の貯金口座に振込みを希望する場合 　貯金口座の記号番号 3 郵便局等の窓口での受取を希望する場合 　郵便局名等

税理士署名	

※税務署処理欄	部門	決算期	業種番号	番号	整理簿	備考	通信日付印 年 月 日	確認

（令和5年4月1日以後終了事業年度分）

ケース7
減額更正に伴う法人税の還付金の処理方法

　運送業を営むK社（資本金1億5,000万円）は、令和6年3月期の申告内容について検討したところ、ある得意先に対する売上が二重に計上されていたことが判明したため、同年10月に更正の請求を行い、法人税額900,000円、道府県民税額54,000円、市町村民税額130,500円が還付されることとなった。K社は当該還付法人税等を令和7年3月期の収益の額に算入した。

対応策

1 還付金を収益計上した場合

　更正の請求が認められ、その税額が還付された場合、当該税額を請求した法人でどのように処理するのかが問題となる。更正の請求が認められた場合、課税庁から「法人税額等の更正通知書」が送付されてくる。当該通知書は「7　翌期首現在の利益積立金額について（記載例5-28参照）」に必要な情報が記載されるはずであるので、基本的に、当該通知を受けた事業年度の申告書別表五（一）の「期首現在利益積立金額」欄にその情報（金額）を転記することとなる。

　また、法人税や法人住民税、過少申告加算税等は損金不算入の租税公課であるが、K社のようにそれらの還付金を収益の額に算入した場合、申告書で減算調整が必要となる。K社の受入仕訳が以下の通りであったとする。

| 普通預金 | 1,084,500円 | 還付法人税等 | 1,084,500円 |
| 還付法人税等 | 1,084,500円 | 雑収入 | 1,084,500円 |

記載例5-28

1　納付すべき税額は、同封の納付書により　　　年　　月　　日までに金融機関等（郵便局を含む。）又は当税務署へ納付(注)してください。
　　(注)　納付書表面にバーコードが表示されている場合は、コンビニエンスストアに納付を委託できます。
　　　　　利用可能なコンビニエンスストアについては、バーコードが表示されている納付書の裏面でご確認ください。
2　本税等と併せて納付すべき延滞税は、次の「延滞税の額の計算方法」により計算して納付してください。
3　延滞税の額の計算方法（国税通則法第60条、第61条、第118条及び第119条）

$$\boxed{\text{納付すべき本税の額 (注)1}} \times \boxed{\text{延滞税の割合 (注)2}} \times \frac{\text{期　間（日　数）(注)3}}{\text{法定納期限の翌日から完納の日まで}} = \boxed{\text{延滞税の額 (注)4}}$$

365

(注)　1　本税の額が10,000円未満の場合には、延滞税を納付する必要はありません。
　　　　本税の額に10,000円未満の端数があるときは、これを切り捨てて計算してください。
　　　2　平成12年1月1日以後の延滞税の割合は、年単位（1/1～12/31）で、以下のとおり適用することになります。
　　　　①　平成12年1月1日から平成25年12月31日までの期間に対応する延滞税の割合
　　　　　・納期限の翌日から2月を経過するまで・・・年「前年の11月30日の日本銀行が定める基準割引率＋4％」
　　　　　・納期限の翌日から2月を経過した日以後・・・年「14.6％」
　　　　②　平成26年1月1日以後の期間に対応する延滞税の割合
　　　　　・納期限の翌日から2月を経過するまで・・・年「7.3％」と「特例基準割合（※1）＋1％」のいずれか低い割合
　　　　　・納期限の翌日から2月を経過した日以後・・・年「14.6％」と「特例基準割合（※1）＋7.3％」のいずれか低い割合
　　　　　（※1）各年の前々年の10月から前年の9月までの各月における銀行の新規の短期貸出約定平均金利の合計を12で除して得た割合として
　　　　　　　各年の前年の12月15日までに財務大臣が告示する割合に、年1％の割合を加算した割合
　　　　③　令和3年1月1日以後の期間に対応する延滞税の割合
　　　　　・納期限の翌日から2月を経過するまで・・・年「7.3％」と「延滞税特例基準割合（※2）＋1％」のいずれか低い割合
　　　　　・納期限の翌日から2月を経過した日以後・・・年「14.6％」と「延滞税特例基準割合（※2）＋7.3％」のいずれか低い割合
　　　　　（※2）各年の前々年の9月から前年の8月までの各月における銀行の新規の短期貸出約定平均金利の合計を12で除して得た割合として
　　　　　　　各年の前年の11月30日までに財務大臣が告示する割合に、年1％の割合を加算した割合
　　　3　次の場合には、延滞税の額の計算の基礎となる「期間（日数）」に特例が設けられていますからご注意ください。
　　　　①　期限内申告書を提出している場合で確定申告期限から1年を経過した日以降に更正等があったとき又は期限後申告書を提出している場合でその提出した日の翌日から起算して1年を経過した日以後に更正等があったとき（偽りその他不正の行為により税金を免れ、又は還付を受けた法人に対する更正については、この特例の適用はありません。）（国税通則法第61条第1項）
　　　　②　期限内申告書又は期限後申告書を提出した後に減額更正がされ、その後更に増額更正等があった場合（当該期限内申告書又は期限後申告書に係る税額に達するまでの部分に限ります。）（国税通則法第61条第2項）
　　　　　ただし、平成29年1月1日以後に法定納期限が到来する国税について適用されます。
　　　　③　欠損金の繰戻しに係る還付金の額が減少する場合（国税通則法施行令第25条第1号）
　　　　④　期限後申告書に係る還付金の額が減少する場合（国税通則法施行令第25条第3号）
　　　4　延滞税の額が1,000円未満の場合には、納付する必要はありません。
　　　　延滞税の額に100円未満の端数があるときは、これを切り捨てて計算してください。
4　さきに、法人税法第144条の7又は同法第144条の8の規定により、申告書の提出期限の延長を受けている場合には、その延長期間中は利子税がかかりますので、本税等と併せて納付してください。
5　この更正又は決定が、申告期限から1年を経過してされた場合で、その国税を一時に納付することができないと認められるときは、原則として納期限内にされた申請により、1年以内の期間、納税の猶予が認められます。
6　内容にご不明な点がありましたら遠慮なく当税務署にお問い合わせください。
7　翌期首現在の利益積立金額について
　　この更正又は決定により、税務計算上の翌期首現在利益積立金額は、次のとおりとなります。

科　　　　目	翌期首現在利益積立金額	科　　　　目	翌期首現在利益積立金額
利　益　準　備　金			
積　立　金			
還付法人税	900,000		
還付道府県民税	54,000		
還付市町村民税	130,500		
		繰　越　損　益　金	
		納　税　充　当　金	
		未納法人税、未納地方法人税及び未納復興特別法人税	△
		未納都道府県民税	△
		未納市町村民税	△
		差　引　合　計　額	

第2節　法人税のケーススタディ　237

この場合、別表四の減算欄（法人税等の中間納付額および過誤納に係る還付金額）に1,084,500円を記載（処分は「留保」）することとなる。

なお、還付加算金の額および損金に算入される事業税等の還付額については、収益の額に算入されることとなる。

本件について、令和7年3月期の法人税申告書別表四および五（一）の記載例（該当部分のみ記載）を示すと、記載例5-29、記載例5-30のようになる。

2 還付金を収益計上しない場合

ところで、還付法人税等を収益に計上しない場合の処理としては、同額を納税充当金に繰り入れるという方法がある。この場合、K社は次のような受入仕訳を行うこととなる。

普通預金	1,084,500円	還付法人税等	1,084,500円
還付法人税等	1,084,500円	納税充当金	1,084,500円

この場合、令和7年3月期の法人税申告書においては、所得金額に影響しないことから別表四の申告調整は不要であるが、別表五（一）において還付法人税等を納税充当金に振り替える処理が必要となる。これを令和7年3月期の法人税申告書別表五（一）の記載例（該当部分のみ記載）で示すと、記載例5-31のようになる。

記載例5-29

所得の金額の計算に関する明細書（簡易様式）

事業年度： 6・4・1 ～ 7・3・31
法人名： K株式会社

別表四（簡易様式） 令六・四・一以後終了事業年度分

御注意

21
「52」の①欄の金額は、沖縄の認定法人の課税の特例等の規定の適用を受ける法人にあっては、「②」欄の金額に「③」欄の本書の金額を加算し、これから「※」の金額を加減算した額と符合することになります。

区　分		総額①	処分		
			留保②	社外流出③	
当期利益又は当期欠損の額	1	円	円	配当	円
				その他	
加算	損金経理をした法人税及び地方法人税（附帯税を除く。）	2			
	損金経理をした道府県民税及び市町村民税	3			
	損金経理をした納税充当金	4			
	損金経理をした附帯税（利子税を除く。）、加算金、延滞金（延納分を除く。）及び過怠税	5			その他
	減価償却の償却超過額	6			
	役員給与の損金不算入額	7			その他
	交際費等の損金不算入額	8			その他
	通算法人に係る加算額（別表四付表「5」）	9			外※
		10			
	小　計	11			外※
減算	減価償却超過額の当期認容額	12			
	納税充当金から支出した事業税等の金額	13			
	受取配当等の益金不算入額（別表八（一）「5」）	14			※
	外国子会社から受ける剰余金の配当等の益金不算入額（別表八（二）「26」）	15			※
	受贈益の益金不算入額	16			
	適格現物分配に係る益金不算入額	17			※
	法人税等の中間納付額及び過誤納に係る還付金額	18	1,084,500	1,084,540	
	所得税額等及び欠損金の繰戻しによる還付金額等	19			※
	通算法人に係る減算額（別表四付表「10」）	20			※
		21			
	小　計	22			外※
仮計　(1)+(11)-(22)		23			外※
対象純支払利子等の損金不算入額（別表十七（二の二）「29」又は「34」）		24			その他
超過利子額の損金算入額（別表十七（二の三）「10」）		25	△		※ △
仮計　((23)から(25)までの計)		26			
寄附金の損金不算入額（別表十四（二）「24」又は「40」）		27			その他
法人税額から控除される所得税額（別表六（一）「6の③」）		29			その他
税額控除の対象となる外国法人税の額（別表六（二の二）「7」）		30			その他
分配時調整外国税相当額及び外国関係会社等に係る控除対象所得税額等相当額（別表六（五の二）「5の②」+別表十七（三の六）「1」）		31			その他
合　計　(26)+(27)+(29)+(30)+(31)		34			外※
中間申告における繰戻しによる還付に係る災害損失欠損金額の益金算入額		37			※
非適格合併又は残余財産の全部分配等による移転資産等の譲渡利益額又は譲渡損失額		38			
差　引　計　(34)+(37)+(38)		39			外※
更生欠損金又は民事再生等評価換えが行われる場合の再生等欠損金の損金算入額（別表七（三）「9」又は「21」）		40	△		※ △
通算対象欠損金額の損金算入額又は通算対象所得金額の益金算入額（別表七の二「5」又は「11」）		41			※
差　引　計　(39)+(40)±(41)		43			外※
欠損金等の当期控除額（別表七（一）「4の計」+別表七（四）「10」）		44			※
総　計　(43)+(44)		45			外※
残余財産の確定の日の属する事業年度に係る事業税及び特別法人事業税の損金算入額		51	△	△	
所得金額又は欠損金額		52			外※

第2節　法人税のケーススタディ

記載例 5-30

利益積立金額及び資本金等の額の計算に関する明細書

| 事業年度 | 6・4・1 〜 7・3・31 | 法人名 | K株式会社 |

別表五(一) 令六・四・一以後終了事業年度分

御注意
この表は、通常の場合には次の式により検算ができます。
期首現在利益積立金額合計「31」① ＋ 別表四留保所得金額又は欠損金額「52」 ＋ 中間分・確定分の通算税効果額の合計額 ＝ 差引翌期首現在利益積立金額合計「31」④
− 中間分・確定分の法人税等、道府県民税及び市町村民税の合計額

I 利益積立金額の計算に関する明細書

区　分		期首現在利益積立金額 ①	当期の増減 減 ②	当期の増減 増 ③	差引翌期首現在利益積立金額 ①−②+③ ④
利益準備金	1	円	円	円	円
積立金	2				
	3				
	4				
	5				
	6				
	7				
	8				
	9				
	10				
	11				
	12				
	13				
	14				
	15				
	16				
	17				
	18				
	19				
	20				
	21				
還付法人税	22	△900,000	△900,000		0
還付道府県民税	23	△54,000	△54,000		0
還付市町村民税	24	△130,500	△130,500		0
繰越損益金（損は赤）	25				
納税充当金	26				
未納法人税等 未納法人税及び未納地方法人税（附帯税を除く。）	27	△	△	中間 △ 確定 △	△
未払通算税効果額（附帯税に係る部分の金額を除く。）	28			中間 確定	
未納道府県民税（均等割を含む。）	29	△	△	中間 △ 確定 △	△
未納市町村民税（均等割を含む。）	30	△	△	中間 △ 確定 △	△
差引合計額	31				

II 資本金等の額の計算に関する明細書

区　分		期首現在資本金等の額 ①	当期の増減 減 ②	当期の増減 増 ③	差引翌期首現在資本金等の額 ①−②+③ ④
資本金又は出資金	32	円	円	円	円
資本準備金	33				
	34				
	35				
差引合計額	36				

記載例 5-31 納税充当金に繰り入れたケース

利益積立金額及び資本金等の額の計算に関する明細書

事業年度 6・4・1 ～ 7・3・31
法人名 K株式会社
別表五(一) 令六・四・一以後終了事業年度分

御注意

この表は、通常の場合には次の式により検算ができます。
期首現在利益積立金額合計「31」① ＋ 別表四留保所得金額又は欠損金額「52」 − 中間分・確定分の法人税等、道府県民税及び市町村民税の合計額 ＝ 差引翌期首現在利益積立金額合計「31」④

I 利益積立金額の計算に関する明細書

区分		期首現在利益積立金額 ①	当期の減 ②	当期の増 ③	差引翌期首現在利益積立金額 ①−②+③ ④
利益準備金	1	円	円	円	円
積立金	2				
	3				
	4				
	5				
	6				
	7				
	8				
	9				
	10				
	11				
	12				
	13				
	14				
	15				
	16				
	17				
	18				
	19				
	20				
	21				
還付法人税	22	△900,000	△900,000		0
還付道府県民税	23	△54,000	△54,000		0
還付市町村民税	24	△130,500	△130,500		0
繰越損益金（損は赤）	25				
納税充当金	26			1,084,500	
未納法人税等	未納法人税及び未納地方法人税（附帯税を除く。）	27	△	△	中間 △ 確定 △	△
	未払通算税効果額（附帯税の額に係る部分の金額を除く。）	28			中間 確定	
	未納道府県民税（均等割を含む。）	29	△	△	中間 △ 確定 △	△
	未納市町村民税（均等割を含む。）	30	△	△	中間 △ 確定 △	△
差引合計額	31				

II 資本金等の額の計算に関する明細書

区分		期首現在資本金等の額 ①	当期の減 ②	当期の増 ③	差引翌期首現在資本金等の額 ①−②+③ ④
資本金又は出資金	32	円	円	円	円
資本準備金	33				
	34				
	35				
差引合計額	36				

ケース8
当初申告で外国税額控除の適用を受けなかった場合の更正の請求

　貿易業を営むL社（資本金3億円）は海外に数か所支店を有している。この度国税局の税務調査を受け、直近事業年度である令和7年3月期について8,000,000円の売上計上漏れ（いわゆる「期ずれ」）を指摘され、修正申告の勧奨を受けた。ただし、令和7年3月期の当初申告では5,000,000円の赤字を計上していたため、海外支店が現地国において課税された税額に係る外国税額控除の適用を受けていなかった。

　L社は、外国税額控除の適用が受けられるのであれば、修正申告の勧奨に応じようと考えている。

対応策

　外国税額控除[10]については、これまで当初申告要件が付されており、当初申告で適用を行っていない場合には更正の請求による是正ができなかった。しかし、国税通則法の改正に伴う各税法の改正に伴い、外国税額控除を含む多くの規定で当初申告要件が外され、更正の請求により事後的に適用が受けられることとなった（法法69、第4章第4❶参照）。

　本件の場合、当初申告では赤字であったため外国税額控除の適用を受けられなかったものの、税務調査により売上計上漏れが指摘された結果、黒字転換する見込みであるため納税額が生じるが、当該納税額を減ずるため当初申告での適用を見送った外国税額控除の適用を受けられるかどうかが

---

[10] 外国税額控除の当初申告要件の見直しにつながったと考えられる判例に、大分地裁平成18年2月13日判決・税資256号10312頁およびその控訴審福岡高裁平成19年5月9日判決・税資257号10708頁がある。

問題となる。改正後の法人税法第69条第10項では、「第一項の規定は、確定申告書、修正申告書又は更正請求書に同項の規定による控除を受けるべき金額……、適用する。」(傍点筆者)とあり、外国税額控除に関して当初申告要件が外されたため、修正申告ないし更正の請求で当初申告において適用しなかった外国税額控除を新たに適用することは可能である。

　本件の当初申告の別表一および四(関連事項のみ記載)は 記載例5-32 、 記載例5-33 の通りである。当初申告では赤字であるため別表四の30欄(税額控除の対象となる外国法人税の額等)はブランクとなる。

　一方、修正申告に応じた場合の別表一、同次葉、四、五(一)、六(二)、六(二の二)、六(四)(関連個所のみ記載)は 記載例5-34 ～ 記載例5-40 のようになる。この場合、更正の請求によるのではなく、修正申告書の中で外国税額控除の別表等を添付し是正を求めることとなる。

ケース9
修正申告に伴う事業税の増加と更正の請求

　ソフトウェアの開発を行うM社(資本金1億5,000万円)は、令和7年3月期の決算を行っている際、2事業年度前の令和5年3月期において工事進行基準により収益計上すべき開発業務を工事完成基準で計上したことから、同事業年度の売上高および納付税額が過少になることが判明したため、令和7年4月30日に修正申告を行った。

　その影響で、翌事業年度である令和6年3月期において損金算入すべき事業税額が増加し、結果として同事業年度における納付税額が過大となった。この場合、更正の請求により納付税額の還付を受けることができるのか、M社は現在検討しているところである。

記載例 5-32

L株式会社

令和 06 年 04 月 01 日
令和 07 年 03 月 31 日
事業年度分の法人税 確定 申告書
課税事業年度分の地方法人税 申告書

所得金額又は欠損金額（別表四「52の①」）	1	△50,000,000
法人税額 (48)+(49)+(50)	2	
法人税額の特別控除額（別表六（六）「5」）	3	
税額控除超過額相当額等の加算額	4	
課税土地譲渡利益金額（別表三（二）「24」+別表三（三）「20」）	5	000
同上に対する税額 (62)+(63)+(64)	6	
課税留保金額（別表三（一）「4」）	7	000
同上に対する税額（別表三（一）「8」）	8	
法人税額計 (2)-(3)+(4)+(6)+(8)	9	
分配時調整外国税相当額及び外国関係会社等に係る控除対象所得税額等相当額の控除額	10	
仮装経理に基づく過大申告の更正に伴う控除法人税額	11	
控除税額	12	
差引所得に対する法人税額 (9)-(10)-(11)-(12)	13	
中間申告分の法人税額	14	
差引確定法人税額 (13)-(14)	15	00

所得税の額（別表六（一）「6の③」）	16	
外国税額（別表六（二）「23」）	17	
計 (16)+(17)	18	
控除した金額 (12)	19	
控除しきれなかった金額 (18)-(19)	20	
所得税額等の還付金額 (20)	21	
中間納付額 (14)-(13)	22	
欠損金の繰戻しによる還付請求額	23	
計 (21)+(22)+(23)	24	
この申告が修正申告である場合のこの申告により納付すべき法人税額又は減少する還付請求税額 (57)	25	00
欠損金等の当期控除額	26	
翌期へ繰り越す欠損金（別表七（一）「5の合計」）	27	50,000,000

課税標準法人税額	28	
課税留保金額に対する法人税額 (8)	29	
課税標準法人税額 (28)+(29)	30	000
地方法人税額 (53)	31	
税額控除超過額相当額の加算額	32	
課税留保金額に係る地方法人税額 (54)	33	
所得地方法人税額 (31)+(32)+(33)	34	
分配時調整外国税相当額及び外国関係会社等に係る控除対象所得税額等相当額の控除額	35	
仮装経理に基づく過大申告の更正に伴う控除地方法人税額	36	
外国税額の控除額	37	
差引地方法人税額 (34)-(35)-(36)-(37)	38	
中間申告分の地方法人税額	39	
差引確定地方法人税額 (38)-(39)	40	

外国税額の還付金額 (67)	41	
中間納付額 (39)-(38)	42	
計 (41)+(42)	43	
この申告が修正申告である場合のこの申告により納付すべき地方法人税額 (61)	44	00

記載例 5-33

所得の金額の計算に関する明細書（簡易様式）

事業年度　6・4・1 〜 7・3・31
法人名　L株式会社

別表四（簡易様式）　令六・四・一以後終了事業年度分

御注意
「沖縄の認定法人の課税の特例等の規定の適用を受ける法人の本書にあっては、別様式による別表四の「52」の「①」欄の金額に「②」欄の金額に「③」欄の本書の金額を加算し、これから「※」の金額を加減算した額と符合することになります。

区　分		総　額 ①	処　　　分	
			留　保 ②	社外流出 ③
当期利益又は当期欠損の額	1	円	円	配当　円
				その他
加算	損金経理をした法人税及び地方法人税（附帯税を除く。）	2			
	損金経理をした道府県民税及び市町村民税	3			
	損金経理をした納税充当金	4			
	損金経理をした附帯税（利子税を除く。）、加算金、延滞金（延納分を除く。）及び過怠税	5			その他
	減価償却の償却超過額	6			
	役員給与の損金不算入額	7			その他
	交際費等の損金不算入額	8			その他
	通算法人に係る加算額（別表四付表「5」）	9			外※
		10			
	小　計	11			外※
減算	減価償却超過額の当期認容額	12			
	納税充当金から支出した事業税等の金額	13			
	受取配当等の益金不算入額（別表八（一）「5」）	14			※
	外国子会社から受ける剰余金の配当等の益金不算入額（別表八（二）「26」）	15			※
	受贈益の益金不算入額	16			※
	適格現物分配に係る益金不算入額	17			※
	法人税等の中間納付額及び過誤納に係る還付金額	18			
	所得税額等及び欠損金の繰戻しによる還付金額等	19			※
	通算法人に係る減算額（別表四付表「10」）	20			※
		21			
	小　計	22			外※
仮　計 (1)+(11)-(22)		23			外※
対象純支払利子等の損金不算入額（別表十七（二の二）「29」又は「34」）		24			その他
超過利子額の損金算入額（別表十七（二の三）「10」）		25	△		※
仮　計 ((23)から(25)までの計)		26			外※
寄附金の損金不算入額（別表十四（二）「24」又は「40」）		27			その他
法人税額から控除される所得税額（別表六（一）「6の③」）		29			その他
税額控除の対象となる外国法人税の額（別表六（二の二）「7」）		30	**ブランク**		その他
分配時調整外国税相当額及び外国関係会社等に係る控除対象所得税額等相当額（別表六（五の二）「5の②」+別表十七（三の六）「1」）		31			その他
合　計 (26)+(27)+(29)+(30)+(31)		34			外※
中間申告における繰戻しによる還付に係る災害損失欠損金額の益金算入額		37			※
非適格合併又は残余財産の全部分配等による移転資産等の譲渡利益額又は譲渡損失額		38			※
差　引　計 (34)+(37)+(38)		39			外※
更生欠損金又は民事再生等評価換えが行われる場合の再生等欠損金の損金算入額（別表七（三）「9」又は「21」）		40	△		※
通算対象欠損金額の損金算入額又は通算対象所得の益金算入額（別表七の二「5」又は「11」）		41			※
差　引　計 (39)+(40)±(41)		43			
欠損金等の当期控除額（別表七（一）「4の計」+別表七（四）「10」）		44			※
総　計 (43)+(44)		45			外※
残余財産の確定の日の属する事業年度に係る事業税及び特別法人事業税の損金算入額		51	△	△	
所得金額又は欠損金額		52	△5,000,000	△3,000,000	外※ △2,000,000

（簡）

第2節　法人税のケーススタディ

記載例 5-34

税務署受付印	令和　年　月　日　税務署長殿
納税地	電話(　　)　　－
(フリガナ)	
法人名	L株式会社
法人番号	
(フリガナ)	
代表者	
代表者住所	

通算グループ整理番号	
通算親法人整理番号	
法人区分	普通法人(特定の医療法人を除く。)、一般社団法人等、みなし法人等、人格のない社団等／左記以外の公益法人等、協同組合等又は特定の医療法人
事業種目	貿易業
期末現在の資本金の額又は出資金の額	円　非中小法人
同上が1億円以下の普通法人のうち中小法人に該当しないもの	
同非区分	特定同族会社　同族会社　非同族会社
旧納税地及び旧法人名等	
添付書類	貸借対照表、損益計算書、株主(社員)資本等変動計算書又は損益金処分表、勘定科目内訳明細書、事業概況書、組織再編成に係る契約書等の写し、組織再編成に係る移転資産等の明細書

※税務署処理欄：青色申告　一連番号／整理番号／事業年度(至)　年　月　日／売上金額／申告年月日　年　月　日／通信日付印　確認　庁指定　局指定　指導等　区分／申告区分：法人税（中間　期限後　修正）地方法人税（中間　期限後　修正）

令和 06 年 04 月 01 日　事業年度分の法人税 修正 申告書
令和 07 年 03 月 31 日　課税事業年度分の地方法人税 申告書
(中間申告の場合の計算期間　令和　年　月　日　令和　年　月　日)

適用額明細書提出の有無　有　無
税理士法第30条の書面提出有　税理士法第33条の2の書面提出有

この申告書による法人税額の計算

項目	番号	金額(円)
所得金額又は欠損金額 (別表四「52の①」)	1	3000000
法人税額 (48)+(49)+(50)	2	696000
法人税額の特別控除額 (別表六(六)「5」)	3	
税額控除超過額相当額等の加算額	4	
土地譲渡利益金 課税土地譲渡利益金額 (別表三(二)「24」)+(別表三(二の二)「25」)+(別表三(三)「20」)	5	000
同上に対する税額 (62)+(63)+(64)	6	
留保金 課税留保金額 (別表三(一)「4」)	7	000
同上に対する税額 (別表三(一)「8」)	8	
		00
法人税額計 (2)－(3)＋(4)＋(6)＋(8)	9	696000
分配時調整外国税相当額及び外国関係会社等に係る控除対象所得税額等相当額の控除額 (別表六(五の二)「7」)+(別表十七(三の六)「3」)	10	
仮装経理に基づく過大申告の更正に伴う控除法人税額	11	
控除税額 (((9)－(10)－(11))と(18)のうち少ない金額)	12	280000
差引所得に対する法人税額 (9)－(10)－(11)－(12)	13	416000
中間申告分の法人税額	14	00
差引確定法人税額 (13)－(14) (中間申告の場合はその税額とし、マイナスの場合は(22)へ記入)	15	416000

控除税額の計算・この申告による還付金額

項目	番号	金額(円)
所得税の額 (別表六(一)「6の③」)	16	
外国税額 (別表六(二)「23」)	17	280000
計 (16)+(17)	18	280000
控除した金額 (12)	19	
控除しきれなかった金額 (18)－(19)	20	
所得税額等の還付金額 (20)	21	
中間納付額 (14)－(13)	22	
欠損金の繰戻しによる還付請求税額	23	外
計 (21)+(22)+(23)	24	外
この申告が修正申告である場合のこの申告により納付すべき法人税額又は減少する還付請求税額 (57)	25	外 416000
欠損金等の当期控除額 (別表七(一)「4の計」)+(別表七(三)「9」若しくは「21」又は別表七(四)「10」)	26	
翌期へ繰り越す欠損金額 (別表七(一)「5の合計」)	27	

この申告書による地方法人税額の計算

項目	番号	金額(円)
課税標準法人税額の計算 基準法人税額 所得の金額に対する法人税額	28	
課税留保金額に対する法人税額 (8)	29	
課税標準法人税額 (28)+(29)	30	000
地方法人税額 (53)	31	
税額控除超過額相当額の加算額 (別表六(二)付表六「14の計」)	32	
課税留保金額に係る地方法人税額 (54)	33	
所得地方法人税額 (31)+(32)+(33)	34	
分配時調整外国税相当額及び外国関係会社等に係る控除対象所得税額等相当額の控除額	35	
仮装経理に基づく過大申告の更正に伴う控除地方法人税額	36	
外国税額の控除額 (((34)－(35)－(36))と(65)のうち少ない金額)	37	
差引地方法人税額 (34)－(35)－(36)－(37)	38	00
中間申告分の地方法人税額	39	00
差引確定地方法人税額 (38)－(39) (中間申告の場合はその税額とし、マイナスの場合は(42)へ記入)	40	00

項目	番号	金額(円)
外国税額の還付金額 (67)	41	
中間納付額 (39)－(38)	42	
計 (41)+(42)	43	外
この申告が修正申告である場合のこの申告により納付すべき地方法人税額 (61)	44	00
剰余金・利益の配当(剰余金の分配)の金額		

残余財産の最後の分配又は引渡しの日　令和　年　月　日　決算確定の日　令和　年　月　日

還付を受けようとする金融機関等：銀行・金庫・組合・農協・漁協　本店・支店・出張所・本所・支所　預金　郵便局名等　口座番号　ゆうちょ銀行の貯金記号番号　－　※税務署処理欄

税理士署名

別表一　各事業年度の所得に係る申告書－内国法人の分……令六・四・一以後終了事業年度等分

記載例 5-35

| 事業年度等 | 6・4・1
7・3・31 | 法人名 | L株式会社 |

別表一次葉　令六・四・一以後終了事業年度等分

法　人　税　額　の　計　算				
(1)のうち中小法人等の年800万円相当額以下の金額 ((1)と800万円×$\frac{12}{12}$のうち少ない金額)又は(別表一付表「5」)	45	000	(45)の15％又は19％相当額	48
(1)のうち特例税率の適用がある協同組合等の年10億円相当額を超える金額 (1)-10億円×$\frac{12}{12}$	46	000	(46)の22％相当額	49
その他の所得金額 (1)-(45)-(46)	47	3,000,000	(47)の19％又は23.2％相当額	50	696,000

地　方　法　人　税　額　の　計　算				
所得の金額に対する法人税額 (28)	51	000	(51)の10.3％相当額	53
課税留保金額に対する法人税額 (29)	52	000	(52)の10.3％相当額	54

こ　の　申　告　が　修　正　申　告　で　あ　る　場　合　の　計　算					
法人税額の計算	この申告前の	法　人　税　額	55	0	
		還　付　金　額	56	外	
	この申告により納付すべき法人税額又は減少する還付請求税額 ((15)-(55))若しくは((15)+(56))又は((56)-(24))	57	外 416,0 00	
地方法人税額の計算	この申告前の	確定地方法人税額	58	
		還　付　金　額	59	
		欠損金の繰戻しによる還付金額	60	
	この申告により納付すべき地方法人税額 ((40)-(58))若しくは((40)+(59)+(60))又は(((59)-(43))+((60)-(43の外書))	61	00

土　地　譲　渡　税　額　の　内　訳				
土　地　譲　渡　税　額 (別表三(二)「25」)	62	0	土　地　譲　渡　税　額 (別表三(三)「21」)	64	00
同　　　　　　　　　　　上 (別表三(二の二)「26」)	63	0		

地　方　法　人　税　額　に　係　る　外　国　税　額　の　控　除　額　の　計　算				
外　国　税　額 (別表六(二)「56」)	65		控除しきれなかった金額 (65)-(66)	67
控　除　し　た　金　額 (37)	66			

記載例 5-36

所得の金額の計算に関する明細書（簡易様式）

事業年度 6・4・1 〜 7・3・31
法人名 L株式会社
別表四（簡易様式）令六・四・一以後終了事業年度分

御注意
2 1
沖縄の認定法人の課税の特例等の規定の適用を受ける法人にあっては、「52」の「①」欄の金額は、「②」欄の金額に「③」欄の本書の金額を加算し、別様式による別表四を御使用ください。これから「※」の金額を加減算した額と符合することになります。

区　分		総額①	処分	
			留保②	社外流出③
当期利益又は当期欠損の額	1	円	円	配当　円 その他
加算	損金経理をした法人税及び地方法人税（附帯税を除く。）	2			
	損金経理をした道府県民税及び市町村民税	3			
	損金経理をした納税充当金	4			
	損金経理をした附帯税(利子税を除く。)、加算金、延滞金(延納分を除く。)及び過怠税	5			その他
	減価償却の償却超過額	6			
	役員給与の損金不算入額	7			その他
	交際費等の損金不算入額	8			その他
	通算法人に係る加算額（別表四付表「5」）	9			外※
	売掛金計上もれ	10	8,000,000	8,000,000	
	小　計	11			外※
減算	減価償却超過額の当期認容額	12			
	納税充当金から支出した事業税等の金額	13			
	受取配当等の益金不算入額（別表八(一)「5」）	14			※
	外国子会社から受ける剰余金の配当等の益金不算入額（別表八(二)「26」）	15			※
	受贈益の益金不算入額	16			※
	適格現物分配に係る益金不算入額	17			※
	法人税等の中間納付額及び過誤納に係る還付金額	18			
	所得税額等及び欠損金の繰戻しによる還付金額等	19			※
	通算法人に係る減算額（別表四付表「10」）	20			※
		21			
	小　計	22			外※
仮　計 (1)+(11)-(22)		23			外※
対象純支払利子等の損金不算入額（別表十七(二の二)「29」又は「34」）		24			その他
超過利子額の損金算入額（別表十七(二の三)「10」）		25	△		※
仮　計 (23)から(25)までの計		26			外※
寄附金の損金不算入額（別表十四(二)「24」又は「40」）		27			その他
法人税額から控除される所得税額（別表六(一)「6の③」）		29			その他
税額控除の対象となる外国法人税の額（別表六(二の二)「7」）		30	280,000		その他　280,000
分配時調整外国税相当額及び外国関係会社等に係る控除対象所得税額等相当額（別表六(五の二)「5の②」）+（別表十七(三の六)「1」）		31			その他
合　計 (26)+(27)+(29)+(30)+(31)		34			外※
中間申告における繰戻しによる還付に係る災害損失欠損金額の益金算入額		37			※
非適格合併又は残余財産の全部分配等による移転資産等の譲渡利益額又は譲渡損失額		38			
差　引　計 (34)+(37)+(38)		39			外※
更生欠損金又は民事再生等評価換えが行われる場合の再生等欠損金の損金算入額（別表七(三)「9」又は「21」）		40	△		※　△
通算対象欠損金額の損金算入額又は通算対象所得金額の益金算入額（別表七の二「5」又は「11」）		41			※
差　引　計 (39)+(40)±(41)		43			
欠損金等の当期控除額（別表七(一)「4の計」）+（別表七(四)「10」）		44	△		※
総　計 (43)+(44)		45			外※
残余財産の確定の日の属する事業年度に係る事業税及び特別法人事業税の損金算入額		51		△	
所得金額又は欠損金額		52	3,000,000	5,000,000	外※　△2,000,000

㊙

248　第5章　更正の請求を行う場面のケーススタディと記載例

記載例 5-37

利益積立金額及び資本金等の額の計算に関する明細書

| 事業年度 | 6・4・1 ～ 7・3・31 | 法人名 | L株式会社 |

別表五(一) 令六・四・一以後終了事業年度分

御注意

この表は、通常の場合には次の式により検算ができます。

期首現在利益積立金額合計「31」① ＋ 別表四留保所得金額又は欠損金額「52」 － 中間分・確定分の法人税等、道府県民税及び市町村民税の合計額 ＝ 差引翌期首現在利益積立金額合計「31」④

I 利益積立金額の計算に関する明細書

区分		期首現在利益積立金額 ①	当期の増減 減 ②	当期の増減 増 ③	差引翌期首現在利益積立金額 ①－②＋③ ④
利 益 準 備 金	1	円	円	円	円
積 立 金	2				
売掛金計上もれ	3			8,000,000	8,000,000
	4				
	5				
	6				
	7				
	8				
	9				
	10				
	11				
	12				
	13				
	14				
	15				
	16				
	17				
	18				
	19				
	20				
	21				
	22				
	23				
	24				
繰越損益金（損は赤）	25				
納 税 充 当 金	26				
未納法人税等	未納法人税及び未納地方法人税（附帯税を除く。）	27	△	△	中間 △ 確定 △	△
	未払通算税効果額（附帯税の額に係る部分の金額を除く。）	28			中間 確定	
	未納道府県民税（均等割を含む。）	29	△	△	中間 △ 確定 △	△
	未納市町村民税（均等割を含む。）	30	△	△	中間 △ 確定 △	△
差 引 合 計 額	31				

II 資本金等の額の計算に関する明細書

区分		期首現在資本金等の額 ①	当期の増減 減 ②	当期の増減 増 ③	差引翌期首現在資本金等の額 ①－②＋③ ④
資本金又は出資金	32	円	円	円	円
資 本 準 備 金	33				
	34				
	35				
差 引 合 計 額	36				

第2節 法人税のケーススタディ

記載例 5-38

内国法人の外国税額の控除に関する明細書

事業年度等 6・4・1 〜 7・3・31
法人名 L株式会社
別表六(二) 令六・四・一以後終了事業年度等分

I 法人税に係る外国税額の控除に関する明細書

	区分	番号	金額
当期の法人税の控除対象外国法人税額等の計算	当期の控除対象外国法人税額（別表六(二の二)「21」）	1	280,000円
	当期の法人税額（(別表一「2」-「3」)-別表六(五の三)「5の③」-別表十七(三の六)「1」）（マイナスの場合は0）	2	696,000
	所得金額又は欠損金額（別表四「52の①」）	3	3,000,000
	繰越欠損金の当期控除額（別表七(一)「4の計」）	4	
	対象船舶運航事業者の日本船舶による収入金額に係る所得の金額の損金算入額（別表十(四)「20」）	5	
	対象船舶運航事業者の日本船舶による収入金額に係る所得の金額の益金算入額（別表十(四)「21」又は「23」）	6	
	組合等損失額の損金不算入額（別表九(二)「6」）	7	
	組合等損失超過合計額の損金算入額（別表九(二)「9」）	8	
	計 (3)+(4)+(5)-(6)-(7)+(8)（マイナスの場合は0）	9	3,000,000
当期の調整国外所得金額の計算	国外事業所等帰属所得に係る所得の金額（別表六(二)付表一「25」）	10	
	その他の国外源泉所得に係る所得の金額（46の①）	11	
	(10)+(11)（マイナスの場合は0）	12	
	非課税国外所得の金額（46の②）+（別表六(二)付表一「26」）（マイナスの場合は0）	13	
	(12)-(13)（マイナスの場合は0）	14	
	(9)×90%	15	2,700,000
	調整国外所得金額（(14)と(15)のうち少ない金額）	16	2,700,000
当期に控除できる金額の計算	法人税の控除限度額 (2)×(16)/(9)（通算法人の場合は別表六(二)付表五「35」）	17	626,400
	法第69条第1項により控除できる金額（(1)と(17)のうち少ない金額）	18	280,000
	法第69条第2項により控除できる金額（別表六(三)「30の②」）	19	
	法第69条第3項により控除できる金額（別表六(三)「34の②」）	20	
	((18)+(19)+(20))又は当初申告税額控除額	21	280,000
	法第69条第18項により控除できる金額（別表六(二)付表六「6の計」）	22	
	当期に控除できる金額 (21)+(22)	23	280,000

	区分	番号	国外所得対応分 ①	①のうち非課税所得分 ②
当期のその他の国外源泉所得に係る所得の金額の計算	その他の国外源泉所得に係る当期利益額又は当期欠損の額	24	円	円
加算	納付した控除対象外国法人税額	25		
	交際費等の損金不算入額	26		
	貸倒引当金の戻入額	27		
		29		
		30		
		31		
		32		
		33		
		34		
	小　計	35		
減算	貸倒引当金の繰入額	36		
		37		
		38		
		39		
		40		
		41		
		42		
		43		
		44		
	小　計	45		
	計 (24)+(35)-(45)	46		

II 地方法人税に係る外国税額の控除に関する明細書

区分	番号	金額	区分	番号	金額
当期の控除対象外国法人税額 (1)	47	円	地方法人税の控除限度額 (51)×(16)/(9)（通算法人の場合は別表六(二)付表五「43」）	52	円
法人税の控除限度額 (17)	48		地方法第12条第1項により控除できる金額（(49)と(52)のうち少ない金額）	53	
差引控除対象外国法人税額 (47)-(48)	49		(53) 又は当初申告税額控除額	54	
課税標準法人税額（別表一「2」-「3」）	50	000	地方法第12条第8項により控除できる金額（別表六(二)付表六「13の計」）	55	
地方法人税額 (50)×10.3%-(((別表六(五の三)「1」+別表十七(三の六)「1」-(50))と0のうち多い金額)（マイナスの場合は0）	51		外国税額の控除額 (54)+(55)	56	

250　第5章　更正の請求を行う場面のケーススタディと記載例

記載例 5-39

当期の控除対象外国法人税額に関する明細書

事業年度 6・4・1 〜 7・3・31　法人名 L株式会社

別表六(二)の二　令六・四・一以後終了事業年度分

				円
当期に納付する控除対象外国法人税額の計算	当期に納付する分	控除対象外国法人税額 (別表六(四)「29」)＋(別表六(四の二)「25」)	1	280,000
		利子等に係る控除対象外国法人税額 (別表六(五)「14」)	2	
	みなし納付する分	控除対象外国法人税額 (別表六(四)「30」)＋(別表六(四の二)「26」)	3	
		利子等に係る控除対象外国法人税額 (別表六(五)「15」)	4	
	計 (1)＋(2)＋(3)＋(4)		5	280,000
	外国関係会社に係る控除対象外国法人税額 (別表十七(三の五)「37」)		6	
	納付した控除対象外国法人税額計 (1)＋(2)＋(6)		7	280,000
	納付したとみなされる控除対象外国法人税額計 (3)＋(4)		8	
	計 (7)＋(8)		9	280,000

			円
当期に減額された控除対象外国法人税額	納付分に係る減額分 (別表六(四)「31」)	10	
	みなし納付分に係る減額分 (別表六(四)「32」)	11	
	外国関係会社に係る減額分 (別表十七(三の五)「36」)	12	
	計 (10)＋(11)＋(12)	13	
前期までに減額された外国法人税額のうち未充当控除対象分	期分	14	
	期分	15	
	期分	16	
	期分	17	
	計 (14)＋(15)＋(16)＋(17)	18	
合　計 (13)＋(18)		19	

(19) － (9)	20	
当期の控除対象外国法人税額 (9) － (19)	21	280,000

第2節　法人税のケーススタディ　　251

記載例5-40

控除対象外国法人税額に関する明細書

| 事業年度 | 6・4・1
7・3・31 | 法人名 | L株式会社 |

別表六四 令六・四・一以後終了事業年度分

国 名	1	アメリカ					
所 得 の 種 類	2	事業					
税 種 目	3	法人税					
納付確定日（納付すべき日）又は納付日	4	6・6・15	・・	・・	・・	・・	・・
源泉・申告・賦課の区分	5	源・⊕・賦	源・申・賦	源・申・賦	源・申・賦	源・申・賦	
事業年度又は計算期間	6	5・4・1 6・3・31	・・ ・・	・・ ・・	・・ ・・	・・ ・・	

納付外国法人税額

課 税 標 準	7	US$ 20,000	
税 率（％）	8		
税 額 (7)×(8)	9	2,000	
税 額 控 除 額	10		
納付すべき税額 (9)－(10)	11	2,000	

みなし納付外国法人税額

みなし納付の基礎となる条約及び相手国の法令の根拠規定	12	
課 税 標 準	13	
税 率（％）	14	
税 額 (13)×(14)	15	
税 額 控 除 額	16	
納付すべき税額 (15)－(16)	17	
納付したとみなされる外国法人税額 (17)－(11)	18	

控除対象外国法人税額

外国法人税額の合計 (11)＋(18)	19	2,000					
控除対象外国法人税額（（（(7)又は(13)）×35％）と(19)のうち少ない金額）	20	2,000					
納付分 (11)と(20)のうち少ない金額	21	(280,000 円) 2,000	(円)	(円)	(円)	(円)	
みなし納付分 (20)－(21)	22	(円)	(円)	(円)	(円)	(円)	

外国法人税額が異動した場合

納付分	増額又は減額前の事業年度の(21)の金額	23						
	(21)≧(23)の場合 (21)－(23)	24	(円)	(円)	(円)	(円)	(円)	
	(21)＜(23)の場合 (23)－(21)	25	(円)	(円)	(円)	(円)	(円)	
みなし納付分	増額又は減額前の事業年度の(22)の金額	26						
	(22)≧(26)の場合 (22)－(26)	27	(円)	(円)	(円)	(円)	(円)	
	(22)＜(26)の場合 (26)－(22)	28	(円)	(円)	(円)	(円)	(円)	

納付した控除対象外国法人税額（(21)欄又は(24)欄の合計）	29	280,000 円	減額された納付控除対象外国法人税額（(25)欄の合計）	31	円
納付したとみなされる控除対象外国法人税額（(22)欄又は(27)欄の合計）	30	円	減額されたみなし納付控除対象外国法人税額（(28)欄の合計）	32	円

対応策

　更正の請求には、国税通則法の規定（通法23①）によるものと、各税法の規定によるものとがある。本件の場合、修正申告の内容が正当なものであれば、その跳ね返り分として翌事業年度において損金算入される事業税の金額が増加することは明らかであるため、納税者側から更正の請求がなくとも、課税庁は職権により当該跳ね返り分に係る減額更正を行うべきであるといえる。

　しかし、何らかの理由で課税庁が職権による減額更正を行わない場合には、それを求めるため納税者側から更正の請求を行う必要があるだろう。その場合、通常の更正の請求期間を徒過していなければ通常の更正の請求を、その期間を徒過していれば、後発的理由による更正の請求（本件は「前事業年度の法人税額等の更正等に伴う更正の請求の特例（旧法法80の2、現法法81一）」）により対応することとなる。

図表5-11　前事業年度の法人税額等の更正等に伴う更正の請求の特例の図解

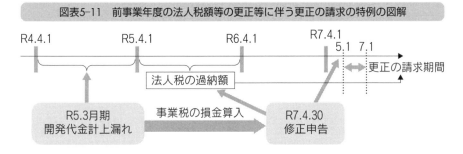

　本件の場合は更正の請求期間を徒過していないため、通常の更正の請求により是正を求めることとなるだろう。

ケース10
粉飾決算の場合の更正の請求の可否

　金属加工業を営むN社（資本金3億円）は、ここ数年業績不振が続き、

赤字決算が続いていた。しかし、継続して赤字決算であると金融機関から融資の引き上げがなされるため、やむを得ず令和6年3月期についてはキャンセルになった売上高（1,200万円（税抜））を架空計上（掛売上）することで何とか赤字決算を免れていた。

翌令和7年3月期は経営改善の努力がようやく成果として現れ、5期ぶりに黒字転換した。そのため、N社は過去の膿を出して更なる経営体質の強化を図るため、更正の請求により納め過ぎた法人税額の還付を受けたいと考えている。

対応策

粉飾決算など仮装経理に基づく過大申告がなされていたことが判明した場合には、基本的に計算誤り等による過大申告を是正するときと同様に、更正の請求によることとなる。ただし、仮装経理に基づく過大申告の場合は、法人税法に特別の規定があり、その仮装経理に係る事業年度後の事業年度において修正の経理[11]を行い、かつ、当該修正の経理をした事業年度の確定申告書を提出するまでは、課税庁はその仮装経理に係る法人税の更正処分を行わないことができる（法法129①）。

法人税法に当該規定が設けられた趣旨は、昭和40年代以降、山陽特殊製鋼事件など粉飾決算の事例が頻発したため、税制面からこれを抑制するため、直ちに更正の請求に基づく減額更正処分を行うのではなく、法人がまず決算を正し、それに基づく確定申告を行うことを待つべきであるという考えに基づくものである[12]。また、当該措置に加えて、過誤納金を直ちに還付せず、原則としてまず更正の日の属する事業年度開始前1年以内に開

---

[11] 「修正の経理」の意義については、大阪地裁平成元年6月29日判決・行裁例集40巻6号778頁参照。
[12] 金子前掲第1章注16書455頁参照。

始する事業年度の法人税額から還付し、さらに残額がある場合は更正の日の属する事業年度開始の日から5年以内に開始する各事業年度の法人税額から順次控除する[13]こととすることで、粉飾決算の発生を未然に防止するようにしている（法法135①②③）。

本件の場合、令和6年3月期に以下の修正の経理を行い、当該事業年度の確定申告書を提出する必要がある。

前期損益修正損	12,000,000円	売掛金	13,200,000円
未収消費税等[14]	1,200,000円		

ケース11
接待飲食費の当初申告に誤りがあった場合

不動産業を営むO社（資本金2億円）は、取引先との関係を円滑に保つため、定期的に居酒屋等で当該取引先の従業員を接待している。そのため、O社は年間集計すれば相当の金額を接待のための飲食費として支出しているが、その一部の金額しか接待飲食費の金額に含めず、残額はその他の交際費等として申告していた。今般、過去の申告内容を精査したところ、令和7年3月期について、当該金額（総額3,000,000円）を接待飲食費として申告した方が有利となることが判明したため、O社は、当該接待飲食費の金額の50％相当額を損金算入する内容の更正の請求を行うこととした。

---

[13] それでも控除未済の金額がある場合には、更正の日から5年を経過する日の属する事業年度に当該控除未済額が還付される（法法135③）。
[14] 消費税には法人税のような仮装経理に係る特例規定はないので、通常の更正の請求に従って処理されることになる。

対応策

　平成26年度の税制改正により、法人が支出する交際費等の額のうち接待飲食費の額（帳簿書類に飲食費であることについて所定の事項が記載されているもの）の50％相当額が損金の額に算入されることとなった（措法61の4①⑥）。

　ただし、飲食その他これに類するための費用であっても、社内交際費は当該「接待飲食費」から除外される（措法61の4⑥）。ここでいう「社内交際費」とは、飲食その他これに類する行為のために要する費用であって、専らそれを支出する法人の役員もしくは従業員またはこれらの親族に対する接待等のために支出するものをいう（措法61の4⑥）。例えば、全社員を対象にした飲食を伴う忘年会は福利厚生費に該当するが、特定の役員のみが出席する忘年会は、それが会社の業務遂行上必要なものであっても[15]社内飲食費に該当し、全額損金不算入となる（措法61の4①⑥）。

　一方で、国税庁によれば[16]、以下の飲食に関する費用は当該「社内飲食費」には該当しないとされる。

① 親会社の役員等やグループ内の他社の役員等に対する接待等のために支出した飲食費
② 同業者同士の懇親会に出席した場合や得意先等と共同で開催する懇親会に出席した場合に支出する自己負担分の飲食費相当額

　要するに、社内飲食費の「社内」とは「自社（同一法人）」を指すのであり、資本関係があっても、たとえ100％の持分を所有される親会社の役員であっても、別法人の社員であれば社内には当たらないこととなる。したがって、自社の役員、従業員（これらの者の親族を含む）に該当しない者を接待等の対象とする飲食費であれば、「社内」飲食費には該当しない

---

[15] 役員の個人的な会合である場合、会社負担の費用は当該役員への給与となる（所基通36-30）。
[16] 国税庁「接待飲食費に関するFAQ」Q4参照。

ということになる。

　このような接待飲食費につき、当初申告に誤りがあり追加で損金に算入すべき金額が生じた場合には、更正の請求によりそれを是正できるのであろうか。これについて国税庁のFAQ[17]によれば、法人が、接待飲食費とすべき金額の一部または全部につき50％相当額の損金算入をしていなかった場合には、更正の請求の要件である「課税標準等若しくは税額等の計算が国税に関する法律の規定に従っていなかったことまたは当該計算に誤りがあったこと」に該当するので、当該金額を接待飲食費としてその50％相当額を損金算入することを内容とする更正の請求書を提出することができる、とされている（措法61の4①、通法23①一）。したがって、本件についても、更正の請求により接待飲食費の50％相当額を損金算入することができることとなるだろう。

　本件について、当初申告の別表一、四、十五および更正の請求書の記載例を示すと、記載例5-41～記載例5-44のようになる。

---

[17] 国税庁「接待飲食費に関するFAQ」Q9参照。

記載例5-41

法人名: O株式会社
事業種目: 不動産業

令和 06 年 04 月 01 日
令和 07 年 03 月 31 日
事業年度分の法人税 確定申告書
課税事業年度分の地方法人税 申告書

	所得金額又は欠損金額 (別表四「52の①」)	1	365,000,000
	法人税額 (48)+(49)+(50)	2	84,680,000
	法人税額の特別控除額 (別表六(六)「5」)	3	
こ	税額控除超過額相当額等の加算額	4	
の	土地譲渡税額 課税土地譲渡利益金額 (別表三(二)「24」+別表三(二の二)「25」+別表三(三)「20」)	5	000
申	同上に対する税額 (62)+(63)+(64)	6	
告	留保税額 課税留保金額 (別表三(一)「4」)	7	
書	同上に対する税額 (別表三(一)「8」)	8	
に	法人税額計 (2)-(3)+(4)+(6)+(8)	9	84,680,000
よ	分配時調整外国税相当額及び外国関係会社等に係る控除対象所得税額等相当額の控除額	10	
る	仮装経理に基づく過大申告の更正に伴う控除法人税額	11	
法	控除税額	12	400,000
人	差引所得に対する法人税額 (9)-(10)-(11)-(12)	13	84,280,000
税	中間申告分の法人税額	14	42,000,000
額	差引確定/中間申告の場合はその法人税額 税額とし、マイナスの場合は、(22)へ記入	15	42,280,000
の			
計			
算			

	課税標準法人税額 基準法人税額(2)+(4)+(6)+(8)	28	
こ	課税標準法人税額に対する税額	29	
の	課税標準法人税額 (28)+(29)	30	000
申	地方法人税額 (53)	31	
告	税額控除超過額相当額の加算額 (別表六(二)付表六「14の計」)	32	
書	課税留保金額に係る地方法人税額 (54)	33	
に	所得地方法人税額 (31)+(32)+(33)	34	
よ	分配時調整外国税相当額及び外国関係会社等に係る控除対象所得税額等相当額の控除額	35	
る	仮装経理に基づく過大申告の更正に伴う控除地方法人税額	36	
地	外国税額の控除額	37	
方	差引地方法人税額 (34)-(35)-(36)-(37)	38	00
法	中間申告分の地方法人税額	39	00
人	差引確定/中間申告の場合はその地方法人税額 税額とし、マイナス	40	00
税			
額			
の			
計			
算			

	所得税の額 (別表六(一)「6の③」)	16	400,000
控	外国税額 (別表六(二)「23」)	17	
除	計 (16)+(17)	18	400,000
税	控除した金額 (12)	19	400,000
額	控除しきれなかった金額 (18)-(19)	20	
の	所得税額等の還付金額 (20)	21	
計	中間納付額 (14)-(13)	22	
算	欠損金の繰戻しによる還付請求税額	23	外
	計 (21)+(22)+(23)	24	
	この申告が修正申告である場合のこの申告により減少する還付請求税額 (57)	25	外 00
	欠損金等の当期控除額	26	
	翌期へ繰り越す欠損金額 (別表七(一)「5の合計」)	27	
	外国税額の還付金額 (67)	41	
	中間納付額 (39)-(38)	42	
	計 (41)+(42)	43	00
	この申告が修正申告である場合のこの申告により納付すべき地方法人税額 (61)	44	00

記載例 5-42

所得の金額の計算に関する明細書（簡易様式）

事業年度：6・4・1〜7・3・31
法人名：O株式会社
別表四（簡易様式）　令六・四・一以後終了事業年度分

御注意
2 1
沖縄の認定法人の課税の特例等の規定の適用を受ける法人にあっては、別様式による別表四を御使用ください。
「52」の①欄の金額は、②欄の金額に③欄の本書の金額を加算し、これから「※」の金額を加減算した額と符合することになります。

区　分		総額	処分		
			留保 ②	社外流出	
		①		配当	その他 ③
当期利益又は当期欠損の額	1	省略 円	省略 円	配当 円 その他	省略 円
加算	損金経理をした法人税及び地方法人税（附帯税を除く。）	2			
	損金経理をした道府県民税及び市町村民税	3			
	損金経理をした納税充当金	4			
	損金経理をした附帯税（利子税を除く。）、加算金、延滞金（延納分を除く。）及び過怠税	5			その他
	減価償却の償却超過額	6			
	役員給与の損金不算入額	7			その他
	交際費等の損金不算入額	8	16,000,000		その他 16,000,000
	通算法人に係る加算額（別表四付表「5」）	9			外※
		10			
	小計	11			外※
減算	減価償却超過額の当期認容額	12			
	納税充当金から支出した事業税等の金額	13			
	受取配当等の益金不算入額（別表八「5」）	14			※
	外国子会社から受ける剰余金の配当等の益金不算入額（別表八（二）「26」）	15			※
	受贈益の益金不算入額	16			※
	適格現物分配に係る益金不算入額	17			※
	法人税等の中間納付額及び過誤納に係る還付金額	18			
	所得税額等及び欠損金の繰戻しによる還付金額等	19			※
	通算法人に係る減算額（別表四付表「10」）	20			※
		21			
	小計	22			外※
仮計 (1)+(11)-(22)		23	364,960,000		外※
対象純支払利子等の損金不算入額（別表十七（二の二）「29」又は「34」）		24			その他
超過利子額の損金算入額（別表十七（二の三）「10」）		25	△		※ △
仮計 ((23)から(25)までの計)		26	364,960,000		
寄附金の損金不算入額（別表十四（二）「24」又は「40」）		27			その他
法人税額から控除される所得税額（別表六（一）「6の③」）		29	40,000		その他 40,000
税額控除の対象となる外国法人税の額（別表六（二の二）「7」）		30			その他
分配時調整外国税相当額及び外国関係会社等に係る控除対象所得税額等相当額（別表六（五の二）「5の②」）+（別表十七（三の六）「1」）		31			その他
合計 (26)+(27)+(29)+(30)+(31)		34	365,000,000		外※
中間申告における繰戻しによる還付に係る災害損失欠損金額の益金算入額		37			※
非適格合併又は残余財産の全部分配等による移転資産等の譲渡利益額又は譲渡損失額		38			
差引計 (34)+(37)+(38)		39	365,000,000		外※
更生欠損金又は民事再生等評価換えが行われる場合の再生等欠損金の損金算入額（別表七（三）「9」又は「21」）		40	△		※ △
通算対象欠損金額の損金算入額又は通算対象所得金額の益金算入額（別表七の二「5」又は「11」）		41			※
差引計 (39)+(40)±(41)		43	365,000,000		外※
欠損金等の当期控除額（別表七（一）「4の計」）+（別表七（四）「10」）		44	△		※ △
総計 (43)+(44)		45	365,000,000		外※
残余財産の確定の日の属する事業年度に係る事業税及び特別法人事業税の損金算入額		51	△	△	
所得金額又は欠損金額		52	365,000,000		外※

記載例 5-43

交際費等の損金算入に関する明細書

| 事業年度 | 6・4・1 ～ 7・3・31 | 法人名 | O株式会社 |

別表十五　令六・四・一以後終了事業年度分

支出交際費等の額 (8の計)	1	17,000,000 円	
支出接待飲食費損金算入基準額 (9の計)×$\frac{50}{100}$	2	1,000,000	
中小法人等の定額控除限度額 ((1)と((800万円×$\frac{}{12}$)又は(別表十五付表「5」))のうち少ない金額)	3		
損金算入限度額 (2)又は(3)	4	1,000,000 円
損金不算入額 (1)-(4)	5	16,000,000

支出交際費等の額の明細

科目	支出額 6	交際費等の額から控除される費用の額 7	差引交際費等の額 8	(8)のうち接待飲食費の額 9
交際費	17,000,000 円	0 円	17,000,000 円	2,000,000 円
計	17,000,000	0	17,000,000	2,000,000

記載例 5-44

更正の請求書

※整理番号

税務署受付印

令和7年8月15日

税務署長殿

納税地　〒
電話（　　）　－
（フリガナ）
法人名等　　O株式会社
法人番号
（フリガナ）
代表者氏名
代表者住所　〒
事業種目　　　　　　　業

国税通則法第23条
法人税法第81条
地方法人税法第24条
租税特別措置法第66条の4

の規定に基づき、自 平成・令和 6年 4月 1日 事業年度
　　　　　　　　　至 平成・令和 7年 3月31日 課税事業年度 の確定申告に係る課税標準等について下記のとおり更正の請求をします。

記

区　分				この請求前の金額	更正の請求金額
法人税額	所得	所得金額又は欠損金額	1		363,500,000 円
		同上の内訳　軽減税率適用所得金額	2		
		その他の金額（1－2）	3		363,500,000
	法　人　税　額		4		84,332,000
	法人税額の特別控除額		5		
	差引法人税額（4－5）		6		84,332,000
	税額控除超過額相当額等の加算額		7		
	土地譲渡利益金	課税土地譲渡利益金額	8		0 0 0
		同上に対する税額	9		
	留保金	課税留保金額	10		0 0 0
		同上に対する税額	11		
	使途秘匿金	使途秘匿金額	12		0 0 0
		同上に対する税額	13		
	法人税額計（6＋7＋9＋11＋13）		14		84,332,000
	分配時調整外国税相当額及び外国関係会社等に係る控除対象所得税額等相当額の控除額		15		
	仮装経理に基づく過大申告の更正に伴う控除法人税額		16		
	控　除　税　額		17		40,000
	差引所得に対する法人税額（14－15－16－17）		18		84,292,000
	中間申告分の法人税額		19		42,000,000
	差引	納付すべき法人税額	20	0 0 円	42,292,000
		還付金額	21		
	翌期へ繰り越す欠損金又は災害損失金		22		
地方法人税額	課税標準法人税額の計算	基準法人所得の金額に対する法人税額	23		
		課税留保金額に対する法人税額	24		
		課税標準法人税額（23＋24）	25		0 0 0
	（23）に係る地方法人税額		26		
	税額控除超過額相当額の加算額		27		
	（24）に係る地方法人税額		28		
	所得地方法人税額（26＋27＋28）		29		
	分配時調整外国税相当額及び外国関係会社等に係る控除対象所得税額等相当額の控除額		30		
	仮装経理に基づく過大申告の更正に伴う控除地方法人税額		31		
	外国税額の控除額		32		
	差引地方法人税額（29－30－31－32）		33		0 0
	中間申告分の地方法人税額		34		0 0
	差引	納付すべき地方法人税額	35	0 0 円	0 0
		還付金額	36		

（更正の請求をする理由）接待飲食費につき50％相当額を損金に算入するため。

修正申告書提出年月日	令和　年　月　日	添付書類	
更正決定通知書受理年月日	令和　年　月　日		

還付を受けようとする金融機関等

1　銀行等の預金口座に振込みを希望する場合
みずほ 銀行・金庫・組合・漁協・農協　池袋 本店・支店・出張所・本所・支所
普通 預金 口座番号 123456××

2　ゆうちょ銀行の貯金口座に振込みを希望する場合
貯金口座の記号番号

3　郵便局等の窓口での受取を希望する場合
郵便局名等

税理士署名

※税務署処理欄　部門　決算期　業種番号　番号　整理簿　備考　通信日付印　年月日　確認

（令和5年4月1日以後終了事業年度分）

第3節

相続税のケーススタディ

ケース1
申告期限までに分割協議が調わなかった件につきその後分割協議が調った場合の更正の請求

　被相続人Pは令和6年5月に死亡したが、相続税の申告書提出期限である令和7年3月までに相続人間（法定相続人は配偶者である母、長男および長女Qの3名）の遺産分割協議が調わず、法定申告分で申告を行った（課税価格2億4,000万円）。その後令和8年5月にようやく分割協議がまとまったので、翌6月、各相続人は当該協議内容に基づく財産内容で再度相続税の申告を行うことを検討している。なお、遺産分割協議に基づく相続税額の再計算の結果、長女Qの税額が185万円減少した。

対応策

　相続税や贈与税の申告書を提出した者が、その後申告内容に誤り等があるため税額が過大であることに気付きその是正を行う場合には、他の税目と同様に、通常の更正の請求によることとなる。平成23年12月の税制改正後の更正の請求期限は、相続税は5年、贈与税は6年である（通法23①、相法32②）。

　しかし、相続税・贈与税については、その税目の特徴から、未分割財産の分割など他の税目にない理由により当初申告における税額が本来納める

べきものと比較して過大となるケースが少なくない。そのため、**図表5-12**のような事由に該当する場合には、通常の更正の請求期限後であっても更正の請求が可能となる（更正の請求の特則）。

図表5-12　相続税法および租税特別措置法に規定された更正の請求の特則

事　由	更正の請求期限
未分割財産について法定相続分により課税価格が計算されている場合において、その後分割がなされ、その分割による課税価格が当初申告のものと異なる場合（相法32①一）	その事由が生じたことを知った日の翌日から4か月以内
認知の訴え、相続人の廃除またはその取消の裁判の確定、相続の回復その他の事由により相続人に異動が生じた場合（相法32①二）	その事由が生じたことを知った日の翌日から4か月以内
遺留分侵害額請求に基づき支払うべき金銭の額が確定した場合（相法32①三）	その事由が生じたことを知った日の翌日から4か月以内
遺贈に係る遺言書が発見され、または遺贈の放棄があった場合（相法32①四）	その事由が生じたことを知った日の翌日から4か月以内
条件が付されて物納の許可がされた場合において、その許可が取り消されるような事情が生じた場合（相法32①五）	その事由が生じたことを知った日の翌日から4か月以内
相続または遺贈により取得した財産につき権利の帰属に関する訴えの判決があった場合（相法32①六、相令8②一）	その事由が生じたことを知った日の翌日から4か月以内
分割後に被認知者から請求があったことにより弁済すべき額が確定した場合（相法32①六、相令8②二）	その事由が生じたことを知った日の翌日から4か月以内
条件付きの遺贈または期限付の遺贈について条件が成就し、または期限が到来した場合（相法32①七）	その事由が生じたことを知った日の翌日から4か月以内
特別寄与者が支払いを受けるべき特別寄与料の額が確定したこと（相法32①七）	その事由が生じたことを知った日の翌日から4か月以内
未分割財産について、申告期限から3年以内に分割がなされたことにより配偶者に対する税額軽減の適用が可能となった場合（相法32①八）	その事由が生じたことを知った日の翌日から4か月以内

所得税法第137条の2第13項の規定により同条第1項の規定の適用を受ける同項に規定する国外転出をした者に係る同項に規定する納税猶予分の所得税額に係る納付の義務を承継したその者の相続人がその納税猶予分の所得税額に相当する所得税額を納付することとなった場合（相法32①九イ）	その事由が生じたことを知った日の翌日から4か月以内
所得税法第137条の3第15項の規定により同条第7項に規定する適用贈与者等に係る同条第4項に規定する納税猶予分の所得税額に係る納付の義務を承継したその適用贈与者等の相続人がその納税猶予分の所得税額に相当する所得税額を納付することとなった場合（相法32①九ロ）	その事由が生じたことを知った日の翌日から4か月以内
所得税法第137条の3第2項の規定の適用を受ける同項の相続人が同項に規定する相続等納税猶予分の所得税額に相当する所得税額を納付することとなった場合（相法32①九ハ、相令8③）	その事由が生じたことを知った日の翌日から4か月以内
贈与税の課税価格計算の基礎に算入した財産のうちに相続税法第21条の2第4項の規定に該当するものがあった場合（相法32①十）	その事由が生じたことを知った日の翌日から4か月以内
未分割財産について、申告期限から3年以内に分割がなされたことにより小規模宅地の課税の特例措置の適用が可能となった場合（措法69の4④⑤）	その事由が生じたことを知った日の翌日から4か月以内
未分割財産について、申告期限から3年以内に分割がなされたことにより特定計画山林についての相続税の課税価格に関する計算の特例措置の適用が可能となった場合（措法69の5③⑥）	その事由が生じたことを知った日の翌日から4か月以内

　本件の場合、平成23年12月2日より後に相続税の法定申告期限が到来しているため、通常の更正の請求期間は5年となり、未だ期限は徒過していない。そのため、本件は上記事由（更正の請求の特則）ではなく、通常の更正の請求によることとなる。

　本件において、各相続人の遺産分割前後の相続税額の違いを示すと**図表5-13**（268頁）のようになるとした場合、当初申告は**記載例5-45**の通りであり、長女の更正の請求書の記載例は**記載例5-46**、**記載例5-47**の通りである。

記載例 5-45

相続税の申告書 【修正】 FD3563

税務署長　7年3月10日提出
相続開始年月日　6年5月14日
※申告期限延長日　年月日

	各人の合計 (被相続人)	財産を取得した人
フリガナ		
氏名	P	Q
個人番号又は法人番号		
生年月日	年月日（年齢　歳）	年月日（年齢　歳）
住所（電話番号）		〒（ー　ー）
被相続人との続柄　職業		長女　なし
取得原因	該当する取得原因を○で囲みます。	相続・遺贈・相続時精算課税に係る贈与
※整理番号		

		各人の合計	取得した人
取得財産の価額（第11表③）	①	240,000,000	60,000,000
相続時精算課税適用財産の価額（第11の2表1⑧）	②		
債務及び葬式費用の金額（第13表3⑦）	③		
純資産価額（①+②-③）（赤字のときは0）	④		
純資産価額に加算される暦年課税分の贈与財産価額（第14表1④）	⑤		
課税価格（④+⑤）（1,000円未満切捨て）	⑥	240,000,000	Ⓐ 60,000,000
法定相続人の数／遺産に係る基礎控除額		3人　48,000,000	Ⓑ 左の欄には、第2表の②欄の回の人数及びⒶの金額を記入します。
相続税の総額	⑦	37,000,000	左の欄には、第2表の⑧欄の金額を記入します。
一般の場合（⑨の場合を除く）	⑧ あん分割合	1.00	0.25
	⑨ 算出税額	37,000,000	9,250,000
農地等納税猶予の適用を受ける場合	⑩ 算出税額（第3表⑦）		
	⑪ 相続税の2割加算が行われる場合の加算金額（第4表⑥）		
税額控除	⑫ 暦年課税分の贈与税額控除額（第4表の2②）		
	⑬ 配偶者の税額軽減額（第5表⑤又は⑥）		
	⑭ ⑫・⑬以外の税額控除額（第8の8表1⑤）		
	⑮ 計		
	⑯ 差引税額（⑨＋⑪－⑮又は⑩＋⑪－⑮）（赤字のときは0）	37,000,000	9,250,000
	⑰ 相続時精算課税分の贈与税額控除額（第11の2表⑨）	00	00
	⑱ 医療法人持分税額控除額（第8の4表2B）		
	⑲ 小計（⑯－⑰－⑱）（黒字のとき100円未満切捨て）	37,000,000	9,250,000
	⑳ 納税猶予税額（第8の8表2⑧）	00	00
申告納税額	申告期限までに納付すべき税額（⑲－⑳）	37,000,000	9,250,000
	還付される税額	△	△
この申告書が修正申告である場合	小計		
	納税猶予税額		
	申告納税額（還付の場合は、頭に△を記載）		
	小計の増加額（⑲－㉓）		
	（㉔又は㉒－㉓）		

（資4-20-1-1-A4統一）第1表（令6.7）

第3節　相続税のケーススタディ

記載例 5-46

(令和5年1月分以降用)

相続税の更正の請求書

税務署 受付印

_____税務署長

令和 8 年 6 月 10 日提出

〒
住所又は所在地_____
納税地_____
フリガナ
氏名又は名称　　　Q_____
個人番号又は法人番号
（法人等の場合）代表者等氏名_____
職業_____電話番号_____

1. 更正の請求の対象となった申告又は通知の区分及び申告書提出年月日又は更正の請求のできる事由の生じたことを知った日

　　　令和 6 年分　**相続税の申告書**　　　令和 6 年 5 月 14 日

2. 申告又は通知に係る税額及び更正の請求による課税標準等又は税額等
　　次葉のとおり

3. 添付した書類
　　　当初申告書
　　　遺産分割協議書

4. 更正の請求をする理由
　　当初申告までに遺産分割協議が調わなかったため、法定相続分にて申告したが、今般調った分割協議に従い再計算すると、Qの課税価格が減少したため。

5. 更正の請求をするに至った事情の詳細、その他参考となるべき事項

6. 還付を受けようとする銀行等

1 銀行等の預金口座に振込みを希望する場合	2 ゆうちょ銀行の貯金口座に振込みを希望する場合
銀　　行　　本店・支店 金庫・組合　　出張所 農協・漁協　　本所・支所 預金　口座番号_____	貯金口座の記号番号_____-_____ 3 郵便局等の窓口で受取を希望する場合 _____

関与税理士_____　電話番号_____

(資15-1-1-A4統一)

記載例5-47

(令和5年1月分以降用)

被相続人	住所	〒 —	相続の年月日	年 月 日
	フリガナ 氏名	P	職業	

次葉

申告又は通知に係る税額及び更正の請求による課税標準等又は税額等
（ 相 続 税 ）

(1) 税額等の計算明細

区　　　　　分	請　求　額
① 取得財産の価額	48,000,000 円
② 相続時精算課税適用財産の価額	
③ 債務及び葬式費用の金額	
④ 純資産価額（①+②-③）	48,000,000
⑤ 純資産価額に加算される暦年課税分の贈与財産価額	
⑥ 課税価格（④+⑤）	48,000,000
⑦ 相続税の総額（(2)の⑨の金額）	37,000,000
一般の場合　⑧ 同上のあん分割合	20 %
⑨ 算出税額（⑦×⑧）	7,400,000 円
租税特別措置法第70条の6第2項の規定の適用を受ける場合　⑩ 算出税額（付表1(1)の⑬）	
⑪ 相続税法第18条の規定による加算額	
税額控除額　⑫ 暦年課税分の贈与税額控除額	
⑬ 配偶者の税額軽減額	
⑭ ⑫・⑬以外の税額控除額（付表7 1⑤）	
⑮ 計	
⑯ 差引税額（⑨+⑪-⑮）又は（⑩+⑪-⑮）	
⑰ 相続時精算課税分の贈与税額控除額	7,400,000
⑱ 医療法人持分税額控除額	
⑲ 小　計（⑯-⑰-⑱）	7,400,000
⑳ 納税猶予税額（付表7 2⑧）	00
（⑲-⑳）㉑ 申告期限までに納付すべき税額	7,400,000
㉒ 還付される税額	△
更正請求前のの　㉓ 小計	9,250,000
㉔ 納税猶予税額	00
㉕ 申告納税額（還付の場合は、頭に△を記載）	9,250,000
㉖ 小計の減少額（⑲-㉓）	△ 1,850,000
㉗ この請求により還付される税額又は納付すべき税額（還付の場合は、頭に△を記載）（（㉑又は㉒）-㉕）	△1,850,000

(2) 相続税の総額の計算明細

区　　　　　分	請　求　額
① 取得財産価額の合計額	240,000,000 円
② 相続時精算課税適用財産価額の合計額	
③ 債務及び葬式費用の合計額	
④ 純資産価額に加算される暦年課税分の贈与財産価額の合計額	
⑤ 課税価格の合計額	240,000,000
⑥ 法定相続人の数	3 人
⑦ 遺産に係る基礎控除額	48,000,000 円
⑧ 計算の基礎となる金額（⑤-⑦）	192,000,000
⑨ 相続税の総額	37,000,000

(資15-1-2-A4統一)

第3節　相続税のケーススタディ　267

図表5-13　遺産分割前後の相続税額の変動　　　（単位：万円）

	母（配偶者）	長男	長女Q	合計
遺産分割前				
課税価格	12,000	6,000	6,000	24,000
算出税額	1,850	925	925	3,700
配偶者の税額軽減	0	—	—	0
納付税額	1,850	925	925	3,700
遺産分割後				
課税価格	12,000	7,200	4,800	24,000
算出税額	1,850	1,110	740	3,700
配偶者の税額軽減	1,850	—	—	0
納付税額	0	1,110	740	1,850

　また、当初申告で未分割のため配偶者の税額軽減の適用がなかった母（配偶者）についても、申告期限から3年以内に分割されたため、その適用がある（相法19の2②）ことから、更正の請求が可能である（相法32①八）。なお、課税価格が増加した長男は、修正申告により追加税額（185万円）を納付する義務が生じることとなる。

ケース2
贈与税に係る当初申告の土地の評価に誤りがあった場合の更正の請求

　Rは令和6年10月、都内に所有する土地（路線価に基づく相続税評価額30,000,000円）を長女Sに贈与した。Sは翌年3月1日に当該贈与に係る贈与税の申告を行った。その後Sは知り合いの不動産会社の役員から贈与を受けた土地の相続税評価額が取引相場と乖離していることを知らされたので、不動産鑑定士に評価を依頼したところ、贈与時の評価額は20,000,000円であるとされた。仮に当該鑑定評価に基づいて申告した場合、贈与税額

は4,500,000円も減少することとなる。そこでSは、当該不動産鑑定士の評価を根拠に更正の請求を行うことを検討している。

対応策

　相続税法では、相続税・贈与税の課税価格の算定に当たり必要な財産の価額については、原則としてその財産の取得時における「時価」によることとしている（相法11の2、21の2、評基通1(2)）。ここでいう「時価」とは、宅地の場合、原則として次に掲げる区分および評価方法によることとなる（評基通11）。

```
①　市街地的形態を形成する地域にある宅地　➡　路線価方式
②　上記①以外の宅地　　　　　　　　　　　➡　倍率方式
```

　したがって、土地を贈与した場合、その土地が路線価地域に存するときは、路線価により評価し贈与税の課税価格を算定することとなる。ただし、相続税・贈与税の課税価格の算定は「時価」によることが原則であるため、路線価による評価が時価と乖離し路線価が時価より相当高額である場合のように、路線価により評価すると著しく不合理な結果となると考えられるときには、路線価によらない評価を用いて申告ないし更正の請求を行うことができる。

　これについて、裁決事例では次のような判断がなされている（国税不服審判所平成18年3月15日裁決・裁事71号505頁）。すなわち、評価通達（路線価）により評価することが著しく不適当と認められる特別な事情が存する場合とは、路線価を下回る不動産鑑定評価が存在し、その鑑定評価が一応公正妥当な鑑定理論に従っているというのみでは足りず、同一の土地につ

いて他の不動産鑑定評価があればそれとの比較において、また、周辺における公示価格や都道府県地価調査による基準地の標準価格の状況、近隣における取引事例等の諸事情に照らして、評価通達等により算定された土地の評価額が客観的交換価値を上回ることが明らかであると認められることを要するもの、としている。

　本件が上記裁決の条件を満たしているかどうか文面だけで判断するのは困難であるが、仮に満たしているとした場合、更正の請求を行うこととなる。この場合、当初申告は 記載例5-48 、更正の請求書の記載例は 記載例5-49 、 記載例5-50 の通りである。

ケース3
当初申告で贈与税の配偶者控除の適用を受けていなかった場合の更正の請求

　令和6年10月にTは夫Uから自宅の敷地（2分の1相当、路線価40,000,000円）および金銭（3,000,000円）の贈与を受けた。Tは翌年3月に本件贈与に係る贈与税の申告を行ったが、その際知識不足から贈与税の配偶者控除の適用を行わなかった。その後Tは知り合いの税理士から贈与税の配偶者控除の存在を聞き、改めて申告し直そうと考えているところである。

対応策

　贈与税に関しては、配偶者に対する一定の贈与につき優遇措置がある。すなわち、婚姻期間が20年以上である配偶者から、以下の居住用不動産または居住用不動産を取得するための金銭の贈与を受けた者は、一生に一度、その贈与税の課税価格から2,000万円が控除されるのである（贈与税の配

記載例 5-48

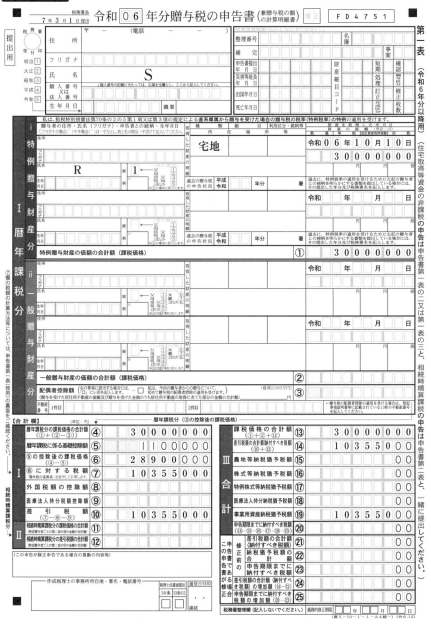

第3節 相続税のケーススタディ

記載例5-49

（税務署受付印）

贈与税の更正の請求書

（令和5年分以降用）

＿＿＿＿＿＿＿税務署長

（前納税地＿＿＿＿＿＿＿＿＿＿＿＿＿＿）
〒
住所又は
所在地＿＿＿＿＿＿＿＿＿＿＿＿＿＿＿

令和 **7** 年 **11** 月 **25** 日提出

納税地＿＿＿＿＿＿＿＿＿＿＿＿＿＿＿

フリガナ
氏　名
又は名称　　　**S**

個人番号又は法人番号

（法人等の場合）
代表者等氏名＿＿＿＿＿＿＿＿＿＿＿＿＿

職　業＿＿＿＿　電話番号＿＿＿＿＿＿＿

1. 更正の請求の対象となった申告又は通知の区分及び申告書提出年月日又は更正の請求のできる事由の生じたことを知った日
　令和 **6** 年分　**贈与税の申告書**　　　令和 **7** 年 **3** 月 **1** 日

2. 申告又は通知に係る税額及び更正の請求による課税標準等又は税額等
　次葉のとおり

3. 添付した書類
　宅地に関する不動産鑑定書

4. 更正の請求をする理由
　贈与を受けた宅地につきその評価額が過大であったため。

5. 更正の請求をするに至った事情の詳細、その他参考となるべき事項

6. 還付を受けようとする銀行等
　1　銀行等の預金口座に振込みを希望する場合
　　　銀　行　　本店・支店
　　　金庫・組合　出張所
　　　農協・漁協　本所・支所
　　　預金　口座番号＿＿＿＿＿
　2　ゆうちょ銀行の貯金口座に振込みを希望する場合
　　　貯金口座の記号番号＿＿＿＿－＿＿＿＿
　3　郵便局等の窓口で受取りを希望する場合

関与税理士＿＿＿＿＿＿　電話番号＿＿＿＿＿＿

（資15－1－4－A4統一）

記載例 5-50

次葉　　　　　更正の請求による課税標準等又は税額等
　　　　　　　　　　　　（　贈　与　税　）

（令和4年分以降用）

	区　分		請　求　額
I 暦年課税分	特例贈与財産の価額の合計額（課税価格）	①	20,000,000 円
	一般贈与財産の価額の合計額（課税価格）	②	
	配偶者控除額	③	
	暦年課税分の課税価格の合計額（①+(②-③)）	④	20,000,000
	基礎控除額	⑤	1,100,000
	⑤の控除後の課税価格（④-⑤）	⑥	18,900,000
	⑥に対する税額	⑦	5,855,000
	外国税額の控除額	⑧	
	医療法人持分税額控除額	⑨	
	差引税額(⑦-⑧-⑨)	⑩	5,855,000
II 相続時精算課税分	相続時精算課税分の課税価格の合計額	⑪	
	相続時精算課税分の差引税額の合計額	⑫	
III 合計	課税価格の合計額（①+②+⑪）	⑬	20,000,000
	差引税額の合計額（納付すべき税額）(⑩+⑫)	⑭	5,855,000
	農地等納税猶予税額	⑮	00
	株式等納税猶予税額	⑯	00
	特例株式等納税猶予税額	⑰	00
	医療法人持分納税猶予税額	⑱	00
	事業用資産納税猶予税額	⑲	00
	申告期限までに納付すべき税額(⑭-⑮-⑯-⑰-⑱-⑲)	⑳	5,855,000
更正の請求前の	差引税額の合計額（納付すべき税額）	㉑	10,355,000
	納税猶予税額の合計額	㉒	00
	申告期限までに納付すべき税額	㉓	10,355,000
差引税額の合計額（納付すべき税額）の減少額(㉑-⑭)		㉔	4,500,000
申告期限までに納付すべき税額の減少額(㉓-⑳)		㉕	4,500,000

（資15-1-4-1-A4統一）

偶者控除、相法21の6①)。

① 専ら居住の用に供する土地もしくは土地の上に存する権利または家屋（居住用不動産）で、贈与を受けた年の翌年3月15日までに受贈者の居住の用に供し、かつ、その後も引き続き居住の用に供する見込みであるもの

② 居住用不動産を取得するための金銭で、その金銭の贈与を受けた年の翌年3月15日までに居住用不動産の取得に充て、かつ、その取得した居住用不動産を3月15日までに受贈者の居住の用に供し、その後も引き続き居住の用に供する見込みであるもの

ところで、この贈与税の配偶者控除は、従来当初申告要件が付されていた（第4章第4節❶参照）。しかし、平成23年度の税制改正でこの要件が外され、当初申告で当該控除の適用を受けていない場合であっても、事後的に是正する、すなわち更正の請求を行うことができるようになった（相法21の6②)。この場合、以下の書類を添付する必要がある（相規9)。

① 戸籍謄本または抄本および戸籍の附票の写し（贈与日から10日を経過した日以後に作成されたもの）

② 居住用不動産に係る登記事項証明書

本件の場合、当初申告は 記載例5-51、更正の請求書の記載例は 記載例5-52、記載例5-53 の通りである。

ケース4

地積規模の大きな宅地に対する評価の適用により相続税額の減額を図るため更正の請求を行うケース

被相続人Vは令和6年1月17日に死亡し、その財産を法定相続人である配偶者Wおよび長男Xが相続した。相続財産は被相続人が事業（不動産業）を行っていた埼玉県内の土地および預貯金であったが、相続人W

記載例 5-51

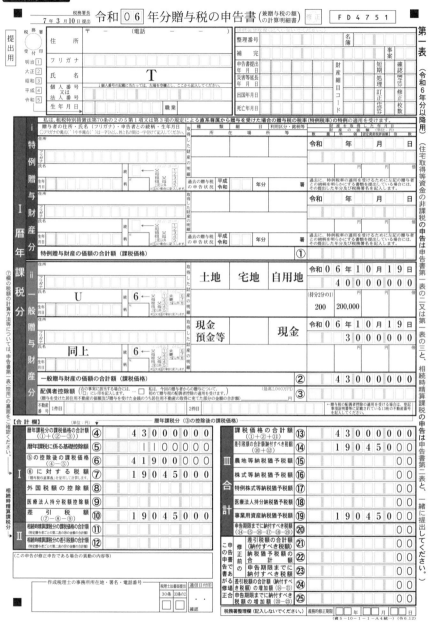

第3節 相続税のケーススタディ

記載例5-52

(令和5年分以降用)

贈与税の更正の請求書

_____ 税務署長　　（前納税地 _____）

〒
住所又は
所在地 _____

令和 7 年 10 月 1 日提出

納税地 _____

フリガナ
氏　名
又は名称　　　　T

個人番号又は法人番号

（法人等の場合）
代表者等氏名 _____

職　業 _____ 電話番号 _____

1．更正の請求の対象となった申告又は通知の区分及び申告書提出年月日又は更正の請求のできる事由の生じたことを知った日

　　令和 6 年分 贈与税の申告書　　　令和 7 年 3 月 10 日

2．申告又は通知に係る税額及び更正の請求による課税標準等又は税額等
　　次葉のとおり

3．添付した書類
　　戸籍謄本及び付票
　　登記事項証明書

4．更正の請求をする理由
　　当初申告において配偶者控除の適用を受けなかったため。

5．更正の請求をするに至った事情の詳細、その他参考となるべき事項

6．還付を受けようとする銀行等

1　銀行等の預金口座に振込みを希望する場合
　　銀　行　　　本店・支店
　　金庫・組合　　出張所
　　農協・漁協　　本所・支所
　　預金　口座番号 _____

2　ゆうちょ銀行の貯金口座に振込みを希望する場合
　　貯金口座の記号番号 _____

3　郵便局等の窓口で受取りを希望する場合

関与税理士 _____　電話番号 _____

(資15-1-4-A4統一)

記載例 5-53

次葉

更正の請求による課税標準等又は税額等
（ 贈 与 税 ）

（令和4年分以降用）

	区　分		請　求　額
I 暦年課税分	特例贈与財産の価額の合計額（課税価格）	①	円
	一般贈与財産の価額の合計額（課税価格）	②	43,000,000
	配偶者控除額	③	20,000,000
	暦年課税分の課税価格の合計額（①+（②-③））	④	23,000,000
	基礎控除額	⑤	1,100,000
	⑤の控除後の課税価格（④-⑤）	⑥	21,900,000
	⑥に対する税額	⑦	8,450,000
	外国税額の控除額	⑧	
	医療法人持分税額控除額	⑨	
	差引税額(⑦-⑧-⑨)	⑩	8,450,000
II 相続時精算課税分	相続時精算課税分の課税価格の合計額	⑪	
	相続時精算課税分の差引税額の合計額	⑫	
III 合計	課税価格の合計額（①+②+⑪）	⑬	43,000,000
	差引税額の合計額（納付すべき税額）（⑩+⑫）	⑭	8,450,0 00
	農地等納税猶予税額	⑮	00
	株式等納税猶予税額	⑯	00
	特例株式等納税猶予税額	⑰	00
	医療法人持分納税猶予税額	⑱	00
	事業用資産納税猶予税額	⑲	00
	申告期限までに納付すべき税額（⑭-⑮-⑯-⑰-⑱-⑲）	⑳	8,450,0 00
更正の請求前の	差引税額の合計額（納付すべき税額）	㉑	19,045,0 00
	納税猶予税額の合計額	㉒	00
	申告期限までに納付すべき税額	㉓	19,045,0 00
	差引税額の合計額（納付すべき税額）の減少額（㉑-⑭）	㉔	10,595,0 00
	申告期限までに納付すべき税額の減少額（㉓-⑳）	㉕	10,595,0 00

(資15-1-4-1-A4統一)

およびXは相続税の申告をVが生前から付き合いのあった税理士に依頼した。その後翌年秋にXは相続税に強いとされる別の税理士兼不動産鑑定士に本件について相談したところ、相続財産のうちある宅地（800m²、普通住宅地区、容積率200％）に関し地積規模の大きな宅地に対する評価の適用により大幅な評価減が見込めるのではないかと指摘された。

当該税理士は成功報酬で地積規模の大きな宅地に対する評価減につき是正する手続を行ってもいいが、と提案してきており、Xは乗り気であるが、Wは被相続人と関係の深い前の税理士が気分を害することを心配し躊躇している。

対応策

近年類似の相談が多い事例である。これは、相続税においては取得財産の「時価」が課税価格を決定するが、その「時価」の算定が一義的に決められないケースが多いため生じる現象である。特に(旧)広大地の評価(現：地積規模の大きな宅地に対する評価、評基通20－2)については、平成16年に納税者が簡便的な算式により算出できるようにすることを目的に財産評価基本通達の改正（旧評基通24－4）がなされたこと[18]を契機に、大幅な評価減を受けるため適用事例が増加しているところである。一方で、(旧)広大地の適用が否認される事例も相次いでおり、それを不服として納税者が審査請求を行った結果、以下のように国税不服審判所で課税処分の全部または一部が取り消された事例も頻発している。

---

[18] 肥後治樹編『平成22年版財産評価基本通達逐条解説』（2010年・大蔵財務協会）148頁参照。なお、広大地の評価に関する通達（旧評基通24－4）は平成29年に削除されている。

図表5-14　近年の広大地の評価をめぐる裁決事例（公開裁決のみ）

裁決事例集（期間）	広大地の評価に関する件数	うち処分が全部または一部取り消されたもの
No.86（平成24年1月～3月）	0件	全部：0件／一部0件
No.85（平成23年10月～12月）	2件	全部：0件／一部2件
No.84（平成23年7月～9月）	1件	全部：0件／一部0件
No.83（平成23年4月～6月）	3件	全部：1件／一部1件
No.82（平成23年1月～3月）	0件	全部：0件／一部0件

　このように、広大地の評価の適用は通達作成者の意図とは逆に混迷を極めており、適用の適否の要件を正確に判断することは税理士のような専門家にとっても容易ではない。そのため、当初申告では保守的に広大地の評価の適用を回避する申告も見られるところである。このような状況を受けて、国税庁は平成29年に、面積に比例して評価額を減額する広大地の評価に関する通達を廃止し、新たに土地の形状や面積に基づき適用要件を明確化した「地積規模の大きな宅地に対する評価」に関する通達を制定した。本件はこの新たな通達の規定の適用を受けるケースである。

　本件の場合、仮に283頁図表5-15のような宅地につき地積規模の大きな宅地に対する評価の適用がある場合、当初申告は記載例5-54、更正の請求書の記載例は記載例5-55、記載例5-56の通りである。

記載例 5-54

相続税の申告書

[修正] FD3563

税務署長 6年11月5日提出
相続開始年月日 6年1月17日
※申告期限延長日　　年　月　日

	各人の合計 (被相続人)	財産を取得した人
フリガナ		
氏名	V	X
個人番号又は法人番号		
生年月日	年　月　日（年齢　歳）	年　月　日（年齢　歳）
住所（電話番号）		〒　（　－　－　）
被相続人との続柄　職業		
取得原因	該当する取得原因を○で囲みます。	相続・遺贈・相続時精算課税に係る贈与
※整理番号		

第1表（令和6年1月分以降用）

課税価格の計算	取得財産の価額（第11表2③）	① 240,000,000	120,000,000
	相続時精算課税適用財産の価額（第11の2表1⑧）	②	
	債務及び葬式費用の金額（第13表3⑦）	③	
	純資産価額（①+②-③）（赤字のときは0）	④ 240,000,000	120,000,000
	純資産価額に加算される暦年課税分の贈与財産価額（第14表1④）	⑤	
	課税価格（④+⑤）（1,000円未満切捨て）	⑥ 240,000,000	120,000,000
各人の算出税額の計算	法定相続人の数 及び 遺産に係る基礎控除額	2人 45,400,000	
	相続税の総額	⑦ 45,400,000	
	あん分割合（各人の⑥/Ⓐ）	⑧ 1.00	0.50
	算出税額（⑦×⑧）	⑨ 45,400,000	22,700,000
	農地等納税猶予の適用を受ける税額	⑩	
	相続税の2割加算が行われる場合の加算金額（第4表⑦）	⑪	
各人の納付・還付税額の計算	暦年課税分の贈与税額控除額（第4表の2⑳）	⑫	
	配偶者の税額軽減額（第5表◎又は◎）	⑬ 22,700,000	
	⑫以外の税額控除額（第8の8表1⑤）	⑭	
	計	⑮ 22,700,000	
	差引税額（⑨+⑪-⑮又は⑩+⑪-⑮）（赤字のときは0）	⑯ 22,700,000	22,700,000
	相続時精算課税分の贈与税額控除額（第11の2表1⑧）	⑰ 00	00
	医療法人持分税額控除額（第8の4表2B）	⑱	
	小計（⑯-⑰-⑱）（黒字のときは100円未満切捨て）	⑲ 22,700,000	22,700,000
	納税猶予税額（第8の8表2⑧）	⑳	
	申告納税額 申告期限までに納付すべき税額	㉑ 22,700,000	22,700,000
	還付される税額	㉒ △	△
この申告書が修正申告書である場合	小 計	㉓	
	納 税 猶 予 税 額	㉔ 00	
	申 告 納 税 額（還付の場合は、頭に△を記載）	㉕	
	小 計 の 増 加 額（⑲－㉓）	㉖	
	この申告書が修正申告書である場合（㉕又は㉑）－⑲	㉗	

（資4-20-1-1-A4統一）第1表（令6.7）

記載例 5-55

相続税の更正の請求書

（令和5年1月分以降用）

税務署受付印

_____ 税務署長

令和 7 年 10 月 1 日提出

住所又は所在地 _____

納税地 _____

フリガナ
氏名又は名称　　X

個人番号又は法人番号

（法人等の場合）
代表者等氏名 _____

職業 _____ 電話番号 _____

1. 更正の請求の対象となった申告又は通知の区分及び申告書提出年月日又は更正の請求のできる事由の生じたことを知った日

　　令和 6 年分　**相続税の申告書**　　令和 6 年 11 月 5 日

2. 申告又は通知に係る税額及び更正の請求による課税標準等又は税額等
　　次葉のとおり

3. 添付した書類
　　当初申告書
　　不動産鑑定士の鑑定書

4. 更正の請求をする理由
　　相続した不動産につき地積規模の大きな宅地に対する評価減を適用すると課税価格が減少したため。

5. 更正の請求をするに至った事情の詳細、その他参考となるべき事項

6. 還付を受けようとする銀行等

　1 銀行等の預金口座に振込みを希望する場合
　　銀行　本店・支店
　　金庫・組合　出張所
　　農協・漁協　本所・支所
　　_____ 預金 口座番号 _____

　2 ゆうちょ銀行の貯金口座に振込みを希望する場合
　　貯金口座の記号番号 ___－___

　3 郵便局等の窓口で受取りを希望する場合

関与税理士 _____　電話番号 _____

第3節　相続税のケーススタディ

記載例5－56

次葉

被相続人	住所	〒　　－		相続の年月日		年　月　日	(令和5年1月分以降用)
	フリガナ氏名			職業			

申告又は通知に係る税額及び更正の請求による課税標準等又は税額等
（　相　続　税　）

(1) 税額等の計算明細

区　　　　分			請　求　額
①	取得財産の価額		88,920,000 円
②	相続時精算課税適用財産の価額		
③	債務及び葬式費用の金額		
④	純資産価額（①+②-③）		88,920,000
⑤	純資産価額に加算される暦年課税分の贈与財産価額		
⑥	課税価格（④+⑤）		88,920,000
⑦	相続税の総額（(2)の⑨の金額）		36,076,000
一　般　の　場　合	⑧	同上のあん分割合	50 %
	⑨	算出税額（⑦×⑧）	18,038,000 円
租税特別措置法第70条の6第2項の規定の適用を受ける場合	⑩	算出税額（付表1(1)の⑬）	
⑪	相続税法第18条の規定による加算額		
税額控除額	⑫	暦年課税分の贈与税額控除額	
	⑬	配偶者の税額軽減額	
	⑭	⑫・⑬以外の税額控除額（付表7　1⑤）	
	⑮	計	
⑯	差引税額（⑨+⑪-⑮）又は（⑩+⑪-⑮）		18,038,000
⑰	相続時精算課税分の贈与税額控除額		00
⑱	医療法人持分税額控除額		
⑲	小　　計（⑯-⑰-⑱）		18,038,000
⑳	納税猶予税額（付表7　2⑧）		00
（⑲-⑳）	㉑	申告期限までに納付すべき税額	18,038,000
	㉒	還付される税額	△
更正の請求前のの	㉓	小計	22,700,000
	㉔	納税猶予税額	00
	㉕	申告納税額（還付の場合は、頭に△を記載）	22,700,000
㉖	小計の減少額（⑲-㉓）	△	4,662,000
㉗	この請求により還付される税額又は納付すべき税額（還付の場合は、頭に△を記載）（(㉑又は㉒)-㉕）		△4,662,000

(2) 相続税の総額の計算明細

区　　　　分		請　求　額
①	取得財産価額の合計額	208,920,000 円
②	相続時精算課税適用財産価額の合計額	
③	債務及び葬式費用の合計額	
④	純資産価額に加算される暦年課税分の贈与財産価額の合計額	
⑤	課税価格の合計額	208,920,000
⑥	法定相続人の数	2 人
⑦	遺産に係る基礎控除額	42,000,000 円
⑧	計算の基礎となる金額（⑤-⑦）	166,920,000
⑨	相続税の総額	36,076,000

（資15－1－2－A4統一）

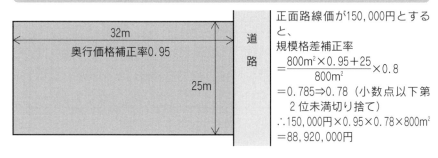

図表5-15　地積規模の大きな宅地に該当する宅地

正面路線価が150,000円とすると、

規模格差補正率
$= \dfrac{800\text{m}^2 \times 0.95 + 25}{800\text{m}^2} \times 0.8$
$= 0.785 \Rightarrow 0.78$（小数点以下第2位未満切り捨て）
$\therefore 150,000\text{円} \times 0.95 \times 0.78 \times 800\text{m}^2$
$= 88,920,000\text{円}$

なお余談であるが、相続税の申告書提出者をターゲットに「セカンドオピニオン」と称する申告内容の見直しを行い、成功報酬で更正の請求を行うよう働きかける税理士等の専門家もみられるようである。仮に当初申告の内容に疑問を感じた場合には、筆者としてはまず当初申告を依頼した税理士に相談することをお勧めしたい。

ケース5
相続税の申告後に兄弟から遺留分侵害額の請求を行われた場合の更正の請求

令和2年2月に死亡した被相続人Yには法定相続人が2名（長男Zおよび長女A）いる。生前のYと折り合いの悪かった長女Aはイタリア人と結婚してローマに移住して以来長らく音信不通となっており、早くに妻を亡くしたYの介護を長男Zとその妻が担ってきた。そのような状況を反映して、遺言書には全財産を長男Yに譲ると書かれており、それに従って長男Zは相続税の申告書を作成し、納税も済ませた。ところが、令和8年の正月になってようやく連絡が取れ墓参りのため帰国した長女Aは、突然自分にも相続する権利があると言い出した。その後、Z・Aの話し合いの結果、令和8年3月にZはAの権利である遺留分（相続財産の4分の

1）の減殺請求に応じることとなった。

　この場合、Zは相続税の申告をやり直すことになるのか、当初申告を依頼した税理士に相談しているところである。

対応策

　被相続人は、原則として、自らの所有していた財産につき遺言により自由にその遺贈の相手および金額（配分）を決定することができる。しかし、相続制度が遺族の生活保障および潜在的持分の清算という機能を有することを勘案すると[19]、被相続人の財産処分権を完全に認めると、相続人にとって不合理な結果をもたらすケースも少なくない。そこで、被相続人の財産処分権の保障と相続人の保護との調和の観点から、民法に相続財産の一定割合を一定の範囲の相続人に留保する（相続権を認める）という制度が置かれているが、これを遺留分制度という[20]。

　遺留分を与えられる権利者（遺留分権利者）は、被相続人の兄弟姉妹を除く法定相続人となっている（民法1028）。また、遺留分の割合（遺留分率）は、直系尊属のみが相続人の場合は相続財産の3分の1、その他の場合は2分の1となっている（民法1028）。その結果、各遺留分権利者の遺留分率（相続財産に占める遺留分額の割合）は全体の遺留分率に法定相続分率を乗じた割合となる[21]。

　また、遺留分侵害額の請求権（旧遺留分減殺の請求権）は、遺留分権利者が相続の開始等を知った日から1年間行使しない場合、時効により消滅する（民法1048）。また、相続開始の時から10年間の期間制限に服する（除斥期間、民法1048）。

---

[19] 内田貴『民法Ⅳ（補訂版）』（2004年・東京大学出版会）504頁参照。
[20] 内田前掲注19書504頁。
[21] ただし、相続人の特別受益額があればそれを差し引く。

本件の場合、相続人は直系卑属のみであるため、（全体の）遺留分率は2分の1となる。したがって、長女Aの遺留分は相続財産全体の4分の1となる。さらに、長女Aの遺留分侵害額の請求権に基づき返済すべき額が生じたことに基づく長男Zの更正の請求は、その額が確定した日から4か月以内となる（第5章第3節ケース1「更正の請求の特則」参照、相法32①三）。

本件における当初申告は記載例5-57、更正の請求書の記載例は記載例5-58、記載例5-59の通りである。

ケース6
未成年者控除につき控除不足額を扶養義務者から控除することを失念していた場合の更正の請求

被相続人Bは令和6年2月1日に死亡し、その相続人である配偶者C、長男D（長女Eを扶養している）および長女E（未成年者で16歳）は、以下に掲げる財産等をそれぞれ承継することで遺産分割協議が成立した。その後、令和6年11月25日に相続税の申告書を提出した。

図表5-16　各相続人が取得した分割財産と相続税額の内容

	合計額	配偶者C	長男D	長女E
取得財産の価額	1億8,500万円	1億5,000万円	3,400万円	100万円
債務等	500万円	500万円		
課税価格	1億8,000万円	1億4,500万円	3,400万円	100万円
算出税額	2,200万円	1,782万円	418万円	0円
配偶者の税額軽減	1,782万円	1,782万円		
納付税額	418万円	0円	418万円	0円

しかし、当初申告を依頼した税理士と別の税理士に申告書を見せたとこ

記載例5−57

相続税の申告書

FD3561

税務署長

2年12月10日提出

相続開始年月日　2年2月24日

※申告期限延長日　年　月　日

第1表（平成31年1月分以降用）

○フリガナは、必ず記入してください。

	各人の合計	財産を取得した人
フリガナ	（被相続人）	
氏名	Y	Z
個人番号又は法人番号		↓個人番号の記載に当たっては、左端を空欄としここから記入してください。
生年月日	年　月　日（年齢　歳）	年　月　日（年齢　歳）
住所（電話番号）		〒 （　－　－　）
被相続人との続柄／職業		長男
取得原因	該当する取得原因を○で囲みます。	（相続）・遺贈・相続時精算課税に係る贈与
※整理番号		

区分	項目	番号	各人の合計（円）	財産を取得した人（円）
課税価格の計算	取得財産の価額（第11表③）	①	150000000	150000000
	相続時精算課税適用財産の価額（第11の2表1⑦）	②		
	債務及び葬式費用の金額（第13表3⑦）	③		
	純資産価額（①＋②−③）（赤字のときは0）	④	150000000	150000000
	純資産価額に加算される暦年課税分の贈与財産価額（第14表1④）	⑤		
	課税価格（④＋⑤）（1,000円未満切捨て）	⑥	150000000 Ⓐ	150000000
各人の算出税額の計算	法定相続人の数／遺産に係る基礎控除額		2人　42000000 Ⓑ	左の欄には、第2表の②欄の回の人数及び㋥の金額を記入します。
	相続税の総額	⑦	18400000	左の欄には、第2表の⑧欄の金額を記入します。
	一般の場合（⑩の場合を除く）　あん分割合（各人の⑥／Ⓐ）	⑧	1.00	1.00
	算出税額（⑦×各人の⑧）	⑨	18400000	18400000
	農地等納税猶予の適用を受ける場合　算出税額（第3表⑬）	⑩		
	相続税額の2割加算が行われる場合の加算金額（第4表⑦）	⑪		
各人の納付・還付税額の計算	税額控除　暦年課税分の贈与税額控除額（第4表の2㉕）	⑫		
	配偶者の税額軽減額（第5表㋑又は㋩）	⑬		
	未成年者控除額（第6表1②、③又は⑥）	⑭		
	障害者控除額（第6表2②、③又は⑥）	⑮		
	相次相続控除額（第7表⑬又は⑱）	⑯		
	外国税額控除額（第8表1⑧）	⑰		
	計	⑱		
	差引税額（⑨＋⑪−⑱）又は（⑩＋⑪−⑱）（赤字のときは0）	⑲	18400000	18400000
	相続時精算課税分の贈与税額控除額（第11の2表1⑧）	⑳	00	00
	医療法人持分税額控除額（第8の4表2B）	㉑		
	小計（⑲−⑳−㉑）（黒字のときは100円未満切捨て）	㉒	18400000	18400000
	納税猶予税額（第8の8表⑧）	㉓	00	00
	申告納税額（㉒−㉓）　申告期限までに納付すべき税額	㉔	18400000	18400000
	還付される税額	㉕	△	△

（注）㉒欄の金額が赤字となる場合は、㉒欄の左端に△を付してください。なお、この場合で、㉒欄の金額のうちに贈与税の外国税額控除額（第11の2表1⑨）があるときの㉒欄の金額については、「相続税の申告のしかた」を参照してください。

○この申告書は機械で読み取りますので、黒ボールペンで記入してください。また、申告書と添付資料を一緒にとじないでください。

※の項目は記入する必要がありません。

※税務署整理欄　申告区分　年分　グループ番号　補完番号　名簿番号　申告年月日　関与区分　書面添付　検算　管理補完　確認

※税務署整理欄　通信日付印　年月日　確認者

作成税理士の事務所所在地・署名・電話番号

□ 税理士法第30条の書面提出有

□ 税理士法第33条の2の書面提出有

（資4−20−1−1−A4統一）第1表（令3.3）

記載例 5-58

（令和5年1月分以降用）

相続税の更正の請求書

（税務署受付印）

_____ 税務署長

令和 _8_ 年 _3_ 月 _10_ 日提出

住所又は所在地 _____
納税地 _____
フリガナ
氏名又は名称　　　　Z
個人番号又は法人番号
（法人等の場合）
代表者等氏名 _____
職業 _____ 電話番号 _____

1. 更正の請求の対象となった申告又は通知の区分及び申告書提出年月日又は更正の請求のできる事由の生じたことを知った日

　　令和 _2_ 年分　 相続税の申告書　　　令和 _2_ 年 _12_ 月 _10_ 日

2. 申告又は通知に係る税額及び更正の請求による課税標準等又は税額等
　　次葉のとおり

3. 添付した書類
　　当初申告書
　　内容証明郵便の写し

4. 更正の請求をする理由
　　法定相続人である被相続人の長女から遺留分侵害額の請求があったため、課税価格が減少した。

5. 更正の請求をするに至った事情の詳細、その他参考となるべき事項

6. 還付を受けようとする銀行等

1 銀行等の預金口座に振込みを希望する場合
　銀行　　本店・支店
　金庫・組合　　出張所
　農協・漁協　　本所・支所
　預金　口座番号_____

2 ゆうちょ銀行の貯金口座に振込みを希望する場合
　貯金口座の記号番号_____

3 郵便局等の窓口で受取りを希望する場合

関与税理士_____ 電話番号_____

第3節　相続税のケーススタディ

記載例 5-59

	住所	〒　―	相続の年月日	年　月　日
被相続人	フリガナ 氏名		職業	

(令和5年1月分以降用)

次葉　　申告又は通知に係る税額及び更正の請求による課税標準等又は税額等
（　相　続　税　）

(1) 税額等の計算明細

区　　　　分	請　求　額
① 取得財産の価額	112,500,000 円
② 相続時精算課税適用財産の価額	
③ 債務及び葬式費用の金額	
④ 純資産価額（①+②-③）	112,500,000
⑤ 純資産価額に加算される暦年課税分の贈与財産価額	
⑥ 課税価格（④+⑤）	112,500,000
⑦ 相続税の総額（(2)の⑨の金額）	18,400,000
一般の場合　⑧ 同上のあん分割合	75 %
⑨ 算出税額（⑦×⑧）	13,800,000 円
租税特別措置法第70条の6第2項の規定の適用を受ける場合　⑩ 算出税額（付表1(1)の⑬）	
⑪ 相続税法第18条の規定による加算額	
税額控除額　⑫ 暦年課税分の贈与税額控除額	
⑬ 配偶者の税額軽減額	
⑭ ⑫・⑬以外の税額控除額（付表7 1⑤）	
⑮ 計	
⑯ 差引税額（⑨+⑪-⑮）又は（⑩+⑪-⑮）	13,800,000
⑰ 相続時精算課税分の贈与税額控除額	00
⑱ 医療法人持分税額控除額	
⑲ 小　計（⑯-⑰-⑱）	13,800,000
⑳ 納税猶予税額（付表7 2⑧）	00
(⑲-⑳)　㉑ 申告期限までに納付すべき税額	13,800,000
㉒ 還付される税額	△
更正の請求前のもの　㉓ 小計	18,400,000
㉔ 納税猶予税額	00
㉕ 申告納税額（還付の場合は、頭に△を記載）	18,400,000
㉖ 小計の減少額（⑲-㉓）	△ 4,600,000
㉗ この請求により還付される税額又は納付すべき税額（還付の場合は、頭に△を記載）（(㉑又は㉒)-㉕）	△ 4,600,000

(2) 相続税の総額の計算明細

区　　　　分	請　求　額
① 取得財産価額の合計額	150,000,000 円
② 相続時精算課税適用財産価額の合計額	
③ 債務及び葬式費用の合計額	
④ 純資産価額に加算される暦年課税分の贈与財産価額の合計額	
⑤ 課税価格の合計額	150,000,000
⑥ 法定相続人の数	2 人
⑦ 遺産に係る基礎控除額	42,000,000 円
⑧ 計算の基礎となる金額（⑤-⑦）	108,000,000
⑨ 相続税の総額	18,400,000

(資15-1-2-A4統一)

ろ、当初申告では未成年者である長女Eに係る未成年者控除額の適用を受けておらず、その分は扶養義務者である長男Dの相続税額から控除することができる旨を知らされたため、令和7年9月10日に更正の請求を行うこととした。

対応策

　相続税法では、相続人の中に未成年者がいる場合、当該未成年者について、成人に達するまでの間において扶養義務者が負担する養育費等を考慮して、相続税の軽減が図られている（未成年者控除、相法19の3）。ここでいう「未成年者」とは、相続または遺贈により財産を取得した者で、相続開始時における年齢が18歳未満の法定相続人をいう（相法19の3①）。
　未成年者控除の金額は以下の通り計算する（相法19の3①）。

> 未成年者控除額＝10万円×（18歳－相続開始時における年齢(注)）

（注）　相続開始時の年齢は、1年未満の端数は切り捨てる。

　未成年者控除額は、相続人である未成年者の算出税額から控除されるが、その者が控除しきれない控除不足の金額がある場合には、その者の扶養義務者の算出税額から控除できる（相法19の3②）。
　本件の場合、長女Eの未成年者控除の金額（20万円＝10万円×（18歳－16歳））を扶養義務者である長男Dの相続税額から控除することとなる。その場合の相続税の更正の請求書は 記載例5-60 ～ 記載例5-62 の通りとなる。

記載例 5-60

（令和 5 年 1 月分以降用）

相続税の更正の請求書

税務署受付印

_____税務署長

令和 **7** 年 **9** 月 **10** 日提出

〒
住所又は所在地_____

納税地_____

フリガナ
氏名又は名称　　　**D**_____

個人番号又は法人番号
（個人番号の記載に当たっては、左端を空欄とし、ここから記入してください。）
| | | | | | | | | | | | |

（法人等の場合）
代表者等氏名_____

職業_____　電話番号_____

1．更正の請求の対象となった申告又は通知の区分及び申告書提出年月日又は更正の請求のできる事由の生じたことを知った日
　　令和 **6** 年分　**相続税の申告書**　　　令和 **6** 年 **11** 月 **25** 日

2．申告又は通知に係る税額及び更正の請求による課税標準等又は税額等
　　次葉のとおり

3．添付した書類
　　_____
　　_____

4．更正の請求をする理由
　　未成年者控除の適用について、未成年者から控除しきれない金額につき扶養義務者であるDから控除することを失念していたため。

5．更正の請求をするに至った事情の詳細、その他参考となるべき事項
　　_____
　　_____
　　_____

6．還付を受けようとする銀行等

1　銀行等の預金口座に振込みを希望する場合
　　銀　行　　　　　本店・支店
　　金庫・組合　　　出　張　所
　　農協・漁協　　　本所・支所
　　_____預金　口座番号_____

2　ゆうちょ銀行の貯金口座に振込みを希望する場合
　　貯金口座の記号番号_____－_____

3　郵便局等の窓口で受取りを希望する場合
　　_____

関与税理士　_____　　電話番号_____

（資 15-1-1-A4 統一）

記載例 5-61

被相続人	住所	〒 -		相続の年月日	年 月 日	(令和5年1月分以降用)
	フリガナ 氏名	B		職業		

次葉

申告又は通知に係る税額及び更正の請求による課税標準等又は税額等
（相　続　税）

(1) 税額等の計算明細

	区　　　　　分	請　求　額	
	① 取得財産の価額	34,000,000	円
	② 相続時精算課税適用財産の価額		
	③ 債務及び葬式費用の金額		
	④ 純資産価額（①+②-③）	34,000,000	
	⑤ 純資産価額に加算される暦年課税分の贈与財産価額		
	⑥ 課税価格（④+⑤）	34,000,000	
	⑦ 相続税の総額（(2)の⑨の金額）	22,000,000	
一般の場合	⑧ 同上のあん分割合	19	％
	⑨ 算出税額（⑦×⑧）	4,180,000	円
租税特別措置法第70条の6第2項の規定の適用を受ける場合	⑩ 算出税額（付表1(1)の⑬）		
	⑪ 相続税法第18条の規定による加算額		
税額控除額	⑫ 暦年課税分の贈与税額控除額		
	⑬ 配偶者の税額軽減額		
	⑭ ⑫・⑬以外の税額控除額（付表7 1⑤）	200,000	
	⑮ 計	200,000	
	⑯ 差引税額（⑨+⑪-⑮）又は（⑩+⑪-⑮）	3,980,000	
	⑰ 相続時精算課税分の贈与税額控除額	00	
	⑱ 医療法人持分税額控除額		
	⑲ 小　計（⑯-⑰-⑱）	3,980,000	
	⑳ 納税猶予税額（付表7 2⑧）	00	
(⑲-⑳)	㉑ 申告期限までに納付すべき税額	3,980,000	
	㉒ 還付される税額	△	
更正の請求前の	㉓ 小計	4,180,000	
	㉔ 納税猶予税額	00	
	㉕ 申告納税額（還付の場合は、頭に△を記載）	4,180,000	
	㉖ 小計の減少額（⑲-㉓）	△ 200,000	
	㉗ この請求により還付される税額又は納付すべき税額（還付の場合は、頭に△を記載）（（㉑又は㉒）-㉕）	△200,000	

(2) 相続税の総額の計算明細

	区　　　　　分	請　求　額	
	① 取得財産価額の合計額	185,000,000	円
	② 相続時精算課税適用財産価額の合計額		
	③ 債務及び葬式費用の合計額	5,000,000	
	④ 純資産価額に加算される暦年課税分の贈与財産価額の合計額		
	⑤ 課税価格の合計額	180,000,000	
	⑥ 法定相続人の数	3	人
	⑦ 遺産に係る基礎控除額	48,000,000	円
	⑧ 計算の基礎となる金額（⑤-⑦）	132,000,000	
	⑨ 相続税の総額	22,000,000	

記載例 5-62

次葉

更正の請求による課税標準等又は税額等
（相 続 税 － 付 表 7）

税額控除額及び相続税の納税猶予の適用を受けている人の納税猶予
税額の合計額の計算明細表

（令和5年1月分以降用）

1 税額控除額の計算

区　分	請　求　額
① 未成年者控除額	200,000 円
② 障害者控除額	
③ 相次相続控除額	
④ 外国税額控除額	
⑤ 合計（①＋②＋③＋④）	200,000

2 納税猶予税額の計算

区　分	請　求　額
① 農地等納税猶予税額	00 円
② 株式等納税猶予税額	00
③ 特例株式等納税猶予税額	00
④ 山林納税猶予税額	00
⑤ 医療法人持分納税猶予税額	00
⑥ 美術品納税猶予税額	00
⑦ 事業用資産納税猶予税額	00
⑧ 合計（①＋②＋③＋④＋⑤＋⑥＋⑦）	00

（資15－1－3－8－A4統一）

第4節

消費税のケーススタディ

ケース1
従業員への給与金額に含まれていた交通費に係る仕入控除税額の過少計上に伴う更正の請求

　医療法人財団Ａ病院は病床数100床の整形外科およびリハビリテーションに特化した病院である。これまで事務長が経理部門も所掌していたが、組織が大きくなりスタッフ数も増加したので、令和6年9月から経理部長として公認会計士を迎えた。新任の経理部長は過去の経理処理および税務申告を見直していたが、その過程で消費税の処理誤りを発見した。それは、令和6年3月期に関し、医師・看護師を含むスタッフに対して支払う通勤手当および交通費を賃金とともに給与として毎月25日に各人に振り込むことから、消費税について全額課税対象外として取り扱っていたというものである。当該交通費の総額は1,323,000円であった。

対応策

　消費税法上、雇用契約その他これに準ずる契約に基づき提供される労務の対価として支払う給与は課税仕入れに該当しない（消法2①十二、消基通11−1−2）。しかし、給与等の名目で支払うものであっても、それが通勤手当、出張旅費、宿泊費として支払われるもので、かつ、通勤または旅行（海外出張を除く）に関し通常必要と認められる部分の金額は、事業

者の業務上の必要に基づく支出の実費弁済であると考えられることから、消費税法上課税仕入れに該当することとなる。したがって、本件交通費も通勤または旅行に関し通常必要と認められる部分の金額は課税仕入れに該当すると考えられる。

仮に本件につき令和6年3月期の交通費1,323,000円が全額課税仕入れに該当する場合には、更正の請求により納付税額の過払い分の還付を求めることとなる。本件の当初申告を 記載例5-63 、 記載例5-64 とすると、更正の請求の記載例は 記載例5-65 、 記載例5-66 の通りとなる。

ケース2
非課税売上の集計誤りにより課税売上割合が95％未満となった場合の更正の請求

医療・福祉用機器の製造販売を営むB社（資本金2億円）では、令和7年3月期の決算を行っている最中に、過年度の消費税の申告に関し誤りがあることが判明した。すなわち、令和5年3月期において、課税売上割合の算定の際、標準税率（10％）で課税される医療機器の一部（税抜価格3,600,000円）を非課税の福祉用機器としたため、課税売上割合が95％未満となり、仕入税額の一部が控除できなくなったことから、納付税額が過大となった。そのため、B社は更正の請求により申告の是正を図りたいと考えている。売上の内訳については 図表5-17 （299頁）の通りである。

なお、課税売上高および売上に係る消費税（仮受消費税）の算定は正確に行われている。

記載例 5-63

この用紙はとじこまないでください。

GK0306

第3-(1)号様式

令和 6 年 5 月 25 日　　税務署長殿　　（個人の方）振替継続希望　　法人用

納税地　（電話番号　　－　　－　　）

（フリガナ）
法人名　**医療法人財団A病院**

法人番号

（フリガナ）
代表者氏名

自 令和 05 年 04 月 01 日　　課税期間分の消費税及び地方消費税の（ 確定 ）申告書

至 令和 06 年 03 月 31 日

中間申告の場合の対象期間　自 令和　　年　　月　　日　至 令和　　年　　月　　日

令和五年十月一日以後終了課税期間分（一般用）

第一表

この申告書による消費税の税額の計算

① 課税標準額	3,770,000,000	03
② 消費税額	294,060,000	06
③ 控除過大調整税額		07
④ 控除対象仕入税額	233,079,81	08
⑤ 返還等対価に係る税額		09
⑥ 貸倒れに係る税額		10
⑦ 控除税額小計（④+⑤+⑥）	233,079,81	11
⑧ 控除不足還付税額（⑦-②-③）		13
⑨ 差引税額（②+③-⑦）	60,980,00	15
⑩ 中間納付税額	28,370,00	16
⑪ 納付税額（⑨-⑩）	32,610,00	17
⑫ 中間納付還付税額（⑩-⑨）	00	18
⑬ この申告書が修正申告である場合 既確定税額		19
⑭ 差引納付税額	00	20
⑮ 課税売上割合 課税資産の譲渡等の対価の額	3,770,000,000	21
⑯ 資産の譲渡等の対価の額	2,170,000,000	22

付記事項・参考事項

	有	無	
割賦基準の適用		○	31
延払基準等の適用		○	32
工事進行基準の適用		○	33
現金主義会計の適用		○	34
課税標準額に対する消費税額の計算の特例の適用		○	35

控除税額の計算方法　課税売上高5億円超又は課税売上割合95%未満　○
個別対応方式／一括比例配分方式／全額控除　上記以外　41

基準期間の課税売上高　　千円

税額控除に係る経過措置の適用（2割特例）　42

この申告書による地方消費税の額の計算

⑰ 地方消費税の課税標準となる消費税額 控除不足還付税額		51
⑱ 差引税額	60,980,00	52
⑲ 譲渡割額 還付額		53
⑳ 納税額	17,199,00	54
㉑ 中間納付譲渡割額	8,001,00	55
㉒ 納付譲渡割額（⑳-㉑）	9,198,00	56
㉓ 中間納付還付譲渡割額（㉑-⑳）	00	57
㉔ この申告書が修正申告である場合 既確定譲渡割額		58
㉕ 差引納付譲渡割額	00	59
㉖ 消費税及び地方消費税の合計（納付又は還付）税額	41,808,00	60

還付を受けようとする金融機関等　銀行・本店・支店／金庫・組合・出張所／農協・漁協・本所・支所　預金　口座番号　ゆうちょ銀行の貯金記号番号　郵便局名等

（個人の方）公金受取口座の利用

※税務署整理欄

税理士署名　（電話番号　　－　　－　　）

税理士法第30条の書面提出有
税理士法第33条の2の書面提出有

第 4 節　消費税のケーススタディ　　295

記載例 5-64

第4-(10)号様式
付表2-3　課税売上割合・控除対象仕入税額等の計算表　　　　　　　　　　一般

| 課税期間 | 5・4・1～6・3・31 | 氏名又は名称 | 医療法人財団A病院 |

項目		税率 6.24 % 適用分 A	税率 7.8 % 適用分 B	合計 C (A+B)
課税売上額（税抜き）	①		377,000,000	377,000,000
免税売上額	②			0
非課税資産の輸出等の金額、海外支店等へ移送した資産の価額	③			0
課税資産の譲渡等の対価の額（①+②+③）	④			※第一表の⑮欄へ 377,000,000
課税資産の譲渡等の対価の額（④の金額）	⑤			377,000,000
非課税売上額	⑥			1,793,000,000
資産の譲渡等の対価の額（⑤+⑥）	⑦			※第一表の⑯欄へ 2,170,000,000
課税売上割合（④/⑦）	⑧			[17.3%] ※端数切捨て
課税仕入れに係る支払対価の額（税込み）	⑨		1,892,000,000	1,892,000,000
課税仕入れに係る消費税額	⑩		134,160,000	134,160,000
適格請求書発行事業者以外の者から行った課税仕入れに係る経過措置の適用を受ける課税仕入れに係る支払対価の額（税込み）	⑪			
適格請求書発行事業者以外の者から行った課税仕入れに係る経過措置により課税仕入れに係る消費税額とみなされる額	⑫			
特定課税仕入れに係る支払対価の額	⑬			0
特定課税仕入れに係る消費税額	⑭		（⑬B欄×7.8/100）	0
課税貨物に係る消費税額	⑮			0
納税義務の免除を受けない（受ける）こととなった場合における消費税額の調整（加算又は減算額）	⑯			0
課税仕入れ等の税額の合計額（⑩+⑫+⑭+⑮±⑯）	⑰			134,160,000
課税売上高が5億円以下、かつ、課税売上割合が95％以上の場合（⑰の金額）	⑱			
⑰のうち、課税売上げにのみ要するもの	⑲			
⑰のうち、課税売上げと非課税売上げに共通して要するもの	⑳			
個別対応方式により控除する課税仕入れ等の税額 〔⑲+(⑳×④/⑦)〕	㉑			
一括比例配分方式により控除する課税仕入れの税額（⑰×④/⑦）	㉒		23,307,981	23,307,981
課税売上割合変動時の調整対象固定資産に係る消費税額の調整（加算又は減算額）	㉓			
調整対象固定資産を課税業務用（非課税業務用）に転用した場合の調整（加算又は減算額）	㉔			
居住用賃貸建物を課税賃貸用に供した（譲渡した）場合の加算額	㉕			
控除対象仕入税額 〔(⑱、㉑又は㉒の金額)±㉓+㉔+㉕）がプラスの時〕	㉖	※付表1-3の㉖A欄へ	※付表1-3の㉖B欄へ 23,307,981	23,307,981
控除過大調整税額 〔(⑱、㉑又は㉒の金額)±㉓+㉔+㉕）がマイナスの時〕	㉗	※付表1-3の㉗A欄へ	※付表1-3の㉗B欄へ	
貸倒回収に係る消費税額	㉘		※付表1-3の㉘B欄へ	

注意　1　金額の計算においては、1円未満の端数を切り捨てる。
　　　2　③、⑬及び㉓欄には、値引き、割戻し、割引きなどが仕入対価の返還等の金額がある場合（仕入対価の返還等の金額を仕入金額から直接減額している場合を除く。）には、その金額を控除した後の金額を記載する。
　　　3　⑪及び⑫欄の経過措置は、所得税法等の一部を改正する法律（平成28年法律第15号）附則第52条又は第53条の適用がある場合をいう。

(R5.10.1以後終了課税期間用)

記載例 5-65

第6-(2)号様式

消費税及び地方消費税の更正の請求書

令和 6 年 10 月 21 日

税務署長殿

※整理番号

納税地 （〒　－　）（電話　－　－）
（フリガナ）
法人名　**医療法人財団A病院**
法人番号
（フリガナ）
代表者氏名

国税通則法第23条及び地方税法附則第9条の4の規定に基づき　自 令和 5 年 4 月 1 日　課税期間の
消費税法第56条　　　　　　　　　　　　　　　　　　　　　至 令和 6 年 3 月 31 日

令和 6 年 5 月 25 日付 （申告）・更正・決定に係る課税標準等又は税額等について下記のとおり更正の請求をします。

記

区　分			更正の請求金額
消費税の税額の計算	課税標準額	①	377,000,000 円
	消費税額	②	29,406,000
	控除過大調整税額	③	
	控除税額	控除対象仕入税額 ④	23,324,279
		返還等対価に係る税額 ⑤	
		貸倒れに係る税額 ⑥	
		控除税額小計（④+⑤+⑥） ⑦	23,324,279
	控除不足還付税額（⑦-②-③） ⑧		
	差引税額（②+③-⑦） ⑨		6,081,700
	中間納付税額 ⑩		2,837,000
	納付税額（⑨-⑩） ⑪		3,244,700
	中間納付還付税額（⑩-⑨） ⑫		00
	この請求前の既確定税額 ⑬		3,261,000
地方消費税の税額の計算	地方消費税の課税標準となる消費税額	控除不足還付税額 ⑭	
		差引税額 ⑮	6,081,700
	譲渡割額	還付額 ⑯	
		納税額 ⑰	1,715,300
	中間納付譲渡割額 ⑱		800,100
	納付譲渡割額（⑰-⑱） ⑲		915,200
	中間納付還付譲渡割額（⑱-⑰） ⑳		00
	この請求前の既確定譲渡割額 ㉑		1,719,900

（更正の請求をする理由等）従業員の通勤費及び出張旅費を給与として処理したことから、仕上控除税額が過少となり、納税額が過大となったため。

修正申告書提出年月日　令和　年　月　日　　添付書類
更正決定通知書受理年月日　令和　年　月　日

還付される税金の受取場所

イ 銀行等の預金口座に振込みを希望する場合
　銀行・本店・支店
　金庫・組合・出張所
　農協・漁協・本所・支店
　預金口座番号

ロ ゆうちょ銀行の貯金口座に振込みを希望する場合
　貯金口座の記号番号

ハ 郵便局等の窓口での受け取りを希望する場合
　郵便局名等

税理士署名

※税務署処理欄　部門　決算期　業種番号　番号確認　整理簿　備考　通信日付印　年　月　日　確認

第4節　消費税のケーススタディ

記載例5-66

第4-(10)号様式
付表2-3　課税売上割合・控除対象仕入税額等の計算表　　　　　　　　　　　一般

| 課税期間 | 5・4・1～6・3・31 | 氏名又は名称 | 医療法人財団A病院 |

項目		税率6.24％適用分 A	税率7.8％適用分 B	合計 C (A+B)
課税売上額（税抜き）	①		377,000,000	377,000,000
免税売上額	②			0
非課税資産の輸出等の金額、海外支店等へ移送した資産の価額	③			0
課税資産の譲渡等の対価の額（①＋②＋③）	④			377,000,000
課税資産の譲渡等の対価の額（④の金額）	⑤			377,000,000
非課税売上額	⑥			1,793,000,000
資産の譲渡等の対価の額（⑤＋⑥）	⑦			2,170,000,000
課税売上割合（④／⑦）	⑧			[17.3％]
課税仕入れに係る支払対価の額（税込み）	⑨		1,893,323,000	1,893,323,000
課税仕入れに係る消費税額	⑩		134,253,812	134,253,812
適格請求書発行事業者以外の者から行った課税仕入れに係る経過措置の適用を受ける課税仕入れに係る支払対価の額（税込み）	⑪			
適格請求書発行事業者以外の者から行った課税仕入れに係る経過措置により課税仕入れに係る消費税額とみなされる額	⑫			
特定課税仕入れに係る支払対価の額	⑬			0
特定課税仕入れに係る消費税額	⑭			0
課税貨物に係る消費税額	⑮			0
納税義務の免除を受けない（受ける）こととなった場合における消費税額の調整（加算又は減算）額	⑯			0
課税仕入れ等の税額の合計額（⑩＋⑫＋⑭＋⑮±⑯）	⑰			134,253,812
課税売上高が5億円以下、かつ、課税売上割合が95％以上の場合（⑰の金額）	⑱			
⑰のうち、課税売上げにのみ要するもの	⑲			
⑰のうち、課税売上げと非課税売上げに共通して要するもの	⑳			
個別対応方式により控除する課税仕入れ等の税額〔⑲＋(⑳×④／⑦)〕	㉑			
一括比例配分方式により控除する課税仕入れ等の税額（⑰×④／⑦）	㉒		23,324,279	23,324,279
課税売上割合変動時の調整対象固定資産に係る消費税額の調整（加算又は減算）額	㉓			
調整対象固定資産を課税業務用（非課税業務用）に転用した場合の調整（加算又は減算）額	㉔			
居住用賃貸建物を課税賃貸用に供した（譲渡した）場合の加算額	㉕			
控除対象仕入税額〔（⑱、㉑又は㉒の金額）±㉓±㉔＋㉕〕がプラスの時	㉖		23,324,279	23,324,279
控除過大調整税額〔（⑱、㉑又は㉒の金額）±㉓±㉔＋㉕〕がマイナスの時	㉗			
貸倒回収に係る消費税額	㉘			

図表5-17　売上の内訳

内訳	金額・%
課税売上高(税率7.8%適用分・税抜)	452,320,000円
課税売上高(税率6.24%適用分・税抜)	0円
非課税売上高(当初申告)	24,800,000円
資産の譲渡等の対価の額(当初申告)	477,120,000円
課税売上割合(当初申告)	94.8%
非課税売上高(更正の請求額)	21,200,000円
資産の譲渡等の対価の額(更正の請求額)	473,520,000円
課税売上割合(更正の請求額)	95.5%

対応策

　消費税における仕入税額控除の計算は、事業者の区分により次頁**図表5-18**の通りとなる（消法30①②）。以前は課税売上割合が95％以上であれば即全額控除であったが、平成23年度の税制改正で、その課税期間の課税売上高が5億円超の事業者に対しては平成24年4月1日以降に開始する課税期間から全額控除が認められなくなり、個別対応方式または一括比例配分方式のいずれかを選択することとされた（いわゆる「95％ルール」の改正）。

図表5-18　課税仕入れ等に係る仕入税額控除の計算方法

	課税売上割合等	計算方法
①	課税資産の譲渡等のみを行っている（課税売上割合が100％の）事業者	全額控除
②	課税売上割合が95％以上でその課税期間の課税売上高が5億円以下の事業者	全額控除
③	課税売上割合が95％以上でその課税期間の課税売上高が5億円超の事業者	個別対応方式または一括比例配分方式（選択）
④	課税売上割合が95％未満の事業者	個別対応方式または一括比例配分方式（選択）
⑤	簡易課税の適用事業者	みなし仕入率

なお、**図表5-18**のうち、①〜④により仕入税額を計算する方法を、⑤を「簡易課税」ということとの対比で「原則（本則）課税」ということがある。

本件は、課税売上割合の算定の際、課税売上に計上している医療機器の売上の一部を誤って非課税売上にも二重に計上したため、課税売上割合が95％を切ってしまったことから、本来であれば（本来の課税売上割合＝95.5％）できたはずの仕入税額の全額控除ができなくなったという状況を是正しようというものである。

本件の当初申告を 記載例5-67 、記載例5-68 とすると、更正の請求書の記載例は 記載例5-69 、記載例5-70 の通りとなる。

記載例 5-67

この用紙はとじこまないでください。

GK0304

第3-(1)号様式

令和 5 年 5 月 26 日　　税務署長殿

納　税　地　　　　（電話番号　　－　　－　　）
（フリガナ）
法　人　名　　B株式会社
法 人 番 号
（フリガナ）
代表者氏名

※税務署処理欄： 一連番号／整理番号／申告年月日 令和　年　月　日／申告区分 指導等 庁指定 局指定／通信日付印 確認／指導年月 令和　年　月／相談 区分1 区分2 区分3

法人用　第一表

自 平成 / 令和　04年04月01日
至 令和　05年03月31日
課税期間分の消費税及び地方消費税の（ 確定 ）申告書

中間申告の場合の対象期間　自 平成/令和　年　月　日　至 令和　年　月　日

令和元年十月一日以後終了課税期間分（一般用）

この申告書による消費税の税額の計算

項目	番号	金額	欄
課税標準額	①	452,320,000	03
消費税額	②	35,280,960	06
控除過大調整税額	③		07
控除対象仕入税額	④	26,394,571	08
返還等対価に係る税額	⑤		09
貸倒れに係る税額	⑥		10
控除税額小計（④+⑤+⑥）	⑦	26,394,571	11
控除不足還付税額（⑦-②-③）	⑧		13
差引税額（②+③-⑦）	⑨	8,886,300	15
中間納付税額	⑩	4,296,600	16
納付税額（⑨-⑩）	⑪	4,589,700	17
中間納付還付税額（⑩-⑨）	⑫	00	18
この申告書が修正申告である場合 既確定税額	⑬		19
差引納付税額	⑭	00	20
課税売上割合 課税資産の譲渡等の対価の額	⑮	452,320,000	21
資産の譲渡等の対価の額	⑯	477,120,000	22

この申告書による地方消費税の税額の計算

項目	番号	金額	欄
地方消費税の課税標準となる消費税額 控除不足還付税額	⑰		51
差引税額	⑱	8,886,300	52
譲渡割額 還付額	⑲		53
納税額	⑳	2,506,300	54
中間納付譲渡割額	㉑	1,211,800	55
納付譲渡割額（⑳-㉑）	㉒	1,294,500	56
中間納付還付譲渡割額（㉑-⑳）	㉓	00	57
この申告書が修正申告である場合 既確定譲渡割額	㉔		58
差引納付譲渡割額	㉕	00	59
消費税及び地方消費税の合計（納付又は還付）税額	㉖	5,884,200	60

㉖＝（⑪+㉒）－（⑫+⑲+㉓）・修正申告の場合㉖＝⑭+㉕
㉖が還付税額となる場合はマイナス「－」を付してください。

付記事項： 割賦基準の適用 有 無 31／延払基準等の適用 有 無 32／工事進行基準の適用 有 無 33／現金主義会計の適用 有 無 34

参考事項： 課税標準額に対する消費税額の計算の特例の適用 有 無 35
控除税額の計算の方法：
- 課税売上高5億円超又は課税売上割合95％未満　個別対応方式／一括比例配分方式 41
- 上記以外　全額控除
基準期間の課税売上高　　千円

還付を受けようとする金融機関等：
銀行　本店・支店
金庫・組合　出張所
農協・漁協　本所・支所
預金　口座番号
ゆうちょ銀行の貯金記号番号　　－
郵便局名等
※税務署整理欄

税理士署名　　（電話番号　　－　　－　　）

税理士法第30条の書面提出有
税理士法第33条の2の書面提出有

記載例5-68

第4-(10)号様式
付表2-3　課税売上割合・控除対象仕入税額等の計算表　　　一般

| 課税期間 | 4・4・1～5・3・31 | 氏名又は名称 | B株式会社 |

項目	税率6.24％適用分 A	税率7.8％適用分 B	合計 C (A+B)
課税売上額（税抜き）①		452,320,000	452,320,000
免税売上額 ②			0
非課税資産の輸出等の金額、海外支店等へ移送した資産の価額 ③			0
課税資産の譲渡等の対価の額（①＋②＋③）④			452,320,000
課税資産の譲渡等の対価の額（④の金額）⑤			452,320,000
非課税売上額 ⑥			24,800,000
資産の譲渡等の対価の額（⑤＋⑥）⑦			477,120,000
課税売上割合（④／⑦）⑧			[94.8％]
課税仕入れに係る支払対価の額（税込み）⑨		392,640,000	392,640,000
課税仕入れに係る消費税額 ⑩		27,841,745	27,841,745
特定課税仕入れに係る支払対価の額 ⑪			0
特定課税仕入れに係る消費税額 ⑫			0
課税貨物に係る消費税額 ⑬			0
納税義務の免除を受けない（受ける）こととなった場合における消費税額の調整（加算又は減算）額 ⑭			0
課税仕入れ等の税額の合計額（⑩＋⑫＋⑬±⑭）⑮		27,841,745	27,841,745
課税売上高が5億円以下、かつ、課税売上割合が95％以上の場合（⑮の金額）⑯			
⑮のうち、課税売上げにのみ要するもの ⑰			
⑮のうち、課税売上げと非課税売上げに共通して要するもの ⑱			
個別対応方式により控除する課税仕入れ等の税額〔⑰＋(⑱×④／⑦)〕⑲			
一括比例配分方式により控除する課税仕入れ等の税額（⑮×④／⑦）⑳		26,394,571	26,394,571
課税売上割合変動時の調整対象固定資産に係る消費税額の調整（加算又は減算）額 ㉑			
調整対象固定資産を課税業務用(非課税業務用)に転用した場合の調整（加算又は減算）額 ㉒			
居住用賃貸建物を課税賃貸用に供した（譲渡した）場合の加算額 ㉓			
控除対象仕入税額〔(⑯、⑲又は⑳の金額)±㉑±㉒＋㉓〕がプラスの時 ㉔		26,394,571	26,394,571
控除過大調整税額〔(⑯、⑲又は⑳の金額)±㉑±㉒＋㉓〕がマイナスの時 ㉕			
貸倒回収に係る消費税額 ㉖			

記載例 5-69

第6-(2)号様式

消費税及び地方消費税の更正の請求書

令和 7 年 4 月 30 日

税務署長殿

※整理番号

納税地 (〒　－　)　（電話　－　－　）
（フリガナ）
法人名　B株式会社
法人番号
（フリガナ）
代表者氏名

国税通則法第23条 及び地方税法附則第9条の4の規定に基づき　自 令和 4 年 4 月 1 日　課税期間の
消費税法第56条　　　　　　　　　　　　　　　　　　　　　至 令和 5 年 3 月 31 日

令和 5 年 5 月 26 日付（申告）・更正・決定に係る課税標準等又は税額等について下記のとおり更正の請求をします。

記

区　分			更　正　の　請　求　金　額
消費税の税額の計算	課税標準額	①	452,320,000円
	消費税額	②	35,280,960
	控除過大調整税額	③	
	控除税額	控除対象仕入税額 ④	27,841,745
		返還等対価に係る税額 ⑤	
		貸倒れに係る税額 ⑥	
		控除税額小計（④+⑤+⑥）⑦	27,841,745
	控除不足還付税額（⑦－②－③）⑧		
	差引税額（②+③－⑦）⑨		7,439,200
	中間納付税額 ⑩		4,296,600
	納付税額（⑨－⑩）⑪		3,142,600
	中間納付還付税額（⑩－⑨）⑫		00
	この請求前の既確定税額 ⑬		4,589,700
地方消費税の税額の計算	地方消費税の課税標準となる消費税額	控除不足還付税額 ⑭	
		差引税額 ⑮	7,439,200
	譲渡割額	還付額 ⑯	
		納税額 ⑰	2,098,200
	中間納付譲渡割額 ⑱		1,211,800
	納付譲渡割額（⑰－⑱）⑲		886,400
	中間納付還付譲渡割額（⑱－⑰）⑳		00
	この請求前の既確定譲渡割額 ㉑		1,294,500

（更正の請求をする理由等）
課税売上割合算定の際、誤って課税売上の販売を非課税売上に
計上したことから、課税売上割合が95％未満となったため。

修正申告書提出年月日	令和　年　月　日	添付書類	非課税売上に係る総勘定元帳
更正決定通知書受理年月日	令和　年　月　日		課税売上割合の計算表

還付される税金の受取場所

イ 銀行等の預金口座に振込みを希望する場合
　銀　行　　本店・支店
三菱UFJ　金庫・組合　出張所
　　　　　漁協・農協　○○　本所・支所
普通　預金　口座番号　1234×××

ハ ゆうちょ銀行の貯金口座に振込みを希望する場合
　貯金口座の記号番号

ニ 郵便局等の窓口での受け取りを希望する場合
　郵便局名等

税理士署名

※税務署処理欄　部門　決算期　業種番号　番号確認　整理簿　備考　通信日付印　年　月　日　確認

記載例5-70

第4-(10)号様式
付表2-3　課税売上割合・控除対象仕入税額等の計算表　　　　　　　　　　　　　　　　　一般

| 課税期間 | 4・4・1～5・3・31 | 氏名又は名称 | B株式会社 |

項目		税率6.24%適用分 A	税率7.8%適用分 B	合計 (A+B) C
課税売上額（税抜き）	①		452,320,000	452,320,000
免税売上額	②			0
非課税資産の輸出等の金額、海外支店等へ移送した資産の価額	③			0
課税資産の譲渡等の対価の額（①+②+③）	④			452,320,000
課税資産の譲渡等の対価の額（④の金額）	⑤			452,320,000
非課税売上額	⑥			21,200,000
資産の譲渡等の対価の額（⑤+⑥）	⑦			473,520,000
課税売上割合（④/⑦）	⑧			[95.5%]
課税仕入れに係る支払対価の額（税込み）	⑨		392,640,000	392,640,000
課税仕入れに係る消費税額	⑩		27,841,745	27,841,745
特定課税仕入れに係る支払対価の額	⑪			0
特定課税仕入れに係る消費税額	⑫			0
課税貨物に係る消費税額	⑬			0
納税義務の免除を受けない（受ける）こととなった場合における消費税額の調整（加算又は減算）額	⑭			0
課税仕入れ等の税額の合計額（⑩+⑫+⑬±⑭）	⑮		27,841,745	27,841,745
課税売上高が5億円以下、かつ、課税売上割合が95%以上の場合（⑮の金額）	⑯		27,841,745	27,841,745
⑮のうち、課税売上げにのみ要するもの	⑰			
⑮のうち、課税売上げと非課税売上げに共通して要するもの	⑱			
個別対応方式により控除する課税仕入れ等の税額〔⑰+（⑱×④/⑦）〕	⑲			
一括比例配分方式により控除する課税仕入れ等の税額（⑮×④/⑦）	⑳			
課税売上割合変動時の調整対象固定資産に係る消費税額の調整（加算又は減算）額	㉑			
調整対象固定資産を課税業務用（非課税業務用）に転用した場合の調整（加算又は減算）額	㉒			
居住用賃貸建物を課税賃貸用に供した（譲渡した）場合の加算額	㉓			
控除対象仕入税額〔（⑯、⑲又は⑳の金額）±㉑±㉒+㉓〕がプラスの時	㉔		27,841,745	27,841,745
控除過大調整税額〔（⑯、⑲又は⑳の金額）±㉑±㉒+㉓〕がマイナスの時	㉕			
貸倒回収に係る消費税額	㉖			

注意　1　金額の計算においては、1円未満の端数を切り捨てる。
　　　2　⑨及び⑪欄には、値引き、割戻し、割引きなど仕入対価の返還等の金額がある場合（仕入対価の返還等の金額を仕入金額から直接減額している場合を除く。）には、その金額を控除した後の金額を記載する。

ケース3
不動産業者に支払った仲介手数料の処理誤りに伴う更正の請求

　個人邸や小規模集合住宅の内装工事を請け負う工務店を営むＣ氏（個人事業）は、令和6年分の所得税および消費税の確定申告を行うべく準備していたところ、その前年分である令和5年分の消費税の申告において誤りがあることを発見した。すなわち、令和5年12月2日に資材置き場として購入した土地に関し、その仲介に当たった不動産業者に支払った仲介手数料2,750,000円（税込）を土地の購入代金に加算して、全額消費税の非課税取引としたのであった。土地取引が非課税とされることからくる処理であったが、Ｃ氏は令和6年分の確定申告の作業が終えたらなるべく早く是正して消費税の還付を受けたいと考えている。

対応策

　消費税は原則としてすべての物品とサービスの消費に広く課税するものであるが、次頁**図表**5-19のように、その性質上消費税になじまないものや特別な政策的配慮から非課税とされているものがある（消法6①、別表第2）。

図表5-19 消費税の非課税取引の例示

特別の政策的配慮に基づくもの	①	公的な医療保障制度に基づく療養・医療等
	②	社会福祉・更生保護事業
	③	助産
	④	埋葬料・火葬料
	⑤	身体障害者用物品の譲渡等
	⑥	一定の学校の授業料・入学金等
	⑦	教科用図書
	⑧	住宅の貸付
その性質上消費税になじまないもの	⑨	土地の譲渡・貸付
	⑩	有価証券・支払手段等の譲渡
	⑪	金融・保険取引
	⑫	郵便局株式会社等が行う郵便切手・印紙・証紙等の譲渡
	⑬	物品切手（商品券・プリペイドカード等）の譲渡
	⑭	国・地方公共団体等が法令に基づき行う役務等の手数料
	⑮	外国為替業務等に係る役務の提供等

　土地の売買は**図表5-19**の⑨に該当し、消費税は非課税とされている（消法6①、別表第2一）。しかし、不動産業者へ支払う仲介手数料は仲介サービスの対価であり、消費税の課税対象取引となる。したがって、本件の当初申告は誤りということであり、更正の請求により是正を求めることとなる。

　なお、平成23年度の税制改正で平成23年12月2日以後に法定申告期限が到来する国税の更正の請求期間が原則1年から5年に延長されたため、本件の更正の請求の期限は令和11年4月3日（火）ということになる。

図表5-20　消費税の更正の請求期間（個人事業者）

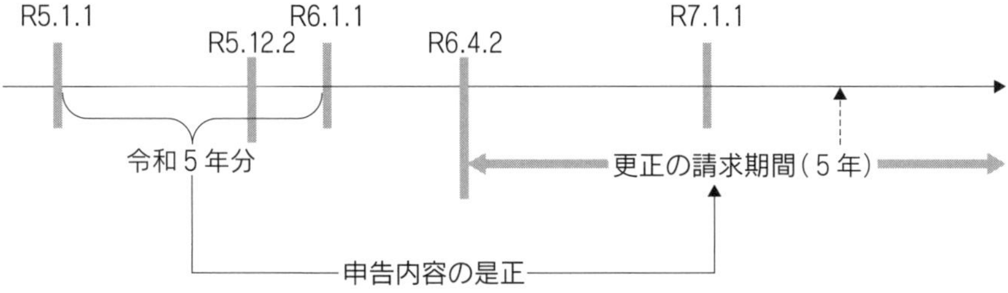

```
R5.1.1        R6.1.1        R7.1.1
    R5.12.2        R6.4.2
  ├令和5年分┤
          └─申告内容の是正─┘
                  ├──更正の請求期間（5年）──┤
```

本件の当初申告を 記載例5-71 、 記載例5-72 とすると、更正の請求書の記載例は 記載例5-73 の通りとなる。

ケース4
個別対応方式の一括比例配分方式への変更に係る更正の請求

医療法人社団D病院は課税売上割合が恒常的かつ大幅に95％を切っているため、仕入税額控除の計算において個別対応方式または一括比例配分方式のいずれかを選択する必要がある。いずれが有利であるか以前計算したところ、一括比例配分方式よりも個別対応方式によった方が仕入控除税額が多くなったことから、以来消費税の申告の際には個別対応方式を選択しているところである。

ところが、令和7年3月期の申告を行った後、同年7月になって経理担当者から「再計算したところ個別対応方式よりも一括比例配分方式の方が311頁のように200,000円有利であるので、申告をやり直したい」という申出があった。

第4節　消費税のケーススタディ　307

記載例 5-71

第3-(1)号様式　　　　　　　　　　　　　　　　　　　　　　　　　　　　　GK0306

令和 6 年 3 月 12 日　　税務署長殿　　　　　　　　（個人の方）振替継続希望　　法人用

納税地　（電話番号　　－　　－　　）

（フリガナ）
法人名　　C工務店

法人番号

（フリガナ）
代表者氏名　　C

自 令和 05 年 01 月 01 日　　課税期間分の消費税及び地方
至 令和 05 年 12 月 31 日　　消費税の（　確定　）申告書

この申告書による消費税の税額の計算

課税標準額	①	178,260,000
消費税額	②	13,904,280
控除過大調整税額	③	
控除税額 控除対象仕入税額	④	10,903,690
返還等対価に係る税額	⑤	
貸倒れに係る税額	⑥	
控除税額小計（④+⑤+⑥）	⑦	10,903,690
控除不足還付税額（⑦-②-③）	⑧	
差引税額（②+③-⑦）	⑨	3,000,500
中間納付税額	⑩	1,428,600
納付税額（⑨-⑩）	⑪	1,571,900
中間納付還付税額（⑩-⑨）	⑫	00
この申告書が修正申告である場合 既確定税額	⑬	
差引納付税額	⑭	00
課税売上割合 課税資産の譲渡等の対価の額	⑮	178,260,000
資産の譲渡等の対価の額	⑯	179,100,000

この申告書による地方消費税の税額の計算

地方消費税の課税標準となる消費税額 控除不足還付税額	⑰	
差引税額	⑱	3,000,500
譲渡割額 還付額	⑲	
納税額	⑳	846,200
中間納付譲渡割額	㉑	402,900
納付譲渡割額（⑳-㉑）	㉒	443,300
中間納付還付譲渡割額（㉑-⑳）	㉓	00
この申告書が修正申告である場合 既確定譲渡割額	㉔	
差引納付譲渡割額	㉕	00
消費税及び地方消費税の合計（納付又は還付）税額	㉖	2,015,200

308　第5章　更正の請求を行う場面のケーススタディと記載例

記載例 5-72

第4-(10)号様式
付表2-3　課税売上割合・控除対象仕入税額等の計算表　　　　　　　　　一般

| 課税期間 | 5・1・1～5・12・31 | 氏名又は名称 | C工務店 |

項目		税率6.24％適用分 A	税率7.8％適用分 B	合計 C (A+B)
課税売上額（税抜き）	①		178,260,000	178,260,000
免税売上額	②			0
非課税資産の輸出等の金額、海外支店等へ移送した資産の価額	③			0
課税資産の譲渡等の対価の額（①+②+③）	④			178,260,000
課税資産の譲渡等の対価の額（④の金額）	⑤			178,260,000
非課税売上額	⑥			840,000
資産の譲渡等の対価の額（⑤+⑥）	⑦			179,100,000
課税売上割合（④/⑦）	⑧			[99.8％]
課税仕入れに係る支払対価の額（税込み）	⑨		153,770,000	153,770,000
課税仕入れに係る消費税額	⑩		10,903,690	10,903,690
適格請求書発行事業者以外の者から行った課税仕入れに係る経過措置の適用を受ける課税仕入れに係る支払対価の額（税込み）	⑪			
適格請求書発行事業者以外の者から行った課税仕入れに係る経過措置により課税仕入れに係る消費税額とみなされる額	⑫			
特定課税仕入れに係る支払対価の額	⑬			0
特定課税仕入れに係る消費税額	⑭			0
課税貨物に係る消費税額	⑮			0
納税義務の免除を受けない（受ける）こととなった場合における消費税額の調整（加算又は減算）額	⑯			0
課税仕入れ等の税額の合計額（⑩+⑫+⑭+⑮±⑯）	⑰			10,903,690
課税売上高が5億円以下、かつ、課税売上割合が95％以上の場合（⑰の金額）	⑱			10,903,690
課税売上高5億円超又は課税売上割合95％未満の場合	個別対応方式	⑰のうち、課税売上げにのみ要するもの	⑲	
		⑰のうち、課税売上げと非課税売上げに共通して要するもの	⑳	
		個別対応方式により控除する課税仕入れ等の税額〔⑲+（⑳×④/⑦）〕	㉑	
	一括比例配分方式により控除する課税仕入れ等の税額（⑰×④/⑦）		㉒	
控除税額調整	課税売上割合変動時の調整対象固定資産に係る消費税額の調整（加算又は減算）額		㉓	
	調整対象固定資産を課税業務用（非課税業務用）に転用した場合の調整（加算又は減算）額		㉔	
	居住用賃貸建物を課税賃貸用に供した（譲渡した）場合の加算額		㉕	
差引	控除対象仕入税額〔（⑱、㉑又は㉒の金額）±㉓+㉔+㉕〕がプラスの時		㉖	10,903,690
	控除過大調整税額〔（⑱、㉑又は㉒の金額）±㉓±㉔+㉕〕がマイナスの時		㉗	
貸倒回収に係る消費税額			㉘	

記載例 5-73

第6-(1)号様式

消費税及び地方消費税の更正の請求書

※順　号
※整理番号

税務署受付印

令和 7 年 4 月 10 日

税務署長

納税地　（〒　－　）（電話　－　－　）
（フリガナ）
氏　名　　C工務店　C
個人番号

下記のとおり、国税通則法第23条（消費税法第56条）及び地方税法附則第9条の4の規定により更正の請求をします。

更正の請求の対象となる納税申告、更正、決定	令和 5年1月1日から 令和 5年12月31日までの課税期間 令和 6年3月12日付	申告・更正・決定
更正の請求をする理由、請求をするに至った事情等	不動産の仲介手数料を非課税仕入としたため、仕入控除税額が過少となり、消費税が過大納付となったため。	
修正申告書提出年月日又は更正決定通知書受理年月日		令和　　年　　月　　日

（請求額の明細）

	区　　　　　分		正　当　と　す　る　額
消費税の税額の計算	課　税　標　準　額	①	178,260,000円
	消　費　税　額	②	13,904,280
	控　除　過　大　調　整　税　額	③	
	控除税額　控　除　対　象　仕　入　税　額	④	11,098,690
	返　還　等　対　価　に　係　る　税　額	⑤	
	貸　倒　れ　に　係　る　税　額	⑥	
	控　除　税　額　小　計　（④＋⑤＋⑥）	⑦	11,098,690
	控　除　不　足　還　付　税　額　（⑦－②－③）	⑧	
	差　　引　　税　　額　（②＋③－⑦）	⑨	2,805,500
	中　間　納　付　税　額	⑩	1,428,600
	納　付　税　額　（⑨－⑩）	⑪	1,376,900
	中　間　納　付　還　付　税　額　（⑩－⑨）	⑫	
	こ　の　請　求　前　の　既　確　定　税　額	⑬	1,571,900
地方消費税の税額の計算	地方消費税の課税標準となる消費税額　控　除　不　足　還　付　税　額	⑭	
	差　　引　　税　　額	⑮	2,805,500
	譲渡割額　還　付　額	⑯	
	納　税　額	⑰	791,200
	中　間　納　付　譲　渡　割　額	⑱	402,900
	納　付　譲　渡　割　額　（⑰－⑱）	⑲	388,300
	中　間　納　付　還　付　譲　渡　割　額　（⑱－⑰）	⑳	00
	こ　の　請　求　前　の　既　確　定　譲　渡　割　額	㉑	443,300

還付される税金の受取場所	イ　銀行等の預金口座に振込みを希望する場合 三井住友　銀行・金庫・組合・漁協・農協　〇〇　本店・支店　出張所　本所・支所 普通　預金　口座番号　1234××× □　公金受取口座への振込みを希望する場合 □　公金受取口座を利用する	ハ　ゆうちょ銀行の貯金口座に振込みを希望する場合 貯金口座の記号番号　　－ ニ　郵便局等の窓口での受け取りを希望する場合 郵便局名等

※　個人番号（マイナンバー）の記載がない場合は、公金受取口座を利用することができません。

添付書類	売買契約書、領収書の写し 総勘定元帳の土地勘定	税理士署名	

※税務署処理欄	通信日付印　年　月　日	確認	番号確認	身元確認　済／未済	確認書類　個人番号カード／通知カード・運転免許証　その他	備考

D病院の仕入控除税額

- 課税売上：100,000,000円・非課税売上：900,000,000円
- 課税売上割合：10%
- 課税仕入税額：50,000,000円
  - うち課税売上げのみに要するもの　　　　　2,000,000円
  - 共通に要するもの　　　　　　　　　　　28,000,000円
  - その他の売上のみに要するもの　　　　　20,000,000円
- 一括比例配分方式による場合の仕入控除税額　5,000,000円
- 個別対応方式による場合の仕入控除税額　　　4,800,000円

　また、課税仕入れとなる医薬品の購入についても一部（税込1,100,000円分）経理処理誤りで非課税仕入としていることも判明した。D病院の理事長は、更正の請求期間も延長されたと聞いているので、すぐに手続を行うよう指示した。

対応策

　第5章第4節ケース2で説明した通り、課税売上割合が95％未満の事業者は、仕入税額控除の計算の際、個別対応方式と一括比例配分方式のいずれかを選択することとなる（消法30②）。

1 個別対応方式

　まず、課税仕入れ等に係る消費税額について、以下の3つの区分に分類し仕入控除税額を計算する方法を「個別対応方式」という（消法30②一）。
　①　課税資産の譲渡等にのみ要するもの

② その他の資産の譲渡等にのみ要するもの[22]
③ 両方に共通して要するもの

これを算式で示すと以下の通りとなる。

$$\text{仕入控除税額} = \text{課税資産の譲渡等にのみ要するものに係る課税仕入れ等の消費税額} + \left(\text{両方に共通して要するものに係る課税仕入れ等の消費税額} \times \text{課税売上割合} \right)$$

また図解すると**図表5-21**の通りとなる。

図表5-21　個別対応方式による場合の仕入控除税額

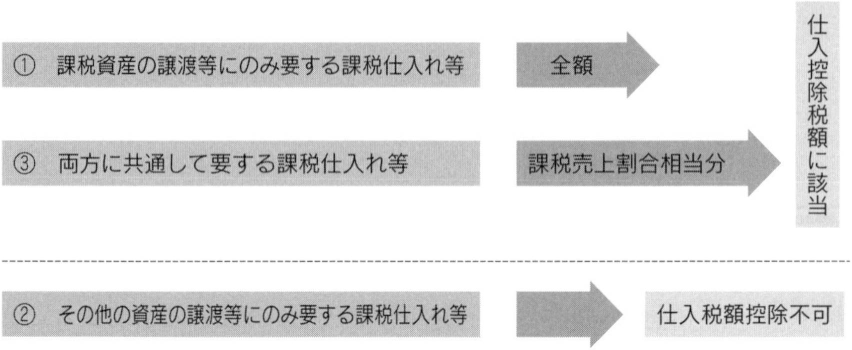

| ① 課税資産の譲渡等にのみ要する課税仕入れ等 | 全額 | 仕入控除税額に該当 |
| ③ 両方に共通して要する課税仕入れ等 | 課税売上割合相当分 | |

| ② その他の資産の譲渡等にのみ要する課税仕入れ等 | 仕入税額控除不可 |

個別対応方式を選択する場合には、必ず上記①〜③に区分しなければならない（消基通11-2-18）。

なお、上記③「両方に共通して要する課税仕入れ等」であっても、例えば原材料、包装材料、倉庫料、電力料等のように生産実績その他の合理的

---

[22] 実質的に「非課税資産の譲渡等を行うためにのみ必要な課税仕入れ等」と同義である。

な基準により上記①および②に区分（按分計算）することが可能な場合には、その区分により個別対応方式を適用することができる（消基通11－2－19）。

2　一括比例配分方式

　課税仕入れ等に係る消費税額について、課税売上割合で按分計算した金額を仕入控除税額とする方法を「一括比例配分方式」という（消法30②二、④）。課税売上割合が95％未満の事業者および課税売上割合が95％以上でその課税期間の課税売上高が5億円超の事業者は、個別対応方式と一括比例対応方式とを選択することができるが、課税仕入れ等に係る消費税額について上記1における①～③に区分していない事業者は、必然的に一括比例配分方式によることとなる。

　一括比例配分方式における仕入控除税額の計算は次の算式により行う。

仕入控除税額＝課税期間中の課税仕入れ等に係る消費税額×課税売上割合

　なお、一括比例配分方式を選択した場合には、2年間以上継続適用した後でない限り、個別対応方式へ変更することができない（消法30⑤）。一方、個別対応方式を選択した場合には、いつでも一括比例配分方式へ変更することができる。

3　選択可能な計算方法に関する更正の請求

　通常、仕入控除税額の計算においては、個別対応方式を採用した方が控除税額が多くなるため有利である（その分手間を要する）。それでは、仕入税額控除における個別対応方式と一括比例配分方式のように、申告時において選択可能な計算方法をその後において更正の請求により選択し直すと

いうことが可能であろうか。更正の請求は「国税に関する法律の規定に従っていなかったこと」または「計算に誤りがあったこと」を理由に税額が過大である場合に認められるものである（通法23①）。選択可能なもののうち一つを適法に選択し、その計算に誤りがない場合には、原則として更正の請求が認められる余地はないのである。これは修正申告の場合も同様である（消基通15－2－7（注）参照）。

4 本件の場合

　もちろん、課税仕入れとなる医薬品の購入についても一部(税込1,100,000円分)経理処理誤りで非課税仕入としている点については、更正の請求の要件に該当する。したがって、本件につき、当初申告を 記載例5-74 、 記載例5-75 とすると、更正の請求書の記載例は 記載例5-76 の通りとなる。

ケース5
簡易課税の事業区分の適用を誤った場合の更正の請求

　飲食店経営のコンサルティングを行うE社は、本業の傍ら、令和6年10月から飲食店を始めることとなった。E社は創業以来課税売上が5,000万円に達したことがなく、消費税の申告は簡易課税の適用を受けている。令和7年3月期についても簡易課税で申告を行ったが、全ての売上につき第5種事業としてみなし仕入率50％を適用した。ところが、同業者から「飲食店は第4種事業に該当するはずだ」と聞かされ、申告の誤りに気付いた。飲食店の売上につき第4種事業の適用を受け、みなし仕入率60％とすれば、消費税額の還付を受けられることとなるため、E社は更正の請求を行おうと考えている。

記載例 5-74

第3-(1)号様式　　　GK0306

令和 7 年 5 月 30 日　税務署長殿

納税地　（電話番号　－　－　）
（フリガナ）
法人名　医療法人社団D病院
法人番号
（フリガナ）
代表者氏名

自 令和 06 年 04 月 01 日
至 令和 07 03 31

課税期間分の消費税及び地方消費税の（ 確定 ）申告書

この申告書による消費税の税額の計算

① 課税標準額	100,000,000
② 消費税額	7,800,000
③ 控除過大調整税額	
④ 控除対象仕入税額	3,740,000
⑤ 返還等対価に係る税額	
⑥ 貸倒れに係る税額	
⑦ 控除税額小計 (④+⑤+⑥)	3,740,000
⑧ 控除不足還付税額 (⑦-②-③)	
⑨ 差引税額 (②+③-⑦)	4,060,000
⑩ 中間納付税額	2,100,000
⑪ 納付税額 (⑨-⑩)	1,960,000
⑫ 中間納付還付税額 (⑩-⑨)	00
⑬ 既確定税額	
⑭ 差引納付税額	00
⑮ 課税売上 課税資産の譲渡等の対価の額	100,000,000
⑯ 割合 資産の譲渡等の対価の額	100,000,000

この申告書による地方消費税の税額の計算

⑰ 控除不足還付税額	
⑱ 差引税額	4,060,000
⑲ 還付額	
⑳ 納税額	1,145,100
㉑ 中間納付譲渡割額	592,300
㉒ 納付譲渡割額 (⑳-㉑)	552,800
㉓ 中間納付還付譲渡割額 (㉑-⑳)	00
㉔ 既確定譲渡割額	
㉕ 差引納付譲渡割額	00
㉖ 消費税及び地方消費税の合計(納付又は還付)税額	2,512,800

付記事項・参考事項
- 割賦基準の適用　有○無
- 延払基準等の適用　有○無
- 工事進行基準の適用　有○無
- 現金主義会計の適用　有○無
- 課税標準額に対する消費税額の計算の特例の適用　有○無
- 控除税額の計算の方法：課税売上高5億円超又は課税売上割合95%未満／上記以外　個別対応方式／一括比例配分方式／全額控除
- 基準期間の課税売上高　千円
- 税額控除に係る経過措置の適用（2割特例）

第一表
法人用
令和五年十月一日以後終了課税期間分（一般用）

第4節　消費税のケーススタディ

記載例 5-75

第4-(10)号様式
付表2-3　課税売上割合・控除対象仕入税額等の計算表　　　　　　　　　　　　　　　　一般

| 課税期間 | 6・4・1～7・3・31 | 氏名又は名称 | 医療法人社団D病院 |

項目		税率 6.24 % 適用分 A	税率 7.8 % 適用分 B	計 C (A+B)
課税売上額（税抜き）	①		100,000,000	100,000,000
免税売上額	②			0
非課税資産の輸出等の金額、海外支店等へ移送した資産の価額	③			0
課税資産の譲渡等の対価の額（①＋②＋③）	④			100,000,000
課税資産の譲渡等の対価の額（④の金額）	⑤			100,000,000
非課税売上額	⑥			900,000,000
資産の譲渡等の対価の額（⑤＋⑥）	⑦			1,000,000,000
課税売上割合（④／⑦）	⑧			[10.0%]
課税仕入れに係る支払対価の額（税込み）	⑨		550,000,000	550,000,000
課税仕入れに係る消費税額	⑩		39,000,000	39,000,000
適格請求書発行事業者以外の者から行った課税仕入れに係る経過措置の適用を受ける課税仕入れに係る支払対価の額（税込み）	⑪			
適格請求書発行事業者以外の者から行った課税仕入れに係る経過措置により課税仕入れに係る消費税額とみなされる額	⑫			
特定課税仕入れに係る支払対価の額	⑬			0
特定課税仕入れに係る消費税額	⑭			0
課税貨物に係る消費税額	⑮			0
納税義務の免除を受けない（受ける）こととなった場合における消費税額の調整（加算又は減算）額	⑯			0
課税仕入れ等の税額の合計額（⑩＋⑫＋⑭＋⑮±⑯）	⑰			39,000,000
課税売上高が5億円以下、かつ、課税売上割合が95％以上の場合（⑰の金額）	⑱			
課税売上高が5億円超又は課税売上割合が95％未満の場合	個別対応方式	⑰のうち、課税売上げにのみ要するもの	⑲	1,560,000
		⑰のうち、課税売上げと非課税売上げに共通して要するもの	⑳	21,840,000
		個別対応方式により控除する課税仕入れ等の税額　〔⑲＋（⑳×④／⑦）〕	㉑	3,740,000
		一括比例配分方式により控除する課税仕入れ等の税額　（⑰×④／⑦）	㉒	3,900,000
控除税額の調整	課税売上割合変動時の調整対象固定資産に係る消費税額の調整（加算又は減算）額	㉓		
	調整対象固定資産を課税業務用（非課税業務用）に転用した場合の調整（加算又は減算）額	㉔		
	居住用賃貸建物を課税賃貸用に供した（譲渡した）場合の加算額	㉕		
差引	控除対象仕入税額〔（⑱、㉑又は㉒の金額）±㉓±㉔＋㉕〕がプラスの時	㉖		3,740,000
	控除過大調整税額〔（⑱、㉑又は㉒の金額）±㉓±㉔＋㉕〕がマイナスの時	㉗		
貸倒回収に係る消費税額	㉘			

記載例5-76

第6-(2)号様式

消費税及び地方消費税の更正の請求書

※整理番号

令和7年7月29日

税務署受付印

納税地（〒　－　）
（電話　－　－　）

（フリガナ）
法人名　**医療法人社団D病院**

法人番号

（フリガナ）
代表者氏名

税務署長殿

国税通則法第23条及び地方税法附則第9条の4の規定に基づき、消費税法第56条

自　令和 6 年 4 月 1 日
至　令和 7 年 3 月 31 日　課税期間の

令和 7 年 5 月 30 日付（申告）・更正・決定に係る課税標準等又は税額等について下記のとおり更正の請求をします。

記

区　分		更　正　の　請　求　金　額
消費税の税額の計算	課　税　標　準　額　①	100,000,000円
	消　費　税　額　②	7,800,000
	控　除　過　大　調　整　税　額　③	
	控除税額　控除対象仕入税額　④	3,818,000
	返還等対価に係る税額　⑤	
	貸倒れに係る税額　⑥	
	控除税額小計（④+⑤+⑥）⑦	3,818,000
	控除不足還付税額（⑦-②-③）⑧	
	差　引　税　額　（②+③-⑦）⑨	3,982,0 00
	中　間　納　付　税　額　⑩	2,100,0 00
	納　付　税　額　（⑨-⑩）⑪	1,882,0 00
	中間納付還付税額（⑩-⑨）⑫	00
	この請求前の既確定税額　⑬	1,960,000
地方消費税の税額の計算	地方消費税の課税標準となる消費税額　控除不足還付税額　⑭	
	差　引　税　額　⑮	3,982,0 00
	譲渡割額　還　付　額　⑯	
	納　税　額　⑰	1,123,1 00
	中　間　納　付　譲　渡　割　額　⑱	592,3 00
	納　付　譲　渡　割　額　（⑰-⑱）⑲	530,8 00
	中間納付還付譲渡割額（⑱-⑰）⑳	00
	この請求前の既確定譲渡割額　㉑	552,800

（更正の請求をする理由等）課税仕入となる医薬品につき誤って非課税仕入としたことから、仕入控除税額が過少となり、納付税額が過大となったため。

| 修正申告書提出年月日 | 令和　年　月　日 | 添付書類 | |
| 更正決定通知書受理年月日 | 令和　年　月　日 | | |

還付される税金の受取場所

イ 銀行等の預金口座に振込みを希望する場合
みずほ　銀行　本店・支店
金庫・組合　出張所
漁協・農協　○○　本所・支所
普通　預金口座番号　1234×××

ロ ゆうちょ銀行の貯金口座に振込みを希望する場合
貯金口座の記号番号

ハ 郵便局等の窓口での受け取りを希望する場合
郵便局名等

税理士署名

※税務署処理欄　部門　決算期　業種番号　番号確認　整理簿　備考　通信日付印　年月日　確認

対応策

1 簡易課税制度とは

　消費税における仕入税額控除は実額により行うのが原則であるが、一定の事業者についてはみなし仕入率により仕入控除税額を計算することが認められている。このような制度を簡易課税制度というが、これは一般に中小企業者の事務負担を考慮して導入された制度であると解されている[23]。すなわち、基準期間における課税売上高が5,000万円以下[24]の課税期間について、所轄税務署長に「消費税簡易課税制度選択届出書」を提出した場合に、その課税期間の課税標準額に対する消費税額（課税売上に係る消費税額）から売上対価の返還等の金額に係る消費税額の合計額を控除した金額にみなし仕入率を乗じた金額を、控除する課税仕入れ等に係る消費税額の合計額（仕入れに係る消費税額）とみなすものである（消法37）。

　簡易課税制度と原則（本則）課税制度（**第5章第4節ケース2**参照）とを比較すると次頁**図表5-22**のようになる。

---

[23] ある程度以下の規模の事業者であっても、売上に関する情報はきちんと保有しているため、この制度が成り立つと考えられる。佐藤英明・西山由美『スタンダード消費税法』（2022年・弘文堂）200頁参照。

[24] 平成16年3月31日以前に開始した課税期間については課税売上高の基準は2億円であった。消費税導入時は5億円であったが、不当な優遇税制であるという批判が強く、平成4年度の改正で4億円、次いで平成6年度には2億円に引き下げられた。

図表5-22 原則課税と簡易課税の比較

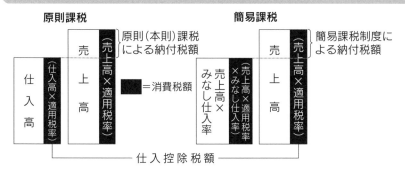

○ 適 用 要 件 ＝ 前々年（個人）又は前々事業年度（法人）の課税売上高が5,000万円以下であり、かつ、「簡易課税制度選択届出書」を事前に提出していること

出典：財務省ホームページを参考に作成

　前述の「消費税簡易課税制度選択届出書」の効力は、原則としてその提出のあった日の属する課税期間の翌課税期間以後の課税期間から生じる（消法37①）。ただし、新設法人の場合や、事業を営んでいなかった個人が事業を開始した場合には、その提出のあった日の属する課税期間以後の課税期間（要するに提出のあった日の属する課税期間）からその効力が生じる（消法37①、消令56）。

　また、いったん当該制度の適用を選択した場合、事業を廃止した場合を除き、届出書を提出した日の属する課税期間の翌課税期間の初日から2年を経過するまで取りやめることはできないことに留意する必要がある（「2年間継続適用要件」消法37③）。

2 みなし仕入率

　みなし仕入率が適用される事業区分は次頁**図表5-23**の通りである（消法37①、消令57①⑤⑥）。

図表5-23　簡易課税制度の事業区分とみなし仕入率

事業区分	みなし仕入率	該当する事業
第1種事業	90%	卸売業
第2種事業	80%	小売業
第3種事業	70%	農・林・漁業(注)、鉱業、建設業、製造業、電気・ガス・熱供給業、水道業
第4種事業	60%	第1種・2種・3種・5種・6種以外の事業（飲食店等）
第5種事業	50%	運輸通信業、金融業、保険業、サービス業
第6種事業	40%	不動産業

(注)　平成30年度の税制改正で、第3種事業の中の「農・林・漁業」のうち、飲食料品の譲渡を行う部分は第2種事業、飲食料品の譲渡を行う部分以外の部分は引き続き第3種事業とされている。

3　事業区分の適用誤り

　簡易課税制度をめぐる誤りで多いのは、事業区分の適用誤りである。事業区分は**図表5-23**の6種類に分けることとなるが、その区分は原則としてその事業者全体で行うのではなく、その事業者が行う資産の譲渡等ごとに行うことに留意すべきであろう（消基通13-2-1）。

　飲食店の開業・経営指導を行うコンサルティングサービスは第5種事業（サービス業）に該当することとなるが、飲食店そのものは第4種事業に該当する。したがって、本件の場合、E社はコンサルティングサービスと飲食店業とを区分経理し、前者については第5種事業、後者については第4種事業を適用する必要がある。

　また、本件は事業区分の適用誤りであり、「税額等の計算が国税に関する法律の規定に従っていなかったこと」に該当することから、更正の請求事由に該当する（通法23①一）。したがって、本件につき、当初申告を 記載例5-77 、 記載例5-78 とすると、更正の請求書の記載例は 記載例5-79 〜 記載例5-81 の通りとなる。

記載例 5-77

第3-(3)号様式

この用紙はとじこまないでください。

GK0407

令和 7 年 5 月 29 日　税務署長殿

（個人の方）振替継続希望 □

法人用 簡 第一表

納税地　（電話番号　－　－　）
（フリガナ）
法人名　E株式会社
法人番号
（フリガナ）
代表者氏名

自 令和 06年04月01日
至 令和 07年03月31日

課税期間分の消費税及び地方消費税の（ 確定 ）申告書

中間申告 自 令和　　年　　月　　日
の場合の 至 令和　　年　　月　　日
対象期間

令和五年十月一日以後終了課税期間分（簡易課税用）

この申告書による消費税の税額の計算

項目	欄	金額	欄
課税標準額	①	44,800,000	03
消費税額	②	3,494,400	06
貸倒回収に係る消費税額	③		07
控除対象仕入税額	④	1,747,200	08
返還等対価に係る税額	⑤		09
貸倒れに係る税額	⑥		10
控除税額小計（④+⑤+⑥）	⑦	1,747,200	11
控除不足還付税額（⑦-②-③）	⑧		13
差引税額（②+③-⑦）	⑨	1,747,200	15
中間納付税額	⑩	882,500	16
納付税額（⑨-⑩）	⑪	864,700	17
中間納付還付税額（⑩-⑨）	⑫	00	18
既確定税額	⑬		19
差引納付税額	⑭	00	20
この課税期間の課税売上高	⑮	49,280,000	21
基準期間の課税売上高	⑯	39,474,000	

付記事項

項目	有	無	欄
割賦基準の適用		○	31
延払基準等の適用		○	32
工事進行基準の適用		○	33
現金主義会計の適用		○	34
課税標準額に対する消費税額の計算の特例の適用		○	35

参考事項 事業区分

区分	課税売上高（免税売上高を除く）	売上割合 %	欄
第1種	千円		
第2種			37
第3種			38
第4種			39
第5種	44,800	100.0	42
第6種			43

特例計算適用（令57③） 有 ○無 40

税額控除に係る経過措置の適用（2割特例）44

還付を受けようとする金融機関
銀行・支店、金庫・組合・出張所、農協・漁協・本所・支所
預金　口座番号
ゆうちょ銀行の貯金記号番号　－
郵便局名等

（個人の方）公金受取口座の利用
※税務署整理欄

この申告書による地方消費税の税額の計算

項目	欄	金額	欄
地方消費税の課税標準となる消費税額　控除不足還付税額	⑰		51
差引税額	⑱	1,747,200	52
譲渡割　還付額	⑲		53
譲渡割　納税額	⑳	492,800	54
中間納付譲渡割額	㉑	248,900	
納付譲渡割額（⑳-㉑）	㉒	243,900	
中間納付還付譲渡割額（㉑-⑳）	㉓	00	57
既確定譲渡割額	㉔		58
差引納付譲渡割額	㉕	00	59
消費税及び地方消費税の合計（納付又は還付）税額	㉖	1,108,600	60

税理士署名 （電話番号　－　－　）

税理士法第30条の書面提出有 □
税理士法第33条の2の書面提出有 □

㉖＝（⑪+㉒）-（⑫+⑭+㉓+㉕）・修正申告の場合㉖＝⑭+㉕
⑧欄が還付税額となる場合はマイナス「－」を付してください。
※　2割特例による申告の場合、㊹欄に①欄の数字を記載し、
⑰欄×22/78から算出された金額を⑳欄に記載してください。

記載例 5-78

第4-(4)号様式

付表5-1　控除対象仕入税額等の計算表
〔経過措置対象課税資産の譲渡等を含む課税期間用〕　　　〔簡易〕

| 課税期間 | 6・4・1～7・3・31 | 氏名又は名称 | E株式会社 |

I　控除対象仕入税額の計算の基礎となる消費税額

項目		旧税率分小計 X	税率6.24％適用分 D	税率7.8％適用分 E	合計 F (X+D+E)
課税標準額に対する消費税額	①	(付表5-2の①X欄の金額)　円	(付表4-1の②D欄の金額)　円	(付表4-1の②E欄の金額)　円 3,494,400	(付表4-1の②F欄の金額)　円 3,494,400
貸倒回収に係る消費税額	②	(付表5-2の②X欄の金額)	(付表4-1の③D欄の金額)	(付表4-1の③E欄の金額)	(付表4-1の③F欄の金額) 0
売上対価の返還等に係る消費税額	③	(付表5-2の③X欄の金額)	(付表4-1の⑤D欄の金額)	(付表4-1の⑤E欄の金額)	(付表4-1の⑤F欄の金額) 0
控除対象仕入税額の計算の基礎となる消費税額（①＋②－③）	④	(付表5-2の④X欄の金額)		3,494,400	3,494,400

II　1種類の事業の専業者の場合の控除対象仕入税額

項目		旧税率分小計 X	税率6.24％適用分 D	税率7.8％適用分 E	合計 F (X+D+E)
④×みなし仕入率 (90%・80%・70%・60%・50%・40%)	⑤	(付表5-2の⑤X欄の金額)　円	※付表4-1の④D欄へ　円	※付表4-1の④E欄へ　円 1,747,200	円 1,747,200

III　2種類以上の事業を営む事業者の場合の控除対象仕入税額

(1) 事業区分別の課税売上高（税抜き）の明細

項目		旧税率分小計 X	税率6.24％適用分 D	税率7.8％適用分 E	合計 F (X+D+E)	売上割合
事業区分別の合計額	⑥	(付表5-2の⑥X欄の金額)　円	円	円	円	
第一種事業（卸売業）	⑦	(付表5-2の⑦X欄の金額)			※第一表「事業区分」欄へ	％
第二種事業（小売業等）	⑧	(付表5-2の⑧X欄の金額)			※ 〃	
第三種事業（製造業等）	⑨	(付表5-2の⑨X欄の金額)			※ 〃	
第四種事業（その他）	⑩	(付表5-2の⑩X欄の金額)			※ 〃	
第五種事業（サービス業等）	⑪	(付表5-2の⑪X欄の金額)			※ 〃	
第六種事業（不動産業）	⑫	(付表5-2の⑫X欄の金額)			※ 〃	

(2) (1)の事業区分別の課税売上高に係る消費税額の明細

項目		旧税率分小計 X	税率6.24％適用分 D	税率7.8％適用分 E	合計 F (X+D+E)
事業区分別の合計額	⑬	(付表5-2の⑬X欄の金額)　円	円	円	円
第一種事業（卸売業）	⑭	(付表5-2の⑭X欄の金額)			
第二種事業（小売業等）	⑮	(付表5-2の⑮X欄の金額)			
第三種事業（製造業等）	⑯	(付表5-2の⑯X欄の金額)			
第四種事業（その他）	⑰	(付表5-2の⑰X欄の金額)			
第五種事業（サービス業等）	⑱	(付表5-2の⑱X欄の金額)			
第六種事業（不動産業）	⑲	(付表5-2の⑲X欄の金額)			

注意　1　金額の計算においては、1円未満の端数を切り捨てる。
　　　2　旧税率が適用された取引がある場合は、付表5-2を作成してから当該付表を作成する。
　　　3　課税売上げにつき返品を受け又は値引き・割戻しをした金額（売上対価の返還等の金額）があり、売上（収入）金額から減算しない方法で経理して経費に含めている場合には、⑥から⑫欄には売上対価の返還等の金額（税抜き）を控除した後の金額を記載する。

(1/2)　　　　　　　　　　　　　　　　　　　　　　　　　　　　　　(R1.10.1以後終了課税期間用)

記載例5-79

第6-(2)号様式

消費税及び地方消費税の更正の請求書

※整理番号

令和 7 年 8 月 26 日

納税地 （〒　－　）
（電話　－　－　）

（フリガナ）
法人名　E株式会社

法人番号

税務署長殿

（フリガナ）
代表者氏名

国税通則法第23条及び地方税法附則第9条の4の規定に基づき　自 令和 6 年 4 月 1 日　課税期間の
消費税法第56条　　　　　　　　　　　　　　　　　　　　　至 令和 7 年 3 月 31 日

令和 7 年 5 月 29 日付 (申告)・更正・決定に係る課税標準等又は税額等について下記のとおり更正の請求をします。

記

	区　　　　　分		更 正 の 請 求 金 額
消費税の税額の計算	課 税 標 準 額 ①		44,800,000円
	消 費 税 額 ②		3,494,400
	控 除 過 大 調 整 税 額 ③		
	控除税額	控 除 対 象 仕 入 税 額 ④	1,797,276
		返 還 等 対 価 に 係 る 税 額 ⑤	
		貸 倒 れ に 係 る 税 額 ⑥	
		控 除 税 額 小 計（④+⑤+⑥）⑦	1,797,276
	控 除 不 足 還 付 税 額（⑦-②-③）⑧		
	差 引 税 額（②+③-⑦）⑨		1,697,100
	中 間 納 付 税 額 ⑩		882,500
	納 付 税 額（⑨-⑩）⑪		814,600
	中 間 納 付 還 付 税 額（⑩-⑨）⑫		00
	この請求前の既確定税額 ⑬		864,700
地方消費税の税額の計算	地方消費税の課税標準となる消費税額	控 除 不 足 還 付 税 額 ⑭	
		差 引 税 額 ⑮	1,697,100
	譲渡割額	還 付 額 ⑯	
		納 税 額 ⑰	478,600
	中 間 納 付 譲 渡 割 額 ⑱		248,900
	納 付 譲 渡 割 額（⑰-⑱）⑲		229,700
	中 間 納 付 還 付 譲 渡 割 額（⑱-⑰）⑳		00
	この請求前の既確定譲渡割額 ㉑		243,900

（更正の請求をする理由等）
飲食店業につき第4種事業とすべきものを誤って第5種事業としたことから、消費税額が過大となったため。

修正申告書提出年月日	令和　年　月　日	添付書類	付表5-1
更正決定通知書受理年月日	令和　年　月　日		飲食店売上にかかる総勘定元帳

還付される税金の受取場所

イ 銀行等の預金口座に振込みを希望する場合
りそな　銀 行　本店・支店
　　　金庫・組合　出　張　所
　　　漁協・農協　〇〇　本所・支所
普通　預金 口座番号 1234×××

ロ ゆうちょ銀行の貯金口座に振込みを希望する場合
貯金口座の記号番号

ハ 郵便局等の窓口での受け取りを希望する場合
郵便局名等

税理士署名

※税務署処理欄	部門	決算期	業種番号	番号確認	整理簿	備考	通信日付印　年　月　日	確認

第4節　消費税のケーススタディ　　323

記載例 5-80

・第4-(4)号様式

付表5-1　控除対象仕入税額等の計算表
　　　　〔経過措置対象課税資産の譲渡等を含む課税期間用〕

簡易

課税期間	6・4・1 ～ 7・3・31	氏名又は名称	E株式会社

I　控除対象仕入税額の計算の基礎となる消費税額

項目		旧税率分小計 X	税率6.24%適用分 D	税率7.8%適用分 E	合計 F (X+D+E)
課税標準額に対する消費税額	①	(付表5-2の①X欄の金額) 円	(付表4-1の②D欄の金額) 円	(付表4-1の②E欄の金額) 3,494,400 円	(付表4-1の②F欄の金額) 3,494,400 円
貸倒回収に係る消費税額	②	(付表5-2の②X欄の金額)	(付表4-1の③D欄の金額)	(付表4-1の③E欄の金額)	(付表4-1の③F欄の金額) 0
売上対価の返還等に係る消費税額	③	(付表5-2の③X欄の金額)	(付表4-1の⑤D欄の金額)	(付表4-1の⑤E欄の金額)	(付表4-1の⑤F欄の金額) 0
控除対象仕入税額の基礎となる消費税額（①＋②－③）	④	(付表5-2の④X欄の金額)		3,494,400	3,494,400

II　1種類の事業の専業者の場合の控除対象仕入税額

項目		旧税率分小計 X	税率6.24%適用分 D	税率7.8%適用分 E	合計 F (X+D+E)
④ × みなし仕入率 (90%・80%・70%・60%・50%・40%)	⑤	(付表5-2の⑤X欄の金額) 円	※付表4-1の④D欄へ 円	※付表4-1の④E欄へ	※付表4-1の④F欄へ

III　2種類以上の事業を営む事業者の場合の控除対象仕入税額

(1) 事業区分別の課税売上高(税抜き)の明細

項目		旧税率分小計 X	税率6.24%適用分 D	税率7.8%適用分 E	合計 F (X+D+E)	売上割合
事業区分別の合計額	⑥	(付表5-2の⑥X欄の金額) 円	円	44,800,000 円	44,800,000 円	%
第一種事業（卸売業）	⑦	(付表5-2の⑦X欄の金額)			※第一表「事業区分」欄へ	
第二種事業（小売業等）	⑧	(付表5-2の⑧X欄の金額)		※	※	
第三種事業（製造業等）	⑨	(付表5-2の⑨X欄の金額)		※	※	
第四種事業（その他）	⑩	(付表5-2の⑩X欄の金額)		6,420,000	6,420,000	14.3
第五種事業（サービス業等）	⑪	(付表5-2の⑪X欄の金額)		38,380,000	38,380,000	85.7
第六種事業（不動産業）	⑫	(付表5-2の⑫X欄の金額)				

(2) (1)の事業区分別の課税売上高に係る消費税額の明細

項目		旧税率分小計 X	税率6.24%適用分 D	税率7.8%適用分 E	合計 F (X+D+E)
事業区分別の合計額	⑬	(付表5-2の⑬X欄の金額) 円	円	3,494,400 円	3,494,400 円
第一種事業（卸売業）	⑭	(付表5-2の⑭X欄の金額)			
第二種事業（小売業等）	⑮	(付表5-2の⑮X欄の金額)			
第三種事業（製造業等）	⑯	(付表5-2の⑯X欄の金額)			
第四種事業（その他）	⑰	(付表5-2の⑰X欄の金額)		500,760	500,760
第五種事業（サービス業等）	⑱	(付表5-2の⑱X欄の金額)		2,993,640	2,993,640
第六種事業（不動産業）	⑲	(付表5-2の⑲X欄の金額)			

注意　1　金額の計算においては、1円未満の端数を切り捨てる。
　　　2　旧税率が適用された取引がある場合には、付表5-2を作成してから当該付表を作成する。
　　　3　課税売上げにつき返品を受け又は値引き・割戻しをした金額（売上対価の返還等の金額）があり、売上（収入）金額から減算しない方法で経理して経費に含めている場合には、⑥から⑫欄には売上対価の返還等の金額（税抜き）を控除した後の金額を記載する。

(1/2)

(R1.10.1以後終了課税期間用)

記載例 5-81

(3) 控除対象仕入税額の計算式区分の明細

イ 原則計算を適用する場合

控除対象仕入税額の計算式区分		旧税率分小計 X	税率6.24%適用分 D	税率7.8%適用分 E	合計 F (X+D+E)
④ × みなし仕入率 (⑭×90%＋⑮×80%＋⑯×70%＋⑰×60%＋⑱×50%＋⑲×40%) / ⑬	⑳	(付表5-2の㉑X欄の金額) 円	円	円 1,797,276	円 1,797,276

ロ 特例計算を適用する場合

(イ) 1種類の事業で75%以上

控除対象仕入税額の計算式区分		旧税率分小計 X	税率6.24%適用分 D	税率7.8%適用分 E	合計 F (X+D+E)
(⑦F/⑥F・⑧F/⑥F・⑨F/⑥F・⑩F/⑥F・⑪F/⑥F・⑫F/⑥F) ≧ 75% ④×みなし仕入率(90%・80%・70%・60%・50%・40%)	㉑	(付表5-2の㉑X欄の金額) 円	円	円	円

(ロ) 2種類の事業で75%以上

控除対象仕入税額の計算式区分		旧税率分小計 X	税率6.24%適用分 D	税率7.8%適用分 E	合計 F (X+D+E)
第一種事業及び第二種事業 (⑦F+⑧F) / ⑥F ≧ 75%	④× (⑭×90%＋(⑬−⑭)×80%) / ⑬	㉒	(付表5-2の㉒X欄の金額)			
第一種事業及び第三種事業 (⑦F+⑨F) / ⑥F ≧ 75%	④× (⑭×90%＋(⑬−⑭)×70%) / ⑬	㉓	(付表5-2の㉓X欄の金額)			
第一種事業及び第四種事業 (⑦F+⑩F) / ⑥F ≧ 75%	④× (⑭×90%＋(⑬−⑭)×60%) / ⑬	㉔	(付表5-2の㉔X欄の金額)			
第一種事業及び第五種事業 (⑦F+⑪F) / ⑥F ≧ 75%	④× (⑭×90%＋(⑬−⑭)×50%) / ⑬	㉕	(付表5-2の㉕X欄の金額)			
第一種事業及び第六種事業 (⑦F+⑫F) / ⑥F ≧ 75%	④× (⑭×90%＋(⑬−⑭)×40%) / ⑬	㉖	(付表5-2の㉖X欄の金額)			
第二種事業及び第三種事業 (⑧F+⑨F) / ⑥F ≧ 75%	④× (⑮×80%＋(⑬−⑮)×70%) / ⑬	㉗	(付表5-2の㉗X欄の金額)			
第二種事業及び第四種事業 (⑧F+⑩F) / ⑥F ≧ 75%	④× (⑮×80%＋(⑬−⑮)×60%) / ⑬	㉘	(付表5-2の㉘X欄の金額)			
第二種事業及び第五種事業 (⑧F+⑪F) / ⑥F ≧ 75%	④× (⑮×80%＋(⑬−⑮)×50%) / ⑬	㉙	(付表5-2の㉙X欄の金額)			
第二種事業及び第六種事業 (⑧F+⑫F) / ⑥F ≧ 75%	④× (⑮×80%＋(⑬−⑮)×40%) / ⑬	㉚	(付表5-2の㉚X欄の金額)			
第三種事業及び第四種事業 (⑨F+⑩F) / ⑥F ≧ 75%	④× (⑯×70%＋(⑬−⑯)×60%) / ⑬	㉛	(付表5-2の㉛X欄の金額)			
第三種事業及び第五種事業 (⑨F+⑪F) / ⑥F ≧ 75%	④× (⑯×70%＋(⑬−⑯)×50%) / ⑬	㉜	(付表5-2の㉜X欄の金額)			
第三種事業及び第六種事業 (⑨F+⑫F) / ⑥F ≧ 75%	④× (⑯×70%＋(⑬−⑯)×40%) / ⑬	㉝	(付表5-2の㉝X欄の金額)			
第四種事業及び第五種事業 (⑩F+⑪F) / ⑥F ≧ 75%	④× (⑰×60%＋(⑬−⑰)×50%) / ⑬	㉞	(付表5-2の㉞X欄の金額)			
第四種事業及び第六種事業 (⑩F+⑫F) / ⑥F ≧ 75%	④× (⑰×60%＋(⑬−⑰)×40%) / ⑬	㉟	(付表5-2の㉟X欄の金額)			
第五種事業及び第六種事業 (⑪F+⑫F) / ⑥F ≧ 75%	④× (⑱×50%＋(⑬−⑱)×40%) / ⑬	㊱	(付表5-2の㊱X欄の金額)			

ハ 上記の計算式区分から選択した控除対象仕入税額

項 目		旧税率分小計 X	税率6.24%適用分 D	税率7.8%適用分 E	合計 F (X+D+E)
選択可能な計算式区分(⑳～㊱)の内から選択した金額	㊲	(付表5-2の㊲X欄の金額) 円	※付表4-1の④D欄へ 円	※付表4-1の④E欄へ 円	※付表4-1の④F欄へ 円

注意　1　金額の計算においては、1円未満の端数を切り捨てる。
　　　2　旧税率が適用された取引がある場合は、付表5-2を作成してから当該付表を作成する。

(2/2)

(R1.10.1以後終了課税期間用)

索引

あ行

青色申告 …………………………… 139
青色申告特別控除 ………………… 169
いいとこ取り戦略 ………………… 25
医業未収金 ………………………… 208
遺産分割協議 ……………………… 262
一括比例配分方式 …………… 307, 313
遺留分 ……………………………… 284
遺留分侵害額の請求権 …………… 284
請負 ………………………………… 126

か行

外国税額控除 ……………………… 242
概算経費の特例 …………………… 205
確定決算主義 ……………………… 219
確定申告書 ………………………… 32
過誤納金 …………………………… 174
加算税の加算措置 ………………… 42
家事関連費 ………………………… 65
課税売上割合 ……………………… 299
課税対象外 ………………………… 293
課税要件事実 ……………………… 170
仮装・隠ぺい ……………………… 56
仮装経理 …………………………… 254
簡易課税 …………………………… 300
簡易課税制度 ……………………… 318
還付加算金 ………………………… 177

還付加算金特例基準割合 ………… 177
還付加算金の計算期間 …………… 180
還付金 ……………………………… 174
還付請求申告書 …………………… 32
還付法人税等 ……………………… 238
期限後申告書 ……………………… 33
期限内申告 ………………………… 61
記載不備 …………………………… 43
机上調査 …………………………… 41
期ずれ ……………………………… 242
起訴前の和解 ……………………… 234
義務的期限後申告書 ……………… 61
義務的修正申告 ………………… 35, 60
客観的交換価値 …………………… 270
95％ルール ………………………… 299
求償権 ……………………………… 71
行政指導 …………………………… 45
居住用不動産 ……………………… 274
欠損金の繰越控除 ………………… 221
検収基準 …………………………… 123
原則（本則）課税 ………………… 300
権利救済 …………………………… 21
抗告訴訟 …………………………… 170
控除額の制限の見直し …………… 167
公正証書 …………………………… 101
更正の請求 ……………………… 3, 34
更正の請求期間 …………………… 4

更正の請求期間の延長	146
更正の請求の原則的排他性	10
更正の請求の特則	264
更正の申出書	8, 14
広大地の評価	278
後発的理由	144
後発的理由（事由）に基づく更正の請求	222
後発的理由による更正の請求	154, 195
合法性の原則	26
固定資産税	107
個別対応方式	307, 311

さ行

再更正処分	136
再調査の請求	11
債務控除	107
査定減	208
時価	269
事業区分	320
事業所得	65
事実申立書	52
事実を証明する書類	6, 210
自主修正申告	36
私人の公法行為	49
質問検査権	56
資本的支出	90
社会保険診療報酬	205
社内交際費	256
修正申告	3, 31
修正申告書	34
修正申告の意義	51
修正申告の勧奨	9, 55, 108
修正申告の慫慂	10, 50
修正の経理	254
修繕費	95
純損失の繰越控除	193
準備調査	41
使用人賞与	89
消費税簡易課税制度選択届出書	319
除斥期間	5
職権減額更正	4, 15, 211
職権による減額更正	253
処分適正化機能	140
申告書不提出犯	62
申告納税方式	16, 31
審査請求	11
深度のある調査	21
生命保険契約	200
セカンドオピニオン	147
接待飲食費	255
説明責任	57
相続税の配偶者控除	102
争点明確化機能	140
贈与税の配偶者控除	270
訴訟上の和解	231
損失申告	194

た行

嘆願	4
嘆願書	14, 52, 149
端緒把握説	39
地積規模の大きな宅地	278
地方税	16
調査	45
調査着手説	39, 46

調査に該当しない行為 ……………46
通常の更正の請求 …………………154
撤回 …………………………………49
当初申告要件 ……………8, 162, 242
当初申告要件の廃止 ………………166
特定扶養親族 ………………………189
特別還付金 …………………………203
特別な政策的配慮 …………………305

な行

二段階要件説 ………………………40
任意的修正申告 ………………35, 36
納税環境整備 ………………………3
納税申告義務 ………………………33
納税申告書 …………………………31

は行

配偶者の税額軽減 …………………268
販売基準 ……………………………126
非課税 ………………………………294
評価損 ………………………………85
賦課課税方式 ………………………18
粉飾決算 ……………………………254
法定申告期限 …………………12, 32
法律要件説 …………………………171

保証債務 ……………………………68

ま行

未経過固定資産税 …………………119
未成年者控除 ………………………289
みなし仕入率 ………………………319
名義預金 ……………………………101

や行

やむを得ない理由 …………………157
予定的申告 …………………………32
予定納税 ……………………………185

ら行

立証責任 …………………………6, 170
立証責任の分配 ……………………170
理由付記 ……………………………140
暦年贈与 ……………………………111
路線価 ………………………………269

わ行

和解 …………………………………26

◆著者紹介

安部　和彦（あんべ・かずひこ）

税理士。和彩総合事務所代表社員。拓殖大学商学部教授。

東京大学卒業後、平成2年、国税庁入庁。調査査察部調査課、名古屋国税局調査部、関東信越国税局資産税課、国税庁資産税課勤務を経て、外資系会計事務所へ移り、平成18年に安部和彦税理士事務所・和彩総合事務所を開設、現在に至る。

医師・歯科医師向け税務アドバイス、相続税を含む資産税業務および国際税務を主たる業務分野としている。

平成23年4月、国際医療福祉大学大学院医療経営管理分野准教授に就任。

平成26年9月、一橋大学大学院国際企業戦略研究科経営法務専攻博士後期課程単位修得退学

平成27年3月、博士（経営法）一橋大学

令和3年4月、国際医療福祉大学大学院医療経営管理分野教授に就任。

令和5年4月、拓殖大学商学部教授に就任。

【主要著書】

『税務調査の指摘事例からみる法人税・所得税・消費税の売上をめぐる税務』（2011年・清文社）

『消費税［個別対応方式・一括比例配分方式］有利選択の実務』（2013年・清文社）

『国際課税における税務調査対策Q&A』（2014年・清文社）

『Q&A　医療法人の事業承継ガイドブック』（2015年・清文社）

『Q&Aでわかる消費税軽減税率のポイント』（2016年・清文社）

『要点スッキリ解説　固定資産税』（2016年・清文社）

『新版　税務調査事例からみる役員給与の実務Q&A』（2016年・清文社）

『最新判例でつかむ固定資産税の実務』（2017年・清文社）

『［第三版］税務調査と質問検査権の法知識Q&A』（2017年・清文社）

『裁判例・裁決事例に学ぶ消費税の判定誤りと実務対応』（2020年・清文社）

『改訂　消費税インボイス制度導入の実務』（2023年・清文社）

『［三訂版］医療・福祉施設における消費税の実務』（2023年・清文社）

『事例で解説　法人税の損金経理』（2024年・清文社）

『Q&A　相続税の申告・調査・手続相談事例集』（2011年・税務経理協会）

『事例でわかる病医院の税務・経営Q&A（第2版）』（2012年・税務経理協会）

『医療現場で知っておきたい税法の基礎知識』（2012年・税務経理協会）

『消費税の税務調査対策ケーススタディ』（2013年・中央経済社）

『相続税調査であわてない不動産評価の税務』（2015年・中央経済社）

『相続税調査であわてない「名義」財産の税務（第3版）』（2021年・中央経済社）

『消費税の税率構造と仕入税額控除』（2015年・白桃書房）

『中小企業のための海外取引の税務』（2020年・ぎょうせい）

【ホームページ】

https://wasai-consultants.com/

新版　修正申告と更正の請求の対応と実務

2025年4月30日　発行

著　者　　安部　和彦 ⓒ

発行者　　小泉　定裕

発行所　　株式会社 清文社
　　　　　東京都文京区小石川1丁目3-25（小石川大国ビル）
　　　　　〒112-0002　電話 03(4332)1375　FAX 03(4332)1376
　　　　　大阪市北区天神橋2丁目北2-6（大和南森町ビル）
　　　　　〒530-0041　電話 06(6135)4050　FAX 06(6135)4059
　　　　　URL https://www.skattsei.co.jp/

印刷：亜細亜印刷㈱

■著作権法により無断複写複製は禁止されています。落丁本・乱丁本はお取り替えします。
■本書の内容に関するお問い合わせは編集部までFAX（03-4332-1378）又はメール（edit-e@skattsei.co.jp）でお願いします。
■本書の追録情報等は、当社ホームページ（https://www.skattsei.co.jp/）をご覧ください。

ISBN978-4-433-73635-4